数字化工厂与智能制造丛书

工业数据分析工程：
基于 CRISP – DM 的
形式化方法

田春华　解光耀　裴忠一　韩洁　王伟　王岩鹏　著

机械工业出版社

在"数据资产化""工业互联网""工业大数据"的推进中,工业大数据分析仍缺乏统一的指导方法,造成工业大数据分析项目质量波动大、落地成功率低。CRISP-DM 方法是机器学习领域的行业事实标准,但 CRISP-DM 仅仅是过程方法,对于每个阶段或关键活动,没有给出具体的行动指导。本书在 CRISP-DM 基础上,细化了工业数据分析中的具体活动,针对关键活动提出了明确的形式化方法(例如,用系统动力学模型刻画工业物理系统的运行机理,用领域模型描述物理系统间的概念关系,用数据处理流图描述分析模型间的数据处理和依赖关系),并用具体的行业案例进行阐述,尝试为工业大数据分析构建一套实操性的工程方法体系。

本书分为10章:第1章概要介绍工业数据分析方法体系;第2~7章讨论了分析场景定义、业务理解、数据理解、数据准备、模型建立、模型评估和模型部署7个阶段的关键活动、关键角色和成功标准,给出实操形式化方法,并用具体工业案例进行展示;第8~10章用3个不同类型行业案例,端到端展示了工业数据分析方法的应用过程。本书是实操性方法的系统总结,用实际案例将读者代入,更好地理解问题的挑战和解决过程,在此基础上,进行系统化总结,方便方法的传承。

本书适合工业大数据从业者,包括工业大数据/工业互联网企业的研发人员、工业企业 IT 部门及数字化转型部门的工程技术人员阅读,也适合高等或职业院校的大数据或工业互联网相关专业的教师和学生阅读。

图书在版编目(CIP)数据

工业数据分析工程:基于 CRISP-DM 的形式化方法/田春华等著. --北京:机械工业出版社,2024.9.
(数字化工厂与智能制造丛书). --ISBN 978-7-111-75979-9

Ⅰ. F407.4

中国国家版本馆 CIP 数据核字第 2024YQ7159 号

机械工业出版社(北京市百万庄大街22号 邮政编码100037)
策划编辑:吕 潇　　　　　　　　责任编辑:吕 潇 赵玲丽
责任校对:曹若菲　丁梦卓　　　　封面设计:马精明
责任印制:单爱军
北京虎彩文化传播有限公司印刷
2024年9月第1版第1次印刷
184mm×260mm・14.75印张・354千字
标准书号:ISBN 978-7-111-75979-9
定价:99.00元

电话服务　　　　　　　　　　　　网络服务
客服电话:010-88361066　　　　　机 工 官 网:www.cmpbook.com
　　　　　010-88379833　　　　　机 工 官 博:weibo.com/cmp1952
　　　　　010-68326294　　　　　金 书 网:www.golden-book.com
封底无防伪标均为盗版　　　　　机工教育服务网:www.cmpedu.com

前言

作为归纳法的典型代表,机器学习(包括深度学习)已构建起一套完善的理论框架与技术生态系统。近年来,大型预训练模型采用知识嵌入、自注意力等机制,以优异交互体验颠覆了人们对机器学习应用边界的认知。然而,机器学习的整体行业应用成功率不到20%。这不禁让人思考背后原因和解决方法。

在实际工业数据分析项目中,经常面临着数据基础差、场景覆盖不全、技术经济性不够等挑战,也存在机器学习模型与既有知识体系、组织流程和社会体系(伦理与安全风险)融合困难等问题。数据是物理过程的不完整、不完美刻画,为此,数据驱动方式必须巧妙地应用到合适的环节,机器学习模型需要与机理模型、专家规则集成,企业数字化需要DT(Date Technology,数据技术)、IT(Information Technology,信息技术)、OT(Operation Technology,运营技术)的3T融合。以上观点逐步变成了工业数据分析应用的共识。但在实际中如何推进,目前仍缺乏有效指导方法。这正是本书尝试探讨的工业数据分析方法论。

对于方法论,可以从不同层面去认知和论述。"道法自然"等思想智慧可以指导企业数字化转型和团队建设。笛卡儿方法论四原则(普遍怀疑原则、分解分析原则、逐步综合原则、清晰性原则)等逻辑哲学可以作为数据工程的指导方法。在分析建模中,也有"奥卡姆剃刀原理""All models are wrong, but some are useful"等指导思想。但这些一般性思维往往较为抽象和宽泛,缺乏具体的实施步骤,难以直接应用。相比来说,过程方法通过将大任务拆分,降低了认知负荷,容易将认识转化为行动,为实践者提供了一条清晰和相对一致的路径。因此,本书定位在行业数据分析微观执行层面的过程方法。

针对行业数据分析,业界提出了CRISP-DM(Cross Industry Standard Process for Data Mining,跨行业数据挖掘标准流程)、MLOps(Machine Learning Operations,机器学习运营)等方法。CRISP-DM是一种被广泛认可的数据挖掘标准流程方法,将数据挖掘项目划分为业务理解、数据理解、数据准备、模型建立、模型评价、模型部署6个相互关联且迭代进行的阶段。MLOps是一种集成了机器学习(ML)、软件开发(Dev)和运维(Ops)最佳实践的方法论,旨在实现机器学习系统的高效开发、测试、部署、监控、更新和维护,促进数据科学团队与IT运营团队之间的协作,确保模型在整个生命周期内的高质量交付和持续优化。本书内容主要针对模型研发环节,是对CRISP-DM在行业应用的细化,在CRISP-DM的6个步骤之前,增加了一个"分析场景定义"步骤,因为在行业数据分析中,分析问题通常不是给定的,而是需要识别或重新定义的。

本书包含10章。第1章概要讨论了方法论的作用,以及工业数据分析过程方法的内容;第2章介绍了分析场景的识别与筛选方法,将分析场景与业务流程、决策逻辑协调起来;第3章将业务理解分解为决策逻辑、决策场景、领域概念3个方面,并针对性提出了对应的形式化模型,以提高DT、IT、OT的跨领域协同;第4章将数据理解分解为数据收集、数据描述、数据探索、数据质量审查等关键步骤,并提出了系统动力学模型、领域模型驱动的数据理解方法;第5章讨论了数据准备工作,特别是数据流设计方法,在设计阶段把生产过程的数据处理流程梳理清楚,提高分析算法的协同开发,也为MLOps奠定基础;第6章讨论了常见的分析建模技巧,以应对工业分析中的标记样本不足、长期稳定、强耦合等挑战;第7章讨论了模型评价与部署这两个步骤，特别是检查增量逻辑的脆弱性和潜在缺陷的方法；第8章总结了机器学习算法的常见组合模式；第9、10章用风电机组风功率曲线分析、冷轧机设备健康分析阐述了上述方法在行业的应用。

本书的第1~7章和第9章主要由田春华编写，其中第1~3章部分得益于与王岩鹏的深入讨论与交流，也感谢关林涛在方法体系的讨论与建议；第8章由裴忠一、韩洁编写，节选自国家重点研发计划项目（2021YFB1715200）的研究成果；第10章由解光耀、王伟编写，也感谢于志强、秦世峰等全体项目组同事的贡献。最后，非常感谢机械工业出版社各位编辑和审阅老师的卓有成效的工作，使这本书以更高的质量呈现在读者面前。

在实际工作中，需要辩证地看待过程方法论。过程方法论固然提供了规范化、结构化的指导框架，但它并不能替代对领域知识、问题本质的深刻理解以及对每个步骤具体内容的精细考量。古人有云："知之真切笃实处即是行，行之明觉精察处即是知"。真正的知识必然伴随着行动，而有意义的行动也必须基于对事物本质的深刻理解。

作为对行业数据分析方法的探讨，本书内容还有很多可以扩展与深入的地方。特别是随着大模型等人工智能技术的发展，人机交互界面重新划分也必将扩展到数据分析领域。针对本书的局限性或错误，还请广大读者不吝赐教，共同探讨，持续推进数据分析技术在行业中的应用。

田春华
2024年4月于北京

目录

前言
第1章 工业数据分析方法概述 ··· 1
1.1 方法论内涵与作用 ··· 1
1.2 工业大数据项目落地的载体 ··· 2
1.2.1 工业数据分析的3种载体形式：数据服务、模型服务、智能应用 ··· 3
1.2.2 工业大数据项目的价值落地 ··· 3
1.2.3 智能化项目管理 ··· 4
1.3 工业数据分析过程方法 ··· 5
1.4 如何用好工业数据分析方法 ··· 10
1.4.1 大数据分析方法的应用范畴 ··· 10
1.4.2 大数据分析方法与项目管理 ··· 10
1.4.3 大数据分析项目阶段划分 ··· 11
参考文献 ··· 12

第2章 分析场景定义 ··· 13
2.1 什么是分析场景 ··· 14
2.2 分析场景识别 ··· 16
2.2.1 自顶向下的结构化分解法 ··· 17
2.2.2 自下向上的归纳剖析法 ··· 18
2.2.3 数据驱动的业务能力匹配法 ··· 19
2.2.4 分析场景识别中的常见问题 ··· 21
2.3 分析场景筛选 ··· 22
2.3.1 基于基线思维的场景筛选法 ··· 22
2.3.2 基于要素-认知矩阵的场景筛选法 ··· 23
2.3.3 分析场景筛选中的常见问题 ··· 24
2.4 分析场景定义示例 ··· 26
2.4.1 智能运维：自顶向下的结构化分解法 ··· 26
2.4.2 汽车制造：自下向上的归纳剖析法 ··· 26
2.4.3 电动矿卡智能管理：数据驱动的业务能力匹配法 ··· 28
参考文献 ··· 31

第3章 业务理解 ··· 32
3.1 业务理解的目标 ··· 33
3.1.1 形成分析课题描述 ··· 33
3.1.2 提出数据需求清单 ··· 35
3.2 业务理解的主要内容 ··· 36
3.2.1 决策逻辑 ··· 37
3.2.2 决策场景 ··· 40
3.2.3 领域概念 ··· 41
3.3 业务理解的形式化模型 ··· 42
3.3.1 层次分解模型——列表 ··· 42
3.3.2 层次分解模型——树状结构 ··· 43

- 3.3.3 系统动力学模型 …… 43
- 3.3.4 专家规则 …… 45
- 3.3.5 运筹学模型 …… 46
- 3.4 系统动力学的建模方法 …… 46
  - 3.4.1 系统动力学的建模过程 …… 47
  - 3.4.2 系统动力学建模背后的支撑技术 …… 51
  - 3.4.3 系统动力学模型的概念辨析 …… 52
- 3.5 专家规则的建模方法 …… 55
  - 3.5.1 基于规则流的规则描述方法 …… 55
  - 3.5.2 基于逻辑表达式的规则检验方法 …… 57
- 3.6 领域模型的建模方法 …… 59
  - 3.6.1 数据驱动的领域建模 …… 60
  - 3.6.2 业务驱动的领域建模 …… 60
- 3.7 业务理解的执行策略 …… 61
  - 3.7.1 了解性访谈 …… 62
  - 3.7.2 基于样例数据的业务理解 …… 62
  - 3.7.3 确认性访谈 …… 62
- 3.8 思考：业务理解中形式化模型的必要性 …… 65
  - 3.8.1 水箱水位预测的例子 …… 65
  - 3.8.2 发电机冷却水温度区间估计的例子 …… 66
- 参考文献 …… 68

第4章 数据理解 …… 69

- 4.1 数据收集 …… 71
  - 4.1.1 明确数据源系统和访问方式 …… 71
  - 4.1.2 明确数据更新与存储周期 …… 72
- 4.2 数据描述——数据集层面的理解 …… 73
  - 4.2.1 样本数据的人工阅读 …… 73
  - 4.2.2 数据概览 …… 74
  - 4.2.3 领域模型与数据模型交互理解 …… 75
- 4.3 数据探索——数据字段层面的理解 …… 76
  - 4.3.1 统计分布 …… 77
  - 4.3.2 数据可视化 …… 78
- 4.4 数据探索——业务层面的理解 …… 80
  - 4.4.1 业务维度组合的探索（基于领域模型） …… 81
  - 4.4.2 业务过程理解（基于系统动力学模型） …… 83
  - 4.4.3 专家知识的复现 …… 84
- 4.5 数据质量审查 …… 86
  - 4.5.1 示例案例 …… 87
  - 4.5.2 基于领域模型的质量审查方法 …… 88
  - 4.5.3 分析项目中数据质量突出的原因 …… 91
  - 4.5.4 数据质量评价与影响分析 …… 92
- 4.6 数据理解阶段的执行策略 …… 94
  - 4.6.1 执行路径 …… 94
  - 4.6.2 软件工具 …… 95
  - 4.6.3 典型的数据处理技巧 …… 95
- 参考文献 …… 97

第5章 数据准备·· 98
5.1 数据流设计·· 99
5.1.1 数据仓库建模·· 99
5.1.2 领域模型驱动的工业数据组织方法··· 100
5.1.3 工业数据分析的数据流图·· 103
5.1.4 分析数据流图示例·· 104
5.2 数据选择与清洗·· 108
5.3 数据融合··· 108
5.4 特征提取与选择·· 109
5.4.1 特征的来源··· 110
5.4.2 特征提取的推进思路··· 111
5.5 数据资源化：数据分析师的视角·· 112
参考文献··· 114

第6章 模型建立·· 115
6.1 常用算法及问题类型转换方法··· 117
6.2 目标变量的相关问题··· 119
6.2.1 目标变量的构建·· 119
6.2.2 目标变量变换·· 120
6.2.3 不均衡问题··· 121
6.3 预测变量的相关问题··· 121
6.3.1 工况切分·· 121
6.3.2 变量的离散化·· 122
6.3.3 移除没有业务意义的高相关特征量·· 122
6.3.4 特征变量组合·· 123
6.3.5 类别变量的完备度··· 123
6.4 工业分析建模问题·· 123
6.4.1 基准模型·· 123
6.4.2 大量测点的稳定过程建模··· 124
6.4.3 基于朴素道理的深度网络结构参数优化··· 124
6.4.4 时序分类问题·· 126
6.4.5 非监督学习问题·· 128
6.4.6 优化问题·· 128
6.4.7 评价型问题··· 129
6.4.8 浅机理、高维度的诊断型问题··· 129
6.5 机理模型与统计模型的结合方法·· 131
6.5.1 机理模型的范畴：定性与定量机理·· 131
6.5.2 统计模型与数学模型的4种融合范式·· 132
6.5.3 统计模型与仿真模型的2种融合模式·· 133
6.5.4 统计模型与经验性机理模型的融合·· 135
参考文献··· 136

第7章 模型评价与部署·· 137
7.1 模型评价的内容··· 137
7.2 技术评价··· 138
7.3 业务评价··· 139
7.4 下一步工作规划··· 141
7.5 模型部署的内容··· 141

7.6 部署包的设计 ………………………………………………………… 142
　7.6.1 分析任务的逻辑审查 ……………………………………………… 142
　7.6.2 数据异常的影响分析与应对措施 …………………………………… 145
　7.6.3 分析模型打包 ……………………………………………………… 148
7.7 模型运维机制设计 …………………………………………………… 148
7.8 分析课题总结 ………………………………………………………… 151
参考文献 …………………………………………………………………… 152

第8章 机器学习融合的设计模式 ………………………………………… 153
8.1 机器学习融合设计模式的来源和分类 ………………………………… 153
8.2 业务逻辑与机器学习融合 …………………………………………… 155
　8.2.1 业务状态机模式 …………………………………………………… 155
　8.2.2 关联规则发现模式 ………………………………………………… 158
8.3 机理知识与机器学习融合 …………………………………………… 160
　8.3.1 机理矫正模式 ……………………………………………………… 161
　8.3.2 机理正则化约束模式 ……………………………………………… 165
8.4 运筹优化与机器学习融合 …………………………………………… 167
　8.4.1 启发策略增强模式 ………………………………………………… 167
　8.4.2 代理模型辅助优化模式 …………………………………………… 170
参考文献 …………………………………………………………………… 173

第9章 风功率曲线分析 …………………………………………………… 174
9.1 业务理解 ……………………………………………………………… 175
　9.1.1 环境要素 …………………………………………………………… 177
　9.1.2 风况要素 …………………………………………………………… 178
　9.1.3 控制系统的要素 …………………………………………………… 178
　9.1.4 设计与安装要素 …………………………………………………… 179
9.2 风功率曲线拟合——数据理解 ……………………………………… 179
　9.2.1 功率曲线预览 ……………………………………………………… 179
　9.2.2 多变量关系 ………………………………………………………… 180
9.3 风功率曲线拟合——数据准备 ……………………………………… 181
　9.3.1 对风速做分仓 ……………………………………………………… 181
　9.3.2 对有功功率做分仓 ………………………………………………… 182
　9.3.3 改进方向 …………………………………………………………… 183
9.4 风功率曲线拟合——回归模型 ……………………………………… 183
9.5 风功率曲线异常点识别——数据理解 ……………………………… 188
　9.5.1 数据说明 …………………………………………………………… 188
　9.5.2 单台风机的曲线 …………………………………………………… 188
　9.5.3 全部机组的风功率曲线 …………………………………………… 191
　9.5.4 基于设计参数的异常值过滤 ……………………………………… 192
9.6 风功率曲线异常点识别——算法探索 ……………………………… 193
　9.6.1 局部异常点滤除 …………………………………………………… 193
　9.6.2 降采样与聚类算法 ………………………………………………… 194
　9.6.3 基于图像识别的做法 ……………………………………………… 195
　9.6.4 拟合算法 …………………………………………………………… 195
9.7 风功率曲线异常点识别的一种实现方法 …………………………… 196
　9.7.1 识别限功率运行点 ………………………………………………… 196
　9.7.2 滤除局部离群点 …………………………………………………… 196

  9.7.3 风功率曲线拟合 ··· 196
  9.7.4 改进方向 ··· 201
 9.8 本章小结 ··· 201
 参考文献 ·· 201

第10章 冷轧机设备健康分析 ·· 203
 10.1 业务理解 ·· 203
  10.1.1 轧机设备结构 ·· 204
  10.1.2 轧机工况定义 ·· 205
  10.1.3 设备故障现状 ·· 206
 10.2 数据理解：轧机运行过程数据对照 ··· 207
 10.3 基于业务规则的工况识别模型 ·· 209
  10.3.1 工况识别探索过程 ··· 210
  10.3.2 轧机工况识别汇总 ··· 212
 10.4 设备健康评价模型 ·· 214
  10.4.1 轧机设备健康分析建模原理 ··· 214
  10.4.2 部件健康模型——机前卷曲机 ·· 215
  10.4.3 设备健康模型 ·· 218
 10.5 模型设计 ·· 220
 10.6 模型开发与部署应用 ·· 222
  10.6.1 模型开发与部署 ·· 222
  10.6.2 业务应用 ··· 225
 10.7 本章小结 ·· 225
 参考文献 ·· 226

第1章 工业数据分析方法概述

大规模工业生产的发展促进了工业工程学科的发展进程,计算机软件产业的发展催生了软件工程。这些工程学科的成立,反过来为行业实践提供了思维、方法和技术的支撑。行业数据分析是否也需要类似的工程方法,去规范行业实践和提升实践效率呢?

在经典机器学习时代,这种需求的确存在。业务问题定义、数据预处理和特征工程等个性化很强的关键环节,需要一定工程方法规范个体行为。业界提出了CRISP – DM(Cross Industry Standard Process for Data Mining,跨行业数据挖掘标准流程)方法[1]、MLOps(Machine Learning Operations,机器学习运营)、DataOps等实践思想与方法[2]。

但近些年随着深度学习特别是AIGC(AI Generated Content,人工智能生成内容,即生成式AI)的兴起,这种需求似乎没有那么紧迫。深度学习在图像、时序、自然语言等领域成功摆脱了人工提取特征的束缚,大大提高了技术的普适性。业界在不断探索通过通用人工智能的技术途径,而不是方法规范手段,去提升行业数据分析水平。不过,通用人工智能距离行业数据分析需求仍有很大距离,特别是在工业领域。工业数据通常覆盖度不够(没有覆盖所有场景、也没有包括所有要素),类别严重有偏(甚至缺少标签),工业过程也很难完全通过计算机仿真生成数据样本(这样就可以摆脱数据采集的限制)。很多时候仍依靠机理模型或专家规则缩小探索空间,端到端的机器学习存在一定困难,仍需要业务分析师、领域专家、数据分析师、数据工程师、应用开发工程师的跨领域协同。很多项目中存在一定的共性,因此有可能总结为一些工业大数据工程方法,以提升整体系统的协同效率。

1.1 方法论内涵与作用

指导实践方法可以分为过程方法、内容参考框架、指导原则、最佳实践4类,一个完整的方法论至少也应该包括这些要素,不同要素的内涵与作用见表1-1。实用的方法论应该在保证可执行的前提下,尽量通用。反之,容易变成一套正确但没有意义的思维框架。

一个好的方法论对于统一业界认知、提高协同效率有很大帮助,因此,业界一般采用先入为主的方式:一旦一个方法论被广泛接受,就不要再提出新的同样层面的方法论。大家应该在通用方法论的框架下对方法论在特定领域进行细化(例如,CRISP – DM中"数据理

表 1-1 方法论的构成要素

构成要素	内涵	示例	作用
过程方法	活动过程与层次、活动的输入/输出、角色	CRISP-DM 将数据分析总结为 6 个阶段，并对每个阶段的活动进行了明确定义	项目管理、组织分工、知识沉淀
内容参考框架	维度与层次关系	ISA-95 给出了工业生产活动的常见对象及构成	知识沉淀，降低使用门槛
指导原则	决策维度、规则流图	MLOps 给出了不同阶段的工具选择	技能快速提升
最佳实践	典型做法和案例集	R Visualization Gallery 总结了常见数据可视化方式与案例	提升理解

解"阶段的"数据质量检查"活动在工业中如何做更高效？），或者对方法论内容进行实例化（例如，对于长平稳的高维度工业过程诊断，有哪些常用的算法手段？）。基于这样的认识，本书的主题是 CRISP-DM 在工业数据分析领域的细化，并且补充过程方法之外的其他要素。

1.2 工业大数据项目落地的载体

在工业企业大数据实施项目中，不时有落地载体（是分析模型，还是业务应用）的讨论，也就是，大数据分析项目如何有效产生业务价值？交付物应该是什么？大数据分析应用如何定位？大数据分析课题给项目管理带来了哪些新课题？

从业务人员的角度，端到端地解决一个问题，才能实际产生业务价值。但工程技术分类很细，大数据分析很多时候做不到端到端解决一个问题。这时候大数据项目就面临一个选择，是端到端解决一个业务问题，还是为领域专家提供能力支撑？例如，在井下作业分析应用中，知识图谱可以从大量工艺资料文本中提取信息与结构，并可以做一定的推理和关联分析，但实际工艺问题所需的输入往往远超这些文本资料的蕴含信息，需要结合地质与采油工艺领域知识。这时候面临两个选择：

1）在知识图谱之外，深度融入领域知识（机理模型、经验公式等），开发一个解决特定问题的业务应用；

2）将知识图谱作为一个高级的信息检索工具，并提供一些信息洞察的关联分析，与领域专家的分析环节或既有设计工具结合（最好是无缝融入既有的工具），让设计过程更有效率。

从最终用户或传统信息系统开发的角度，方式 1 是最佳的选择。但从数据产业发展的角度，这种方式社会分工效率太低，知识图谱技术和领域知识没有很好解耦，两个方面都无法取得长足发展。这些"冲突"背后的本质是工程体系与组织分工认知的不同。能否有效把各种技术用到恰当位置并解决业务问题是对工业大数据从业者、工业企业数字化管理者的重大考验。

1.2.1 工业数据分析的3种载体形式：数据服务、模型服务、智能应用

不同工业数据分析项目要求的交付形式不同。在装备制造研发企业，数据分析项目的交付形式通常是模型服务和数据服务。对于一个给定问题，把分析模型开发出来并严格验证，将分析模型及背后的逻辑交付给工业企业的数字化团队或研发团队，他们接手后进行后续运维与改进，以支持新型号的持续研发。在装备研发中，研发团队期望将研发设计与装备使用表现、运维故障关联起来，需要整合装备的全生命周期数据（覆盖了不同工况、地理环境、不同时空颗粒度的样本）。但在很多生产型企业，数据分析项目的交付形式是业务应用，并可能需要与现有系统集成，这样广大生产人员才能用得起来。当然，在工艺变化快或定制化生产企业，分析模型也是有效的交付方式，以保持与生产更新的同步。

这些差异背后的原因是用户对象（技术能力与考核体系）、问题类型（信息源、问题结构稳定性）的不同，见表1-2。在研发工作中，需求变化很快，很难形成稳定的应用需求，存在成熟的既有专业工具链，需要的是合适丰富的输入数据。例如，在风力发电机组研发中，10min的风资源数据、风功率曲线等数据是很多研发工作（风场设计、载荷仿真、控制设计、状态诊断等）的共性需求。共同的数据预处理模型甚至结果数据集，可以消除不同团队的重复投入，并且加速处理逻辑的收敛（如果存在缺陷，会更快被发现），对于提高团队协同效率有很大促进作用。

表1-2 用户对象、问题类型对分析模型、数据服务和业务应用的需求

要素维度		分析模型	数据服务	业务应用（智能应用）
用户对象	技术能力	研发，有自己的工具链；有个性化需求	第三方研发力量，有独立的工作空间	执行，业务应用是自己常用的工具
	考核体系	敏捷与创新	开放式创新	效率
问题类型	信息源	信息综合研判：信息源固定，虽然可能比较繁杂	信息相对完备	提示型：信息源不固定、结果不可靠，需要人工研判
	问题结构稳定性	问题结构不变，处理过程需要重用	问题结构不变	问题范围变化性强

智能应用的产品经理很重要，往往需要精通业务，有深度的分解能力，以及巧妙的设计能力（深谙数据技术在哪些决策点上有用）。例如，知识图谱在工艺设计应用时，产品经理有两个选择：

1) 个性化推荐，选择某些重点环节，知识图谱挖掘通过推送类似案例、过去常出现的错误、某个问题历史上出现的频次和解决方案，在既有的设计工具环境中，通过插件机制，有针对性地提醒设计人员，从而提高工艺设计质量；

2) "强逼"知识图谱工具把工艺设计的专业逻辑也完成，开发一套全新的智能化应用。

综合来看，第1种方式可实施性更高，把各项技术的"擅长"之处有效结合起来。

1.2.2 工业大数据项目的价值落地

很多课题在理论上是有价值的，但可否通过当前合作团队在当前项目周期内落地是个值得思考的问题。当然，这里的"价值闭环"或落地不是简单要求数据分析团队负责形成闭

环,而是将整个生态(包括业务用户,甚至业务用户的甲方)联合起来形成"价值闭环"。

首先,不要脱离现有体系谈落地(除非有能力创造一个新的体系)。对于现有的社会分工机制、生态体系、业务模式、管理体系、流程体系、知识/技能体系和IT体系,思考哪些可以改变,哪些作为前提条件。经过这些思考,常常会发现很多"构想"的分析课题根本无法形成价值闭环。例如,在电力行业运维中,在运维行业规范没有更新的情况下,基于状态的视情维修无法落地。

其次,能力禀赋决定了大家能走多远,根据能力禀赋(或限制)选择合适的分析场景。业务单位和业务专家都有擅长领域和知识盲区。以油田智能分析为例,在油气核心生产环节上,分析建模相对比较顺利,因为这块业务是油田核心能力。但在一些设备异常诊断上,分析建模推进相对艰难,因为油田是设备的使用方,对设备的控制机理和失效机制了解偏少。另外,在油气生产领域,油田公司技术分工通常很细,有太多的细分领域,大的业务闭环需要一定的沟通成本和协同周期。在有限的项目周期内,形成一些局部的小闭环也许更现实些。

最后,业务闭环不一定要在信息系统中完成闭环,而是在物理世界中完成的闭环。例如,基于振动分析的透平机械故障诊断模型给出了有价值的排查方向,但生产现场的观察、访谈、排查与拆解还是必不可少的(现场有大量高价值信息,在当前数据上没有被反映)。完全基于数据或自动化手段的闭环是不现实的,应该从经济性角度去选择合适的闭环方式。

1.2.3 智能化项目管理

项目管理的一个重要方面就是不确定性管理。信息化项目的不确定性来源于应用设计与业务需求理解的偏差。对于大数据项目,除了上述之外,不确定性更多来自于数据和模型,主要体现为以下4个方面:

1)数据的不确定性(数据质量、样本数量、样本标签、类别平衡度等):很多数据基础没有想象的那么好,数据分析通常需要维度数据的关联和全生命周期数据,个别因素、各部时段的数据质量问题可能影响整个分析数据集的数据质量。

2)组织协调的不确定性:很少有人既拥有全局视野,同时又掌握必要的细节。

3)专家规则的不完备性:专家规则通常大方向是对的,但不够精准(有一些支持的案例,但同时有很大比例的反例)。例如,在功图诊断中,有专家认为油的黏度对功图载荷有较大影响,但大量历史数据并不支持这些观点,通过数据,专家也意识到相对于重达若干吨的液柱,油黏度带来的摩擦力在整个提升力中占比很小。

4)机器学习模型的不确定性:从现有数据中是否可以构建出稳定可靠的机器学习模型,只有探索后才有明确的结论。

一个实际工业分析项目的部分执行路径如图1-1所示,可以看出围绕数据源和数据理解存在大量的迭代,如果在项目或团队能力建设中,能把日常数据资源的管理能力建设好,项目推进将更加有效。

在一个具体项目中,需要针对主要不确定性(或称为风险点)进行管控。但很多项目经理还没有意识到这一点,仍按照传统的信息化方式管理。按需求分析、概要设计、详细设计等流程推进,没有首先进行数据分析技术可行性的论证,在文档和评审上花费了大量时

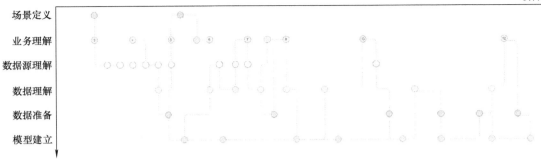

图 1-1 一个实际工业分析项目的部分执行路径

间,核心的风险仍没有消除。有些企业为了流程合规性,引入大量的专家评审等流程,很多时候不一定能够解决核心风险,反而会形成风险躲避性的思维和行为,把项目管理做成了项目监理。另外,不加任何前提条件而定义业务效果考核指标,把风险推到技术团队,这样做仅仅是转移风险,本质上并没有降低风险。

意识到大数据分析课题的不确定性,大部分人的潜意识做法是规避风险。负责人的通常做法是增加大量流程管理、信息集成、BI 报表展示的功能,保证智能化应用至少有一些可用的部分。技术负责人倾向于堆砌功能,彰显工作量。例如,应用设计以功能列表为中心(而不是以业务对象过程、业务决策为中心),但每个功能间没有任何信息联动;做大量的 BI(Business Intelligence,商业智能)报表或漂亮的可视化大屏,而忽略支撑决策的数据对象的全面性和质量。这些做法在消除组织考核风险上有一定作用,但没有将有限资源聚焦在最期望突破的地方,摊平了人力投入,最后只能获取平庸的结果。

抓住主要矛盾,不要在细枝末节上花费太多精力。

1) 将数据分析与应用开发独立管理,且数据分析优先执行。数据分析问题有可能不可行,有可能需要重新定义问题。数据分析优先进行(至少优先完成业务理解和数据理解),可以避免应用开发上的浪费;

2) 数据分析采用敏捷迭代方法。对于很多智能化项目,分析模型的可行性是最大的不确定性,这时候需要快速验证技术可行性,然后再进行严谨细致的技术工作。

3) 对数据分析进行客观的评估,保持合理的预期。分析模型评价要实事求是,不要单纯追求指标而选择有利情形检验。应该看日常场景的综合表现,甚至测试极端情况下的模型稳定性。

1.3 工业数据分析过程方法

CRISP – DM 是一种被广泛采用的数据挖掘分析方法论,由 SPSS、Teradata 等公司于 1999 年发布第 1 版,如图 1-2 所示。该方法将一个数据分析项目周期分为业务理解(Business Understanding)、数据理解(Data Understanding)、数据准备(Data Preparation)、模型建立(Modeling)、模型评价(Evaluation)、模型部署(Deployment)6 个阶段的迭代过程,如图 1-2 所示。每个阶段的具体内容见表 1-3。

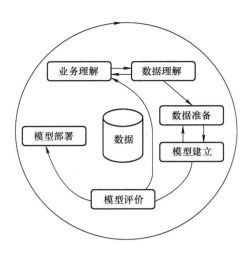

图 1-2 CRISP-DM 方法

表 1-3 CRISP-DM 过程方法

业务理解	数据理解	数据准备	模型建立	模型评价	模型部署
1.1 确定业务目标 ● 背景 ● 业务目标 ● 成功准则 1.2 评估形势 ● 资源投入 ● 需求、假设与约束 ● 风险和应急对策 ● 术语 ● 成本和收益 1.3 确定数据挖掘目标 ● 数据挖掘目标 ● 成功准则 1.4 制定项目计划 ● 项目计划 ● 工具和技术的初步评估	2.1 搜集原始数据 ● 数据搜集报告 2.2 描述数据 ● 数据描述报告 2.3 探索数据 ● 数据探索报告 2.4 校验数据质量 ● 数据质量报告	3.1 选择数据 ● 数据保留或删除的理由 3.2 清洗数据 ● 数据清洗报告 3.3 生成数据 ● 特征加工 ● 记录生成 3.4 融合数据 ● 数据合并 3.5 数据格式统一 ● 数据格式变换 3.6 数据集 ● 数据集描述	4.1 选择模型 ● 建模技术 ● 建模假设 4.2 检验设计 ● 模型检验设计 4.3 建立模型 ● 初始参数设模型 ● 模型描述 4.4 评估模型 ● 模型评估 ● 调整模型参数	5.1 评价结果 ● 用商业成功准则评估数据挖掘结果 ● 模型确认 5.2 回顾挖掘过程 ● 过程总结 5.3 确定下一步工作内容 ● 下一步行动清单	6.1 计划发布 ● 发布计划 6.2 计划监测和维护 ● 监测和维护措施 6.3 生成最终报告 ● 最终报告 ● 最终演示 6.4 回顾项目 ● 经验总结文档

但实际的数据分析课题的范畴不仅仅限于数据挖掘技术,也包括业务分析、专家规则、运筹模型等技术,内容更加丰富。特别是工业数据分析中,发现仍有一些待改进或细化的空间,主要体现为

1) CRISP – DM 假设分析课题是外生给定的，但实际项目中，常常面临着分析课题是需要被识别并定义的。因为我们建议在"业务理解"阶段之前，增加一个"分析场景定义"阶段，把活动 1.1"确定业务目标"的主题内容移到该阶段。

2) 活动 1.2 中的"假设与约束"是重点任务，需要进一步细化，特别对于强机理的工业数据分析课题。"资源投入"通常等到"数据理解"之后才有恰当的估算。

3) 活动 1.3"确定数据挖掘目标"有些过早，通常需在"数据理解"之后才能把技术目标确定下来。

4) "数据准备"阶段的活动太局限于数据分析建模，没有考虑部署时候的数据工程。很多数据建模、数据处理流图的设计应该在"数据准备"阶段完成，否则，"模型部署"时有大量代码重写工作，这也是 MLOps 重点解决的问题。

5) 活动 5.2"回顾挖掘过程"与活动 6.3"生成最终报告"有些重叠，在评估阶段，大部分精力会花在模型部署的思考上，而不是回顾上。

因此，结合工业领域特点，这里对 CRISP – DM 方法做了一定修正，见表 1-4。为方便交流，这里约定采用"阶段—活动—任务"的 3 层过程层次，前 2 个层次与 CRISP – DM 方法保持一致，更细粒度的第 3 层内容称为"任务"。

表 1-4 敏捷分析的过程模型

阶段	0. 分析场景定义	1. 业务理解	2. 数据理解	3. 数据准备	4. 模型建立	5. 模型评价	6. 模型部署
工作项	0.1 分析场景识别 • 自顶向下的结构化分析法 • 自下向上的归纳剖析法 • 数据驱动的业务能力匹配法 0.2 分析场景筛选 0.3 优先级排序	1.1 系统运行机制理解 1.2 当前处理逻辑理解 1.3 可行性研判与分析课题描述 1.4 数据需求梳理	2.1 数据收集 2.2 数据描述 • 人工阅读 • 数据概览 • 领域模型与数据模型交互理解 2.3 数据探索（数据层面） • 统计分布 • 数据可视化 2.4 数据探索（业务层面） • 业务维度组合探索 • 业务过程理解 • 专家知识复现 2.5 质量审查 • 基于数据模型的检查 • 结构约束条件的检查 • 基于异常案例的探讨	3.1 数据流设计 3.2 数据选择与清洗 3.3 数据融合 3.4 特征提取与选择	4.1 评价机制确定 4.2 算法建模 4.3 模型检验 4.4 业务场景校验	5.1 技术评估 5.2 业务评估 5.3 下一步工作规划	6.1 模型打包与分发 6.2 模型运维机制设计 6.3 分析课题总结

(续)

阶段	0. 分析场景定义	1. 业务理解	2. 数据理解	3. 数据准备	4. 模型建立	5. 模型评价	6. 模型部署
产出物	分析场景描述 分析场景优先级列表	分析课题描述 数据需求清单	数据源清单 数据预处理需求 特征加工清单 数据质量问题清单	数据流说明文档 数据处理逻辑说明 数据集	分析建模程序 分析建模说明文档	模型评估报告	分析模型包 运维机制设计文档 分析课题总结报告
主要方法	分析场景的3种识别方法 基于基线思维的分析场景筛选方法 分析场景定位框架 分析场景优先级排序方法	系统动力学建模方法 领域模型方法 目标的树状分解方法 专家规则描述方法	数据探索方法（数据层面） 数据探讨方法（业务层面） 数据质量审查方法	分析数据流设计方法 特征提取套路	算法组合思路 目标变量处理方法 预测变量处理方法 常见问题处理套路 机理模型与统计模型的融合路线	技术评价方法 业务评价方法	离线批量处理到在线增量处理任务的转化方法 运维机制设计的文档规范

CRISP-DM 是一个过程方法，交代清楚了数据分析中的活动（应该做什么），但没有限定如何做。本书将尝试弥补这一方面缺失，即针对工业大数据分析，给出一些关键活动或任务背后的形式化分析方法。

数据分析过程是不断细化与明确的过程，见表 1-5。从需求明确度与可行性上看，一个分析课题通常从业务诉求（经济可行）开始，经过业务需求（业务可行与数据可行），形成技术问题（技术可行），最后落实为软件应用问题。在理想情况下，前一阶段帮助后一阶段确定了问题的边界（至少是缩小了边界）。

表 1-5 数据分析的递进过程

	分析场景定义	业务理解	数据理解	数据准备	模型建立	模型评估	模型部署
需求明确度	业务诉求	业务需求		技术问题		应用问题	
可行性层面	经济可行	业务可行	数据可行	技术可行		业务可用	
情形分解	业务场景	决策场景		技术场景		应用与运维场景	
系统模型	外部机制（输入/输出关系）	系统动力学关系		数据处理流水线	分析模型	—	分析任务流
信息模型	—	领域模型		数据逻辑模型	—		数据物理模型

情形分解也是随着数据分析阶段推进不断细化。以工程机械备件需求预测为例，如图 1-3 所示，分析场景定义主要针对业务场景进行分析，讨论分公司备件需求预测在经营总部售后管理与备件供应链管理中的作用；业务理解将细化决策场景，例如，新备件需求预

测、地区公司合并后的需求预测等；在模型建立时候，需要进一步细化为技术场景，例如，根据类似备件的新备件需求预测；模型部署阶段，需要进一步确定与既有应用系统的集成，明确不同备件模型的运维场景。

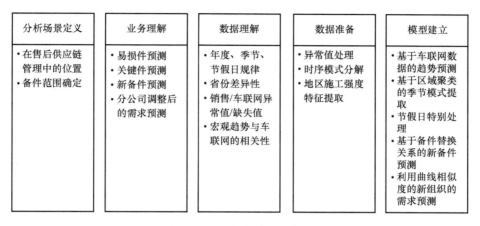

图 1-3 业务场景的不断细化

从系统模型角度，在分析场景定义阶段给出的外部机制模型，用于把输入与输出间的机制描述清楚，相当于把问题的边界定义清楚。在业务理解阶段，从系统动力学角度等模型把系统内部机制和决策逻辑描述清楚，把问题的机理结构和决策逻辑结构（包括可能利用的统计结构）梳理清楚。数据理解阶段进行数据统计结构的理解，交叉推进业务理解。数据准备和模型建立阶段就是利用这些机理结构、决策逻辑结构和数据统计结构，实现数据统计模型。模型部署阶段集中在计算模型（模型的运行过程）。

从信息模型的角度，在业务理解和数据理解阶段，主要是从业务概念的角度进行领域模型的理解，在数据准备阶段，开始数据逻辑模型的设计，模型部署时，进行数据物理模型（例如，采用哪种数据系统）的设计。

除了迭代与细化关系，数据分析前后阶段也有呼应关系，如图 1-4 所示。"模型部署"

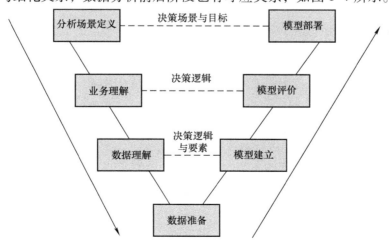

图 1-4 数据分析前后阶段间的呼应关系

阶段需要审视"分析场景定义"阶段定义的决策场景、目标和流程是否满足。"模型评价"时需要思考当前模型是否符合"业务理解"阶段的决策逻辑。"数据理解"阶段的决策逻辑与要素也是"模型建立"阶段需要考虑的内容。

最后需要说明一点，为了聚焦，本书中仅仅讨论数据分析建模与部署阶段的问题，没有讨论分析模型运行和运维的问题，也没有讨论团队协作的支撑工具。这些在 MLOps、DataOps 方法中有丰富的讨论。

1.4 如何用好工业数据分析方法

1.4.1 大数据分析方法的应用范畴

不要把工业数据分析的概念范畴过度扩大。很多运作咨询项目最后会落到数据分析层面，但运作咨询本身有成熟的咨询方法，咨询形成的成果（对数据分析师来说类似"专家规则"）需要落地时才落入数据分析的范围。例如，构建智能车间的绩效指标体系属于典型的咨询课题，虽然最后指标计算要落到数据分析上，但指标定义过程更多需要咨询方法指导，而不是套用"业务理解"，只不过指标定义要与"数据理解"尽早交互，避免定义出来的指标与数据基础脱钩。只有把不同方法适用范围和交互边界理解清楚，才能在实际项目中把不同方法有效利用起来。

工业大数据分析方法只有落到具体分析领域才能有效发挥作用。方法论对于团队协同、新人培养有一定的辅助作用。但大数据分析是一个跨行业的技术领域，如何在大数据分析项目中实现有效的业务分析是摆在技术领导面前的一个难题。一种典型的做法是让数据分析师武装各种行业框架和方法论，激发数据分析师的"好学精神"和"快学能力"去弥补行业知识的欠缺。但这种做法下，数据分析师会沉溺于"一些表层行业知识学习"，缺乏必要的行业理解和洞察，技术技能上也很难有长足的进步。

1.4.2 大数据分析方法与项目管理

在工业大数据项目中，数据分析通常需要与业务应用结合才能发挥价值。但业务应用与数据分析应该采用不同工程方法管理。业务应用有成熟的软件工程管理方法，可以采用需求分析、概要设计、详细设计、系统开发、系统测试等分阶段推进的方法。数据分析有极大的不确定性，按照 CRISP－DM 过程的敏捷迭代是数据分析推进的有效方式。

如果有可能，数据分析优先执行，在技术可行性检验后，再推进大规模的软件开发工作。若需要并行执行，也应该注意数据分析的不确定性。"场景定义"通常发生在"需求调研"阶段，从大的业务诉求出发，通过调研，形成具体需求。软件的"需求分析"主要是从业务用例、业务流程和信息处理的角度去分析软件的功能和非功能性需求。除了这些软件的需求分析内容外，数据分析还需要分析系统运行机制、业务决策逻辑和数据基础，形成分析课题的需求。随后，软件进入概要设计、详细设计和开发阶段，分析模型进入了数据准备、模型建立等阶段，不同的是，分析课题的迭代次数比软件还要多。分析模型的评价与软件的系统测试类似，模型部署与应用上线节奏类似。

1.4.3 大数据分析项目阶段划分

即使在单纯的工业分析项目中,项目阶段也不一定要严格按照 CRISP-DM 方法或表 1-4 所示的阶段划分。不同类型项目的阶段侧重点不同,例如,专家规则类型课题中,"业务理解"阶段与"数据理解"阶段经常揉在一起,专家规则需要从数据角度去理解和校验,加深业务理解,根据新一轮的业务理解,推进数据理解。在很多项目中,"数据理解"与"数据准备"经常合并为一个阶段(从业务的角度也叫"数据探索")。"数据理解""数据准备"两个步骤围绕数据进行,结果具有很大的不确定性。有时候在不需要严格评测的场景下,"模型建立"与"模型评价"也合并在一起。

CRISP-DM 方法或表 1-4 所示仅仅是从数据分析逻辑上进行划分的,一个具体项目需要结合问题侧重点和工作量进行阶段划分,让项目节奏、资源投入保持在一个合理的水平,以表 1-6 为例,基于视频的生产现场违规行为识别是一个边界很清楚的技术问题,数据类型和技术路线都很清楚,在业务理解阶段需要做的是了解决策场景(例如,是否存在遮挡)和目标,在数据理解阶段主要工作是了解数据链路(带宽限制)和视频质量,部署时候关注的也仅仅是部署环境资源限制。工艺参数优化是一个相对明确的监督学习场景,输出很清楚,但输入(需要考虑的要素)是业务理解的重点,专家经验重现和数据质量是数据理解阶段的重点。基于机台数据的车间绩效评价是一个开放性场景,虽然指标计算最后是要落到数据层面,但绩效评价体系(评价方法和指标框架)是个开放式的咨询问题,绩效评价体系与数据基础存在多次迭代。一旦绩效评价体系确定下来,指标计算就是一个专家规则类型的课题。

表 1-6 不同类型课题的工作侧重

	基于视频的生产现场违规行为识别	工艺参数优化	基于机台数据的车间绩效评价
业务理解	决策场景(例如,遮挡) 业务目标(例如,识别哪些违规行为)	系统运行机制(包括工艺原理、工艺路线、质量检测等) 决策场景 当前决策逻辑	业务研判逻辑(当前的评价体系、改进点、新评价规则等) 决策场景(例如,新产品导入、日常生产、紧急订单等)
数据理解	视频链路与带宽限制 视频质量	数据模型 数据质量 专家经验的重现	评价规则的重新制定
数据准备	—	数据工程 特征工程	数据工程 专家规则
模型建立	模型的分类准确度	模型的可行性	
模型评价	计算性能测试	预测性能	场景覆盖的全面性
模型部署	部署环境资源配置(例如,GPU)	数据处理流 模型运维机制	数据处理流 模型运维与更新机制

参 考 文 献

[1] CHAPMAN P, CLINTON J, KERBER R, et al. CRISP-DM 1.0: Step-by-step Data Mining Guide. [EB/OL]. (2000) [2023-12-01] https://www.the-modeling-agency.com/crisp-dm.pdf.
[2] RAJ E. Engineering MLOps [M]. Birmingham: Packt Publishing, 2021.
[3] 田春华, 张硕, 徐地, 等. 工业大数据工程: 系统、方法与实践 [M]. 北京: 电子工业出版社, 2024.
[4] 田春华. 工业大数据分析算法实战 [M]. 北京: 机械工业出版社, 2023.
[5] Mora M, WANG F, GOMEZ J M, et al. Development Methodologies for Big Data Analytics Systems: Plan-driven, Agile, Hybrid, Lightweight Approaches [M]. Berlin: Springer, 2024.

第2章

分析场景定义

分析场景指的是有明确业务价值且潜在可以用数据手段提升或改善的业务功能或决策活动。本章讨论的是一个具体的业务领域（例如，设备运维）的分析场景定义，而不是企业战略、生态体系重构、数字化转型、企业架构等宏观层面的规划。这些宏观层面规划通常以咨询项目的形式进行，有很多成熟的指导原则和方法，例如，麦肯锡方法体系中的 MECE（Mutually Exclusive，Collectively Exhaustive，相互独立，完全穷尽）原则[1]、SMART（Specific、Measurable、Achievable、Relevant、Time – bound 的简写)[5]原则和结构化分析方法（分解、推理、假设检验）。也有很多咨询方法指导问题分解、业务访谈、咨询沟通[7]等活动。

CRISP – DM 的第一步是业务理解，是假设外生给定一个数据分析课题。但实际工业大数据分析实践中，开始时只有一个业务领域方向（例如，油气生产智能化）或一个业务诉求（例如，提高产品良率），需要细化为一个系列分析场景。我们将这个阶段称为"分析场景定义"阶段，目的是定义出一些有业务价值且技术可行的数据分析课题，过程如图 2-1

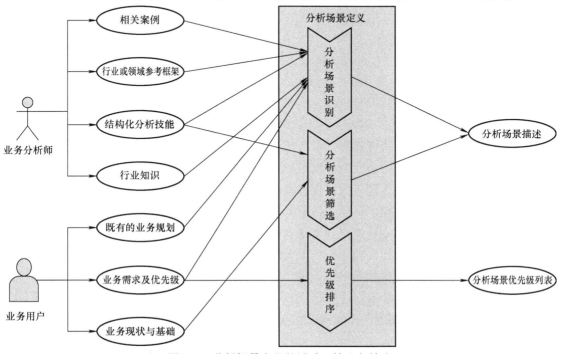

图 2-1 分析场景定义的活动、输入与输出

所示。"优先级排序"活动在《工业大数据分析实践》[1]、《工业大数据工程：系统、方法与实践》[2]中有详细阐述，本章不再重复，重点阐述前两项活动。

很多分析项目中，分析场景识别通常由甲方技术专家和咨询师承担，分析场景筛选是第三方技术服务商业务分析师的重点。业务分析师是数据场景定义成功的关键，但合格的业务分析师是稀缺资源。很多业务技术能力强的企业中，甲方技术专家（中层管理、业务出身的IT人员、有IT工作经验的业务专家）承担了大部分业务分析师的工作。咨询公司的行业专家通常也会承担业务分析师的角色，和甲方技术专家一起将业务场景做详细的分析。这些场景识别工作为第三方服务商的交叉验证和细化工作奠定了坚实基础。

本阶段的工作内容见表2-1。

表2-1 "分析场景定义"阶段的工作内容概览

目的	定义出一些有业务价值且技术可行的数据分析课题
完成标准	完成表2-2 的3 个要素描述 对于多个分析课题，完成优先级排序
内容维度	决策问题（包括业务问题、业务用户、业务流程、业务价值）、输入/输出、价值创造的途径与长效机制
典型活动	访谈、分析与确认
方法	分析场景的3 种识别方法 基于基线思维的分析场景筛选方法 分析场景定位框架 分析场景优先级排序方法
交付物	分析场景描述 分析场景优先级列表

2.1 什么是分析场景

分析场景指的是可以用数据分析技术（包括机器学习、数据整合处理、专家规则模型和运筹优化等不同类型技术）解决的业务场景问题。分析场景和数字化用例在概念上有很多类似之处。数字化用例是指将现有的业务流程和场景转换为数字化形式，以便更好地管理和优化业务流程。它可以帮助企业更好地了解其业务流程，识别瓶颈和机会，并实现更高效的业务流程。分析场景更侧重可以用数据分析技术解决的数字化用例。

实现数字化用例的手段很多，除了数据分析技术，还有信息化技术、自动化技术、管理流程重构等。分析场景定义中应该把分析场景与其他场景区分开，避免混杂在一起。信息化场景关注信息流转与业务协作，而分析场景关注是决策/研判模型或信息支撑。

分析场景定义是从可能业务需求中识别、筛选出有业务价值、分析技术可解且业务可落地的场景。一个完整的分析场景描述要把决策问题（问题、用户、流程与价值）、决策数据要素（输入/输出）和决策逻辑（价值创造的途径与长效机制）交代清楚，包括表2-2中的6项内容。

表 2-2 分析场景的构成要素

分析场景的要素		描述
决策问题 （业务要素）	业务问题	要解决的问题是什么？分析范围与颗粒度是什么？
	业务用户	谁来用？
	业务流程	决策问题所在业务流程？
	业务价值	为什么要做？或者有什么提升点？ 如何客观度量或验证？
决策数据要素	输入/输出	有什么数据？期望得到什么结果？间接回答了为什么这是一个分析场景
决策逻辑 （逻辑要素）	价值创造的途径 与长效机制	因为什么可以做得比现在好？（有什么新的信息，有什么新的手段，有什么新的基础？），或者说为什么数据手段可以做得更好（存在大量高质量标记样本，或者有丰富的专家规则）？ 如何能够保持或不断提升当前能力，持续创造业务价值

很多业务分析师喜欢用 $y=f(X)$ 介绍机器学习算法，即监督学习就是基于历史上 X 和 y 数据，学习 f。但这种类比容易让企业误解，认为分析场景定义只需要做两件事情就可以，即①确定问题的业务价值或优先级；②提供数据。不需要理解决策逻辑等其他要素。其实，与其他业务场景定义一样，分析场景定义也需要基础的业务逻辑分析。

但相对于运作咨询等开放式问题，分析场景是一个封闭问题（虽然边界不完全固定）。运作咨询通常只有明确业务需求（包括业务目标、业务范围），X 和 y 都是自由的；但数据分析场景中，X 和 y 相对固定。反过来说，如果业务场景定义后，X 和 y 仍然很模糊，就表明要么分析场景定义没有做到位，要么这个问题不完全是一个分析问题。很多项目中经常有运作咨询（例如，定义评价指标体系）与数据技术（例如，根据机台数据计算操作指标）掺在一起的场景，这时候要把咨询方法与数据分析过程方法灵活组合一起，而不是单纯采用数据分析过程方法。

下面以两个例子来阐释分析场景的构成要素。具体的识别与筛选方法在后面章节讨论。

示例 1：锅炉结垢预警的场景描述

针对锅炉结垢预警场景，如下简单描述，"SCADA 系统积累了 3 年的锅炉状态监测数据，每部锅炉有 50 个测点，通过数据分析实现结垢预警"，这仅仅是一个业务诉求的描述，不是一个业务场景的描述。

一段相对完整的描述如下，"锅炉结垢前会有一些缓慢的压降上升，SCADA 监控基于短期数据的阈值报警提前量不够，期望算法能够自动地及时检测异常趋势，以便供热站操作人员能够及时干预，提高供汽连续性和设备可靠性。"从业务场景描述的角度，回答了"过去如何做的？做法存在那些问题？期望数据从哪些方面进行改进？"等 3 个问题，这些文字已经回答了表 2-2 的 6 个要素，内容整理见表 2-3。

基于这样的场景描述，很容易推导出"业务理解"阶段需要细化理解的内容，例如，压降的影响因素有哪些（除了结垢）？结垢预警的业务用例（业务用户在什么时候会用，模型报警后会触发哪些决策和行动）是什么？结垢预警的业务价值大概如何（结垢频度与影响）？

表 2-3　锅炉结垢预警的场景描述

分析场景的要素	描述
业务问题	锅炉结垢风险预警，覆盖作业区的所有过热与湿蒸锅炉
业务用户	供热站操作人员、中控室值班人员
业务流程	锅炉监控运维管理流程 中控室异常监控流程
业务价值	及时干预，提高供汽连续性和设备可靠性 验证方法：通过一段时间，将值班日志与模型预测结果对比
输入/输出	基于锅炉SCADA监控数据（特别是过热段和辐射段压降），评价锅炉结垢风险
价值创造的途径与长效机制	分析算法可以发现细微但稳定的长期趋势，而人工监控聚焦在中短期趋势上（异常的时间提前量不够）

示例2：车间领料协同优化的场景描述

车间生产的不同环节有很多共性物料需求，有效优化共性物料库在很多生产中都有重要意义。两种不同的描述见表2-4，初始版本基本把问题描述清楚了，但没有交代清楚输入和输出，从而很难把业务场景的边界划分清楚（例如，生产节拍均衡是生产计划优化的问题）；改进后的描述场景更具体一些，与生产计划的边界关系更清楚。

表 2-4　车间领料协同优化的场景描述对比

分析场景的要素	描述（初始版本）	描述（改进后）
业务问题	车间领料协同优化	车间共性物料分配优化
业务用户	车间计划人员	车间计划人员、车间物料管理员
业务流程	车间物料管理流程	库存分配计划
业务价值	生产节拍更加均衡，提高车间整体产出效率，降低库存	降低物料库存成本，避免缺货影响生产
输入/输出	无	输入：当前物料库存及预分配、滚动生产计划及紧急程度、生产的物料需求（规格与数量） 输出：物料预分配、物料采购需求
价值创造的途径与长效机制	通过监控共性物料库存情况，定期关注库存变化及挪用情况，通过统筹车间共性物料领料计划以降低物料呆滞率、提升产出效率	库存状态透明化：通过监控共性物料库存情况，定期关注库存变化、占用及挪用情况 库存预分配优化：根据生产计划需求和实时库存状态，优化库存物料的预分配，及时估算物料采购需求

2.2　分析场景识别

工业数据分析场景识别由3种常用方式：

1)自顶向下的结构化分解定义方式,将一个大的问题分解为具体问题,明确对应的改进措施,形成可解的技术问题;

2)自下向上的归纳剖析方式,基于当前的流程环节的问题,分析数据技术的应用方式;

3)典型数字化切入点的方式,从数据能力去找业务匹配点。

下面对这3种分析场景识别方式分别阐述。

2.2.1 自顶向下的结构化分解法

针对一个具体的业务领域,业务分析师采用结构化分解的方法去识别潜在分析场景。基于业务目标,采用领域参考框架进行场景分解。典型的领域参考框架[6]包括故障诊断中的FEMA(Failure Mode and Effects Analysis,失效模式与影响分析)、质量分析中的6-sigma方法框架、生产安全中的HAZOP(Hazard and Operability Study,风险与可操作性分析)等。另外也可以从企业的业务领域、业务流程、问题构成(例如,输入要素的分解)、技术角度等维度分解。

针对一个具体的分析场景,通常采用"一上一下"的策略进行审视和细化。"一上"指的是站到比当前场景高一个层次的角度审视当前问题,分析其业务必要性,避免陷入局部思维,也触发其他潜在分析场景的讨论。"一下"指的是在当前理解上至少再深入一个层次,剖析背后的主要因素和技术可行性,避免浅层次分析。

"一上一下"策略可以采用类似信息设计中业务流程分解的方式,即在当前决策流程之外,也要分析其上层的业务流程和下层的决策信息流。例如,抽油井功图诊断本身是一个很清楚的技术场景,存在大量的学术论文工作。从更高一个层面看,如图2-2所示,功图诊断是异常井识别与管理流程中的一环,数据分析除了支撑功图诊断外,对异常井会商、修井方案制定、修井效果的后评估等环节也有很大帮助。深入到功图诊断逻辑过程,又可发现单

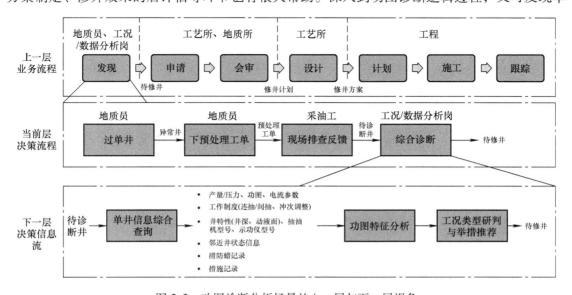

图2-2 功图诊断分析场景的上一层与下一层视角

井的综合信息查询才是当前人工决策的瓶颈（需要从多个系统查询数据），功图形态诊断算法对降低人工查阅单井的数量也有一定价值（也就意味着算法不用对所有样本做研判，但用算法研判的结果准确率应该接近100%，这样专家不用对算法研判的样本做二次研判）。从下一层的决策信息流看，功图诊断的核心信息是抽油井的全息画像（不仅仅是功图）。如果"功图特征分析"算法达不到预期效果，抽油井的全息画像对于提高人工决策效率还是有价值的。

除了业务流程层次，"一上一下"策略中的层次也可以是概念层次（例如，从制造生产的整体视角，去看某类设备健康分析）、组织层次（例如，不同设备层次的健康分析、不同组织层次的备件管理）、时空颗粒度（例如，长期资源计划、中期生产计划与短期任务调度）。

2.2.2 自下向上的归纳剖析法

业务领域专家从自身熟悉的领域提出诉求，经过细化分解和组织，形成体系化的分析场景。很多数据分析课题属于此类情况，业务分析师（或数据分析师）对该领域不熟悉，依赖于业务领域专家提出需求。基于业务领域专家提出的业务问题，共同讨论改进措施，最后由业务分析师形成技术问题。

这种方式定义出来的场景通常侧重于业务操作层面，在与既有业务流程整合方面不存在太大问题，但可能会忽略从更高业务层面评估其价值，也可能缺乏对决策逻辑的深度分解，影响到数据分析课题的可行性。为此，这里可以采用上节讨论的"一上一下"的策略，对于一个分析场景，除了做当前业务场景的描述，也分别以比当前问题粗一个层次和细一个层次的角度去描述。

另外，也经常出现业务诉求与数据分析能力失配的情形。业务专家对数据分析的能力无法精准把握，可能会提不出来需求，或提出过高要求。针对这种情形，通常有如下几种应对策略：

1）针对提不出需求的情况，可以从当下管理框架、业务流程和决策过程出发，识别数字化机会。

识别既有管理手段（如精益管理、全面质量管理等）需要哪些数据支撑，例如，PDCA中采用数据分析模型去自动检查执行过程的一致性，采用深度学习实现表面质量的自动检测。有些过去不能高频获得的信息，通过软测量、图像分析等技术变得可行。

从既有的业务流程出发，发现其中可以提升效率或提高决策质量的环节。例如，产品不良的自动追溯分析周期太长，需要3~5天，可以用数据手段去自动圈定问题（而不是最终决策），基于工艺路线上的工艺参数关联，通过工艺参数、操作时间的离群点分析，消除了专家收集与整合数据、识别异常工艺参数的时间，这样专家可以将时间花在问题诊断和措施上。

针对专家决策的波动性或不一致性，可以用大量历史数据，去学习专家决策中的稳定成分。例如，高速旋转设备故障诊断中，目前存在一套明确诊断指导规范，但新人常需要较长的学习时间，有经验的业务专家也存在一定波动性，通过分析模型可以提高决策的一致性。

新的分析手段或多类数据融合分析带来的新机会。例如，结构化数据与文本数据融合分析让抽油井低产井识别变得可能。低产井识别中，除了产液量等时序信息，井的关键事件（例如，井故障、停井等）也是重要要素，但这些事件是非结构化文本数据（存在生产日报的备注字段里），过去需要人手工查看整理这些信息，例如，一个井一个生产周期的日报数据（大概90天），工作量大且不一致，如果能够将文本分析自动化，将可能实现低产井的自动筛选工作。

2）对大问题进行分解，对难题进行转换。

可以采用自顶向下的结构化分析思路，把一个大的问题分解为具体的分析场景，或者把一个难题转化为一个容易求解的分析场景。例如，将"结冰预测"转为"结冰检测"，"结冰预测"从技术上需要"微尺度天气预报"（目前成熟的是 $10km \times 10km$ 中尺度天气预报）和"结冰预警"两个高难度的分析模型，而"结冰检测"只需要根据短时的风电机组状态和气象条件判断结冰的可能性，技术难度低很多。但从业务用例角度看，二者没有区别，即使可以提前预知结冰的时刻，风电机组也只有在结冰后（但未严重结冰）才会停机。

2.2.3 数据驱动的业务能力匹配法

除了业务驱动的方式，也存在数据驱动的分析场景识别的需求。由于物联网和大数据技术的发展，工业企业积累了很多高质量数据。企业期望业务分析师先根据当前数据基础，列出潜在的数据分析场景，然后与业务部门讨论是否存在结合点。

有3种方式识别潜在分析场景的方式：

1）参考具体领域的数据分析场景参考框架，给出当前业务领域的分析场景；
2）根据数据类型和分析技术给出可能的分析课题，去检验是否存在业务需求；
3）从适合数据发挥作用的业务切入点出发，先看业务的具体需求，然后再看数据是否支撑。

1. 领域分析参考框架的方式

《工业大数据分析实践》[1]一书从业务领域（研发、制造、运维、营销等）的视角去讨论，并针对运维（见图2-3）、制造质量（见图2-4）、制造效率、生产安全、营销优化等领域进行了分解。不同行业的主要矛盾不同，具体场景侧重也存在差异。

2. 分析技术驱动的方式

从分析技术的视角，典型的应用场景包括：

1）预测性分析，基于大量的历史数据，将事后或事中决策变成预测，提高干预措施的及时性。

2）专家知识沉淀，过去专家经验以人为载体，留存、复制、继承与演化受很大制约，如果通过数据手段，将专家经验以模型沉淀到企业平台，则大大扩展了专家能力的外延与企业知识沉淀的过程。例如，通过对历史研发文档的文本分析和深度挖掘，降低研发风险，提高研发效率。

3）多数据源融合（或维度扩充）带来新研判能力，例如，在设备远程运维领域，仅靠图像或物联网单一数据源都有较高的虚警率，如果将不同类型的数据分析结合，将有可能实现更加可靠的故障预警。

另外，一些典型的数据结构也有常见的分析课题，例如，时空数据分析落在工程车领域

图 2-3 设备运维领域分析场景参考框架

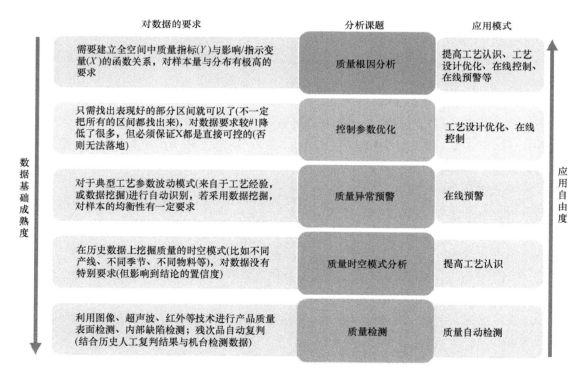

图 2-4 生产质量管理领域分析场景参考框架

细化为路谱分析、驾驶行为分析等典型分析课题；时序模式分析在设备运维领域有传感器异常模式识别、典型工况模式匹配、系统动力学关系构建等典型分析课题。

3. 典型数字化切入点的方式

除了采用典型案例启发式讨论的方法外,也可以从数据能力与业务需求匹配的角度去发现分析场景。

1)针对流程的薄弱环节(特别是跨组织/领域协作接口)的信息协同,例如,很多企业的商务与生产缺乏有效协同,交付承诺与生产能力缺乏实时沟通,生产计划缺乏对市场动态响应能力,基于跨领域的数据建模与分析,有可能实现产销一体化。又如,研发设计通常大大滞后于市场反馈,通过装备物联网数据整合与分析,及时将产品使用过程反馈到研发,引导研发工作方向,实现研发闭环。

2)推动管理精细化的数据分析。例如,在电子制造流水线中,机台日志通常用来辅助质量排查,机台日志分析也刻画了操作人员的微观操作行为,可以用来评价操作人员绩效,这种评价方法比产量评价更加客观。

3)新计算模式带来的新能力。过去表面检测算法、故障诊断算法采用离线本地部署模式(模型算法是预置的,部署后不再更新),如果能够实现远程交互或联邦学习,通过集中的云端学习,将大大提升整个技术生态的效率。

4)处理效率提升带来的业务创新,例如,风电机组的载荷仿真的计算并行化(包括前处理/后处理任务自动化),可以将设计方案的验证时间从3天降到30min内,这将改变部件供应商(如叶片、塔筒)与整机制造商在设计环节的协作模式。之前需要等到各个部件供应商提交仿真模型后,由整机制造商合并进行仿真验证,批量反馈。有了并行化技术后,供应商可以随时提交部件设计方案,进行在线的整机仿真验证。很多其他行业(特别是互联网行业)数据应用场景也可以作为参考启发(虽然不一定能找到结合点)。例如,服务提供与数据采集的自供给机制(搜索引擎、导航软件、大模型等系统在为用户提供服务的同时,也在收集数据不断提升分析模型)、在线学习机制(在线广告,通过点击行为采集和用户交付,在线更新算法策略)。

2.2.4 分析场景识别中的常见问题

数据分析课题访谈与识别中,经常遇到如下问题:

1)缺乏业务或管理基础的数字化需求。如果没有明确的业务目标、管理闭环或决策逻辑,很多信息化、数字化技术手段也无法深入。通过单独的咨询项目或深入的业务分析,把数据分析需求聚焦到一个具体的业务决策流程中。

2)分析场景缺乏与业务需求的关联。在很多业务交流中,经常遇到追求技术时尚的需求("工业大数据很流行,我有这些数据,看看能做啥?""需要什么数据尽管提,我们可以解决"),缺乏深层次业务动机与目标分析。这种情形下,推荐采用数据驱动的方式,将分析场景与业务流程或决策流程关联,识别结合点。

3)浮于表面的业务访谈,没有讲清楚价值创造的途径。既有的决策逻辑没有理解清楚,其改进途径就无从谈起。主要有2种原因:①业务分析师缺乏必要的领域知识,分析场景识别过度依赖于业务专家;业务访谈变成了业务知识培训,而不是业务问题剖析;缺乏对领域名词的必要理解,多采用类比的沟通方式,交流效率很低。②业务专家顾左右而言他,不愿从基本面角度去讲，喜欢用特例来讲，但又不愿提供特例的细节，一旦数据分析师把数据中发现的特例或反例找来了，又不愿意深入讲解背后的业务逻辑。这样，业务场景描述仅仅停留在表层，没有深入到一个可解的地步。

4）没有把决策要素思考清楚。与分析场景相关的关键要素不存在数据支撑，"无源之水"的分析场景在技术上是不可行的，是"分析场景筛选"阶段的无效输入。

5）分析场景的颗粒度和范围不够精细。把分析场景与信息化场景、自动化场景等其他类型的场景揉在一起，或者把多个分析场景放在一起。

2.3 分析场景筛选

经过业务专家确认的分析场景在业务价值、业务故事上通常没有太大问题，但很多问题交到数据分析师后，数据分析师仍然反馈技术不可行。深入的数据质量和业务机制分析可以留到"业务理解""数据理解"阶段去做，在"分析场景定义"阶段还是可以初步研判其技术可行性和合理定位。

2.3.1 基于基线思维的场景筛选法

分析场景定义阶段通常不会做深入的业务理解，很容易会忽略一些基线思维，没有思考"为什么是我们？""为什么是现在？"来解这个问题，定义了一些很有价值但很难落地的分析场景。

"没有免费的午餐"的基线思维评估可以从提升路径（因为什么而可以做得比现在好）、可执行性（可被消费）两个方面进行，体现为表 2-2 所示的分析场景描述的"价值创造的途径"。

基于基线思维的场景筛选法通常包括 3 方面内容：

1）分析场景的范围是否合适（明确且有效）：当前场景是不是分析技术可解的场景，还是业务应用、流程变革的内容？针对当前业务问题，数据分析是不是最有效的方法？很多宏观管理提升（业务流程闭环、精益意识等）问题不一定要诉诸于数据技术。业务问题的解法很多，数据分析不一定是最有效的方法。计算机擅长解决人工经验不定量或不精准的问题，而不是一无所知的问题。对于基本结构或机制都没有认识清楚的问题，数据挖掘也很难突破。虽然有时候放弃因果，依靠相关性可以做出一些好的结果，但这并不代表可以完全放弃业务和物理机理的理解。

2）分析场景与业务的结合点是否分解清楚（可被消费）。除了如图 2-2 所示的业务流程外，还应该回答具体的利用方式，即如果分析模型可以取得合适的准确度（先假设技术上可以实现），业务上如何利用它的结果？针对分析场景的可执行性（可被消费），可以将分析模型带入业务流程进行推演分析。例如，风电机组的结冰预测比结冰检测在技术上更先进，但在实际运维中找不到新的结合点。也可以参考设备故障诊断、质量数据分析、生产效率优化等典型领域分析课题参考框架，当一个高阶需求满足不了，适当降低为一个低阶需求也许更容易落地。

3）回答为什么可行，为什么过去没有做到而现在可以做到等基础问题（合乎常理）。

在应用数据分析之前，我们最好反思一下过去为什么没有做到，是因为过去业务需求不强烈，还是因为数据不够，还是因为过去缺乏算法技术，还是过去算力不够，这样的反思可以避免技术臆想。例如，我们曾经接触过一个核心设备的故障诊断需求，这是机械领域60多年没有突破的技术难题，但过去60年，在监测手段、数据基础和机理认知上一直没有本质提升，期望大数据分析去改变这个局面是不现实的。另外，也要从机理的层面思考现在的数据基础是否可以充分反映物理过程，例如，很多生产过程是长期稳定的，虽然积累了大量数据，但这些数据没有充分体现生产系统的动力学行为，基于这些数据去做系统辨识建模是不现实的。

最后，非监督类的课题对业务专家的参与度和专业度要求很高。例如，有些生产过程质量评价没有基准数据（专家标记或抽检等权威结果），数据分析可以做聚类，展示过程特征分布，也有主动学习、小样本学习等算法技术，但最终规则的制定仍需要业务专家的参与（标记样本，或则直接提供评价规则）。这里的特别关注主要是几个方面：①问题要素的完备度；②关键决策逻辑的清晰度；③业务对分析场景定位的清晰认识以及业务领域专家参与的程度。业务专家可以发挥的作用有两个层面：①可以把关键要素、决策准则梳理清楚；②对于具体样本，可以给出相对一致的判断结果。业务专家至少能够在一个层面发挥作用，否则，这样的非监督学习课题很难执行下去。

2.3.2　基于要素-认知矩阵的场景筛选法

采用如图2-5所示的数字化框架去启发业务专家，针对不同类型的问题，数字化可以发挥的作用不同。如果能结合具体案例，启发效果会更好。

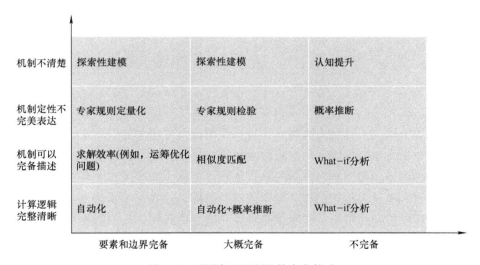

图2-5　不同类型问题的数字化策略

一种理想情况就是决策逻辑清晰、要素边界完整、但比较繁杂的问题，可以发挥分析模型自动化的作用，降低工作量，提高决策效率。最挑战的就是问题的机制不清楚，并且数据不完备，这时候的数据分析基本属于"科学探索"的定位，尝试看数据中是否存在一些规律，去提高领域认知。大部分课题处于二者中间。

数据分析的提升能力通常来自于自动化能力、拟合或统计能力（推进认知边界）、证伪能力（找出反例）等几个方面。

1）自动化：这也是计算机处理相对人工处理的传统优势点。在数据分析领域，这种优势不仅仅来自于与速度与效率，也来自于信息大的广度和颗粒度（更大时空范围、更细颗粒度），这也是俗话说的"是个人就能干，但不应该是正常人该干的活"，通常来自于：①高维度大数据整合与统计，例如，抽油机故障诊断需要综合井基本信息、近期产液量信息、清防蜡信息、修井记录和措施等多种信息，需要专家在多个系统中查询后，在个人头脑中构建起这样的信息视图。采用大数据分析与关联后，可以大大提升专家的综合决策效率，背后的关键技术是不同颗粒度数据的融合与处理工作；②处理逻辑的自动化，例如，OLED质量追溯分析排查逻辑相对明确，包括工艺参数异常波动（每个机台有100~900个参数）、加工/等待时间过长、机台故障日志信息等分析逻辑，但需要在几十个制程上进行，分析程序的自动化预期可将异常排查时间从几天缩短到1h内；③高耗时计算的加速，很多仿真、运筹优化、控制优化等的数值计算时间很长，不能支撑在线决策，利用机器学习的强拟合能力，训练出代理模型，提高计算的实时性；④案例库的检索支撑或主动推送，通过知识图谱、深度模型和时序模式匹配等算法，将类似案例按需及时推送给设计或施工人员；⑤物联网数据、视频数据等实时数据的高效处理，例如，基于视频和物联网信息的生产操作过程合规性的自动监控。

2）定量化和精化：即使专家可以清楚描述背后的系统机理或决策规则，但通常不定量或不完备，需要在数据上检验并精化，这里发挥统计分析模型的拟合能力。①专家规则的精化，通过大数据统计或自主学习等方式，将专家规则形成可以自动化研判的分析模型；②无监督或半监督学习，通过历史数据统计，支撑业务专家将研判逻辑进一步细化；③监督学习，对于存在业务标签的数据，可以通过监督学习，形成自动研判模型，提高研判的一致性和效率。

3）认知探索：专家认为应该有规律，但也不确信；或者专家有若干假设，但需要从数据去寻找规律。

分析模型有自动决策、半自动决策和支撑专家决策3种应用模式。自动决策对于数据质量、场景完备度要求高。半自动决策指的是分析模型的计算结果需要人二审核。支撑专家决策通常指的是为专家决策提供综合信息或参考案例。

巧妙利用这些优势，可以有很多新的模式创新，包括定向研发、多环节的协同、低效环节的自动化。例如，通过天然气销售与配送计划的协同，提高订单承诺完成率；通过半导体生产计划与厂务系统控制的协同，实现节能降耗；通过机台操作日志数据分析，让操作人员评价更加客观。

2.3.3 分析场景筛选中的常见问题

在分析场景的定义中，会不断发现理想/理念与实现间的差距。业务需求、业务逻辑清楚、计算逻辑完备到软件可实现，每一步都可能存在本质挑战。不存在全能专家，业务专家不可能掌握每个细节，只有通过数据分析、软件实现和软件测试才能发现。现实中的数据质量永远是个问题，在很多时候，数据并不能完整刻画物理世界过程（严格意义上讲，这是

"数据理解"阶段的事情，但如果有信息可以早研判，这样可使后续工作更有效）。最后，也不要忘记数据分析只是解决问题的一种技术手段。

1. 理性看待流行技术

业务用户对业务应用的开发管理方法、数据分析技术的能力与边界应该有适当了解，这样可以更好地将数字化应用到自己的业务领域。关键认知或要素的缺失，并不能很容易地靠某个技术或方法去填补。

对领域知识的重要性有充分认识。不要把数据技术看作万能技术，认为数据中蕴含一切，不需要业务输入就可以很好地独立工作。即使对于监督学习，领域知识也可以缩小算法搜索空间，降低算法对数据量的要求，避免无效的浅层次挖掘。所以，在大部分数据分析课题中，业务访谈的透彻程度和业务专家的参与程度对于项目成功至关重要，毕竟很多信息没有在数据中反映。

明确业务需求和主路径，避免为了彰显工作量，堆砌功能，造成需求太杂乱，没有聚焦到一个业务场景。可以采用设计冲刺中的用户故事等思路，利用业务用例分析确定真正的业务需要。

切莫把数据技术等同于所有可用的工程技术手段。曾经有企业提出用数据挖掘手段，预测供水管网破裂后各部锅炉的停炉风险。这是典型的管网水力学仿真问题，不应该用数据挖掘手段去解决（数据挖掘是归纳，很难外推数据集上不存在的场景），另外，即使用管网水力学仿真，仅靠物联网监测数据也是不够的，还需要补充一些基础数据（管段的长度、管径、材料、高程、主要阀门/三通的信息等）。对数据技术认知不一致是数字化项目的一个普遍问题。在大的数字化项目前期，适当组织业务知识、数字化能力与认知培训，这对提升认知一致性很重要。

不要高估当前的数据基础和专家经验基础。大部分数据都存在数据质量问题，很多关键要素并没有在数据中体现。很多机理模型或专家经验是不完备的，无法实现自动化。同基线思维一节所讨论的，针对一个问题，思考当前专家决策时需要考虑哪些要素？这些要素在数据上是否有体现，现有数据是否足够支撑数据分析建模，期望数据分析技术在哪些方面提供帮助。如果过去决策结果没有记录，当下企业有哪些明确的经验可以支撑非监督学习？

2. 行业理解基础上的系统分析能力

业务分析师需要把一个大的业务问题分解为若干具体的业务场景，同时把各个业务场景的业务需求描述清楚，这就需要具备行业理解基础上的系统分析能力，包括如下一些基础技能：

1）必要的行业知识与开阔的视野：行业知识是业务分析的基础。对于陌生的领域，在访谈前提前查阅一下论文资料，建立必要的交流基础。从业务用户角度思考如何能够有效持续实现业务价值，从数据分析师角度思考分析模型持续迭代与改进的机制。

2）逻辑框架思维体系：业务专家在技术风格上有实操型、系统型、创新型、思辨型的；在交流风格上，有沉闷型（问一句答一句）、发散型、条理型的；在问答风格上，有简单直接型、绕弯型（顾左右而言他）、引导教授型、严谨型的。业务分析师要有兼容不同类型专家的能力。

3）丰富的经验和清晰的成本意识：根据自己经验与项目的匹配度，清晰知道自己可以发挥什么作用（是指导生产决策，还是总结归纳专家经验）。另外，对于业务专家的一句话，能够抓住要点，做到无歧义表达。例如，"以产液量变化评价清防蜡作业的效果"这句话背后隐含着：①评价第 i 次清防蜡作业，看第 i 次前到第 $i-1$ 次间的产液量，与第 i 次到第 $i+1$ 次清防蜡间的产液量；②排除其他措施（例如，压裂）和外部事件（例如，抽油机一级保养）的影响。

4）必要的技术推演能力：知道一个需求背后意味着什么，采用什么技术，数据基础要求与现实的差距有多大。例如，基于物联网数据和运行日志，数据分析可以相对自如构建锅炉的运行事件画像，评价锅炉的健康状态，但这只做到了锅炉状态可视智能化，但如果想进一步提升到决策智能，例如，自动构建锅炉运行计划，就必须融入运行计划制定的业务要素和优化目标，但很多企业并不具备这样的基础。

5）在业务场景定义阶段，不要过度纠结对错，没有想法才是最大问题。专家经验即使不完备、不系统，也远比没有方向要好。有了探索方向，后面才有通过数据和迭代讨论去完善优化的可能。

2.4 分析场景定义示例

下面以 3 个实例展示不同的分析场景识别方法。

2.4.1 智能运维：自顶向下的结构化分解法

设备运维是很多行业的共性业务领域。按照阶段可以分为问题感知智能化（包括预测与检测）、解决方案构建智能化、运维过程智能化、运维结果智能化 4 个阶段，每个阶段又可以分解为若干分析场景，如图 2-6 所示。

不同行业的场景侧重点不同。例如，在透平机械智能运维中，故障诊断复杂，汽轮机机械定制化强，一次诊断成功率较低，备件配送成本高，因此，对于异常在线检测与故障诊断需求紧迫，维修后的效果评估和案例库沉淀对于提高运维效率也很重要。风电机组通常是批量生产，与其他设备也不存在复杂耦合，在问题感知智能化上的需求是进一步提高异常发现的提前量，通过类似案例推荐，提高一次维修成功率，运维后的知识最好能够沉淀下来，并进行大规模排查与摸底，把类似征兆的高风险机组也识别出来。对于水电机组等复杂装备，状态评估、智能排查是提高可靠性的关键。智能问答、AR/VR 智能辅助、运维过程智能监管对于提高运维质量很重要。

以透平机械为例，每个阶段典型的业务需求见表 2-5。

2.4.2 汽车制造：自下向上的归纳剖析法

经过冲压、焊装、涂装、总装 4 个汽车制造环节的业务访谈，总结归纳了十多个分析场景。在按照分析主题等维度对这些场景进行条理化时候，发现了更多有价值的业务场景，形成了 25 个分析场景，如图 2-7 所示。这种矩阵呈现的好处，是使维度交叉上的认知欠缺被明确凸显出来。

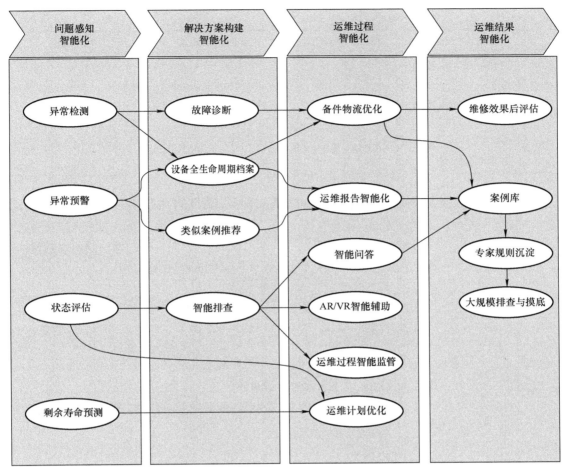

图 2-6 智能运维的分析场景分解

表 2-5 透平机械智能运维的分析场景

	问题感知智能化	解决方案构建智能化	运维过程智能化	运维结果智能化
场景描述	异常检测：综合利用机组的运行状态、异常记录、故障诊断信息和客户反馈主动感知问题	故障诊断：自动从现象和历史数据中找到可能原因，专家参与快速准确制定解决方案 设备全生命周期档案：维护该透平机械的过往履历，以支撑全面的专家诊断	备件物流优化：调拨中心与运输方式选择 远程信息协助：服务人员可持续与云端交互信息	维修效果后评估：定量评估维修效果 案例库：从问题发现到处理过程的所有数据均被仔细分析并形成知识库，支持闭环反馈
数据源	机器数据、运营数据异常感知 客户服务线索感知 云平台智能感知	自动生成解决方案 专家调整形成解决方案	最优的资源管理和过程协调管理 服务人员、对象、云端多媒体三方实时交互	项目过程记录归档 服务结果评价 知识库持续更新

(续)

	问题感知智能化	解决方案构建智能化	运维过程智能化	运维结果智能化
业务现状	来源多样，格式多样，信息分散 缺乏数据整合平台和手段 标准化进程滞后 设备智能化度低	智能诊断、大数据分析技术尚不成熟 设计、制造、运营及服务等关联信息管理滞后 诊断标准化建设滞后	现场服务人员缺乏数据、工具支持 服务过程信息化程度低	结果未归档，结果记录格式不统一 结果的后续分析能力需要加强 维修经验没有得到继承与发扬

方面		问题类型	冲压	焊装	涂装	总装
SOP	设备	设备健康管理		基于设备参数数据的设备故障预测		
		设备备件管理		工装、设备备件库存优化		
		设备矫正指导		台车夹具偏差计算		
	质量	来料质量控制	卷料、捆包追溯&参数区间稳定优化			装配件尺寸精度质量分析
		制程参数优化		焊接工艺参数优化	喷涂工艺参数优化	
		质量问题追溯		车身质量问题的全程追溯 点焊质量问题追溯		
		质检数据波动性		基于三坐标测量数据的车身质量问题预警	基于外观质量数据的涂装批量问题预警	基于总装质量数据的总装批量质量问题预警
		质检卡数据分析			质检卡统计分析	
	产能	运转率数据分析		运转率统计分析		
		设备故障率数据分析		设备故障率统计分析		
	能源	节能减排		针对能源消耗进行排班优化		
	售后	市场问题点反馈		市场问题点的透明化反馈		
PPV	质量	制程参数优化	装配量参数的快速调优			
		工件搭配优化	基于冲压精度的车门内外板搭配			
		车型质量问题知识库			车型质量问题模式挖掘	
		车型质量问题解决方案知识库			车型质量问题解决方案推荐	

图 2-7 汽车制造过程的分析场景归纳

分析课题可以按照业务价值、数据基础两个维度进行评价，形成如图 2-8 所示的课题优先级排序矩阵示例，优先选择业务价值较高且数据基础较好的分析课题。

2.4.3 电动矿卡智能管理：数据驱动的业务能力匹配法

在矿场生产中，矿卡和挖掘机、平路机等工程机械一起，负责矿场生产和建设工作。电动矿卡是一种绿色能源形式，比传统矿卡多了充换电环节。电动矿卡的管理业务涵盖各式车辆及机械的定制化研发、租赁与销售，配套充换电设施的投资与建设，服务平台的开发与运营等，为矿场提供定制化的电动化解决方案。电动矿卡智能管理是充分利用车联网终端盒子（Telematics Box，T-Box）、站控、电池、换电、生产、车队等多方数据源，整合建立新能源商用车大数据运营平台，为上下游企业提供数据驱动的增值服务，持续优化内部运营效率，提升最终用户体验，扩展新能源商用车服务范围，提升市场竞争能力。

电动矿卡智能管理典型的数据流程如图 2-9 所示，涉及司机考勤、工作考核、驾驶行为管理、换电管理和车队绩效管理等方面。

电动矿卡智能管理没有既定的模式，其业务场景定义采用数据驱动（分析技术驱动的方式）、业务验证的迭代优化模式。根据既有的数据类型，可以构想出如表 2-6 所示的潜在分析场景，这些分析场景经过业务研讨或验证，进行下一步进行的分析课题。

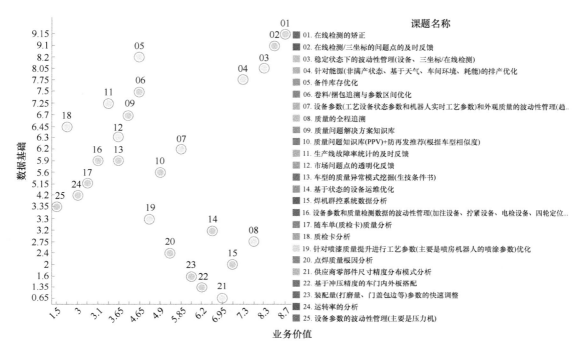

图 2-8 分析场景优先级排序

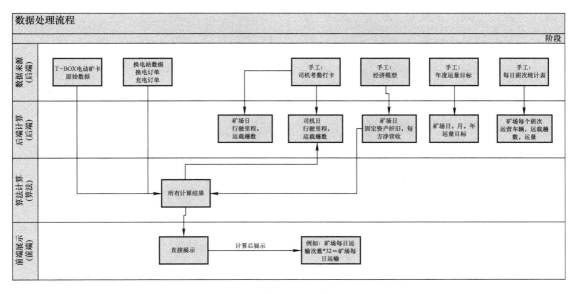

图 2-9 电动矿卡智能管理典型的数据流程

表 2-6 支撑电动矿卡智能管理的潜在分析场景

分析场景	描述	数据需求	数据可行性	业务价值	综合排序
矿卡的驾驶行为分析	精准识别不同驾驶人员的驾驶行为，以及驾驶行为对于电耗、运载效率的影响	矿卡的 T-Box 数据（包括瞬时速度、刹车、点耗等） 矿地形数据 矿的车辆调度 驾驶人员的 ID 气象数据	影响驾驶行为的地形、天气等数据并不完全可得 需要 3~5 年 100 辆车以上以及少量驾驶人员的数据	低	中
矿卡业务的经济性分析	计算矿卡的经营成本 • 成本构成 • ROI 计算	财务数据 公开资料	财务数据比较敏感	高	低
日运输量预测	通过过去几天的运输量、开采计划和天气信息，预测日运输量	过去几天的运输量 开采计划（挖掘数量） 天气信息	需要 600 天左右完整数据（200 天测试）	中	低
电池剩余电量预测	根据当前天气和运载量，和过去一天的电池充放电纪录，预测当前电量在未来几个轮次的消耗状况	矿车作业信息和充电事件记录 气象数据 电池状态数据	需要几种相对稳定型号电车（吨位、电池型号、电池年龄）且 500 辆以上，最好能有 3 年左右的数据	中	低
换电行为分析与优化	根据运载计划和电池消耗、充电站的容量，更好地安排不同车的换电时间	矿车作业信息和充电事件记录 气象数据 电池状态数据 作业与运载计划	需要几种相对稳定型号电车（吨位、电池型号、电池年龄）且 500 辆以上，最好能有 3 年左右的数据	高	低
矿卡的轨迹分析	结合识别每辆矿卡的精准轨迹	矿区地形数据（GIS） 矿车位置和状态数据	需要同一矿区相对稳定作业面 1 年以上的 100 辆车数据	中	中
整矿的调度优化	作业面、倒渣点、车辆分配的综合优化 不同作业面的车辆配比 不同作业面指定的倒渣点 需要考虑距离、车辆装卸时间、车辆等待或拥堵等	矿开采计划（月） 矿地形和地理信息数据 不同型号车运载能力 历史的运载数据	需要数据很多很细问题要求规模大一些	高	低
矿卡经营优化	提高矿卡的利用率	矿地形数据 矿生产数据 矿卡运行数据	需要数据过多	高	中
电池故障诊断	识别电池异常 预测电车寿命	电池基本信息 矿卡的使用纪录 电池故障信息	需要有 1 万以上的故障样本，最好集中在同一类电池的相对小的事件范围，故障类型在 3~5 类	低	低

参 考 文 献

[1] 田春华，李闯，刘家扬，等. 工业大数据分析实践[M]. 北京：电子工业出版社，2021.
[2] 田春华，张硕，徐地，等. 工业大数据工程：系统、方法与实践[M]. 北京：电子工业出版社，2024.
[3] PERA K. Big Data for Big Decisions：Building a Data–driven Organization[M]. Carabas：CRC Press，2022.
[4] 埃森·M. 拉塞尔，等. 麦肯锡方法[M]. 赵睿，等译. 北京：华夏出版社，2001.
[5] 吴忠培. 企业管理咨询与诊断[M]. 北京：科学出版社，2011.
[6] BURTONSHAW–GUNN S. Essential tools for management consulting：tools，models and approaches for clients and consultants[M]. Hoboken：John Wiley & Sons，2010.
[7] COSENTINO M. Case in point：Complete case interview preparation[M]. Santa Barbara：Burgee Press，2013.

第3章

业 务 理 解

"分析场景定义"从大面上确定了一些有业务价值、技术可解的分析问题。"业务理解"和"数据理解"的目的是在此基础上进一步深入,二者迭代执行,一起回答技术如何来解的问题,并为后续的"数据准备""模型建立"提供指导方向。"业务理解"理解数据分析课题背后的业务目标、业务逻辑,分解业务用例,确认分析问题的可行性,形成相对完备的分析课题描述,并提出数据需求清单,如图 3-1 所示。

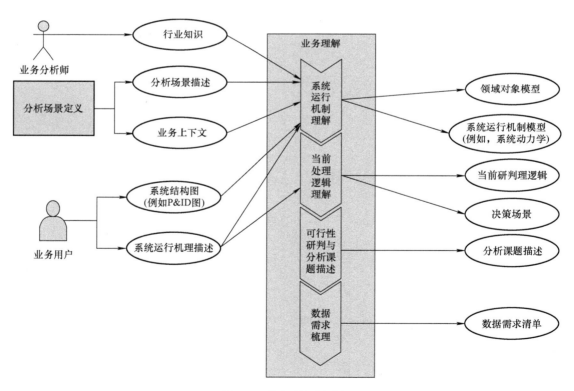

图 3-1 业务理解的过程

业务理解的目的、维度、活动见表 3-1。

表 3-1 "业务理解"阶段的工作内容概览

目的	理解问题的解决途径和价值创造方法,进一步明确其可行性
完成标准	完成 3.1 节和 3.2 节规定的业务理解的文档内容 基于本阶段的结果,数据分析师有明确分析建模技术路线和特征变量探索方向,甚至可以对一些简单样例做出研判
内容维度	业务目标(包括评价方法)、决策逻辑(领域对象模型、系统动力学、假设、不变量)、决策场景、领域概念
典型活动	访谈、分析与确认
方法	系统动力学建模方法 领域模型方法 专家规则描述方法
交付物	分析课题描述 数据需求清单

《工业大数据分析实践》[1]一书对本阶段有详细的描述,针对典型的工业问题(设备健康与故障诊断、质量分析、生产效率优化),《工业大数据分析算法实战》[2]一书中也有建模要素参考框架和专家知识沉淀方法。这里不再重复,仅仅讨论业务访谈注意事项、典型建模方法。

3.1 业务理解的目标

业务理解的目的是明确分析建模技术路线和关键特征变量探索方向。对于不是特别复杂的问题,一个基础判断条件就是经过业务理解,数据分析师或业务分析师可否对一些明确的样本做出可靠的判断。如果没有达到这个程度,通常意味着业务理解还不到位。

3.1.1 形成分析课题描述

分析课题描述是在分析场景的 6 项内容基础上,细化决策场景(见 3.2.2 节)、领域模型(见 3.2.3 节)、系统运行机制和业务研判逻辑(见 3.2.1 节)4 项内容,见表 3-2。虽然说数据驱动技术路线的本质是从数据中自动发现新的假设或方向,而不仅仅是用数据去证明(也包括证伪或细化)已有的假设(经验或怀疑方向),但既有假设的梳理与理解仍然很重要,可以大大缩小探索的空间与代价。既有的假设通常蕴含在决策场景、领域模型、系统运行机制和业务研判逻辑这 4 项内容中。

表 3-2 分析课题的描述内容

分析课题描述要素		描述	形式
决策问题（业务要素）	业务问题	要解决的问题是什么？分析范围与颗粒度是什么？	自然语言描述
	业务用户	谁来用？	自然语言描述
	业务流程	决策问题所在业务流程？	业务流程图
	决策场景	有哪些典型情况会影响到当前的分析，例如，重大赛事（如成都大运会）期间的交通流量预测	列表或树状结构
	业务价值	为什么要做？或者有什么提升点？ 如何客观度量或验证？	自然语言描述
决策数据要素	输入/输出	有什么数据？期望得到什么结果？间接回答了为什么这是一个分析场景	列表
	领域模型	领域模型描述图	领域模型图
决策逻辑（逻辑要素）	价值创造的途径	因为什么可以做得比现在好？（有什么新的信息，有什么新的手段，有什么新的基础？），或者说为什么数据手段可以做得更好（存在大量高质量标记样本，或者有丰富的专家规则）？ 如何能够保持或不断提升当前能力，持续创造业务价值	自然语言描述
	系统运行机制	系统的运行机制描述，如系统动力学模型	系统动力学、树状结构
	业务研判逻辑	如何进行研判	列表

虽然都涉及业务方面的理解与探讨，但两者范围和侧重点差别很大，如图 3-2 所示。"分析场景定义"阶段是从业务流程的角度去寻找潜在用数据提升的决策活动，并明确业务用户，评估其业务价值；而"业务理解"是针对一个具体的决策活动（"分析场景定义"给出的业务流程上下文），从数据、外部条件、系统运行机制、决策变量等决策要素的角度来理解。

表 3-3 的 9 项内容仅仅为了辅助业务理解过程，让协作更有效率。但内容大于形式，如果从业务理解的总结中看不到探索的方向，或者回答不了为什么数据分析有可能比现在做得更好等问题，资深数据分析师通常会认为业务理解没有到位。例如，针对电解槽的槽况评价场景，我们先后进行了 3 次交流，到了第 3 次之后，数据分析师才认为"业务理解"基本到位。第 1 次是一个初步的需求交流，企业的技术团队简要介绍了业务问题和分析需求，分析课题描述模板中的 6 项内容得到了回答；第 2 次进行了现场参观和业务访谈，对当前的业务研判逻辑、业务概念、决策场景有了清晰认识，另外，对于监测/管理数据、电解槽工作原理和管控流程有了直观认识，虽然数据分析的探索方向已经明确，仍不明白为什么这么重要又清晰的课题到现在还没有解决。由此安排了第 3 次与领域专家的交流，终于明白了分析场景落地的 2 个关键挑战：①目前缺乏管理闭环，中短期的槽况现场认知不一致，槽况评价结果没有形成业务闭环；②缺乏可靠的数据基础，不仅测量可靠性不高，补料等执行机构也存在偏差。经过这 3 次交流，业务理解才算基本完整。

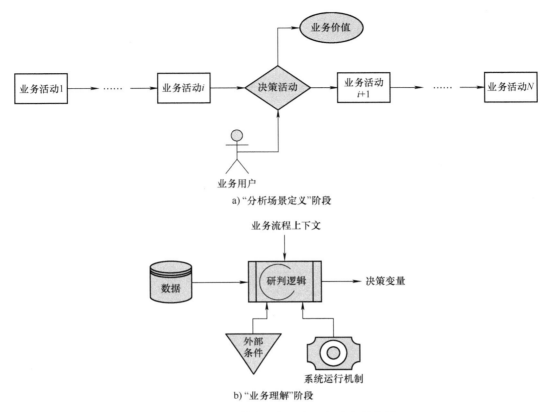

图 3-2 分析场景定义与业务理解阶段的差异

表 3-3 电解槽槽况评价的业务理解过程

	第1次需求交流	第2次业务访谈	第3次专家交流
业务问题	√		
业务用户	√		
决策场景		√	
业务价值	√		
输入/输出	√	补充理解采集的频度和准确度	补充了解测量对分析结果可信度的影响
领域模型		√	
价值创造的途径	√		补充理解了数字化很难推动的原因
系统运行机制	√	有了直观认识	
业务研判逻辑		√	

3.1.2 提出数据需求清单

"业务理解"步骤的成果之一就是把数据需求列举清楚,这样相关部门可以并行准备数据,为"数据理解"阶段做准备。数据需求梳理从业务逻辑的角度(不要求精准到数据源系统的数据结构定义），给出主要的数据类型、关键的数据项、数据颗粒度和数据范围（时间范围、组织范围、空间范围等），示例见表3-4。

表3-4 备件需求预测的数据需求（示例）

类别	数据项	数据颗粒度
配件销售订单	物料编码、数量、制单日期、发货日期、代理商、发货仓库	每个销售订单
采购订单	物料编码、计划数量、审核通过数量、发货数量、制单日期、发货日期、代理商	每个采购订单
代理商库存状态	仓库编码、物流编码、日期、库存量	每天
工程机械车辆状态监测数据	工况回传时间、设备号、工况ID（如液压油温度、泵送排量、发动机转速、换向次数等）、工况	单个车辆所有工况指标的监测值
工程机械车辆GPS定位数据	设备号、GPS定位信息、所属省市	单车的位置信息（到城市级别）
车型与物料的对应关系	无	待预测的物料（及其替代品）、物料涉及的车型
静态参考信息	车辆基本信息（编号、型号、车龄）、物料型号（及型号替代关系）、不同地区的泵车保有量和销售量、影响配件销售的事件	无

3.2 业务理解的主要内容

采用 $y=f(X)$ 的类比来描述数据分析问题（特别是机器学习），"分析场景定义"仅仅明确了输入与输出，"业务理解"需要进一步细化。将输入要素 X 分解为可控输入量 X^I（业务上可以直接改变的变量）、可观测状态量 X^{SO}（表征系统运行状态的变量，不能直接改变，但可以观测）、不可观测状态量 X^{SU}、可观测外生变量 X^{EO}（对系统有影响，但没有办法直接影响的变量，但可以测量到）、不可测外生变量 X^{EU}，即

$$y=f(X)=f(X^I, X^{SO}, X^{SU}, X^{EO}, X^{EU})$$

"业务理解"很多时候也是针对这些量及其关系展开的，见表3-5。①如果输入要素 X 比较复杂，通常需要理解其数据结构，这里推荐"领域模型"的形式化模型作为沟通工具。②$f(\cdot)$ 代表着决策逻辑。如果 $f(\cdot)$ 是典型的驱动关系（例如，磨煤机各个变量间的关系），系统动力学模型是一个不错的描述工具，如果 $f(\cdot)$ 是构成关系（例如，燃气需求预测、风电机组风功率曲线影响因素），采用分解树模型是一个简便的工具；如果变量间关系是守恒关系（例如，输油管道上下游压力）或相似关系（例如，锅炉不同点位的温度），"不变量"的梳理对于分析很重要。③针对 X^{EO}、X^{EU} 影响比较大情况，典型分析情形的梳理变得很重要。例如，备件需求预测课题，除了正常分析情形外，还有需要考虑新备件需求预测、节假日前后的备件需求预测、营销活动后的备件需求预测、公司组织重组后的备件需求预测等"低频"的"例外"场景，我们将这些场景称为"决策所处的外部环境类型"，

简称"决策场景"。④针对 y 需要分解情况，通常需要基于一定的管理方法（例如，精益管理）或参考框架进行分解，分解到可以与数据关联起来的层次。例如，评价车间制造效率评价、机台操作人员绩效评价都属于这样的课题。目标的分解过程通常属于运作咨询的专业范畴，不同运作咨询类型都有成熟的指导方法对应，与数据分析没有太大关系。当分解到合适的层次后，指标逻辑与数据计算建立关系，这部分与专家规则类似。做运作咨询的一般都是资深的业务领域专家，他们是带着方向与假设"主动"论证，和数据分析课题中的"业务理解"不同。因此，本节并不对 y 如何分解做讨论。

表 3-5 业务理解的场景

场景	业务理解的模型与方式
输入要素 X 比较复杂	"领域模型"的形式化模型
决策逻辑 $f(\cdot)$	驱动关系采用系统动力学模型 构成关系采用分解树模型 守恒关系或相似关系，"不变量"模型梳理
X^{EO}、X^{EU} 影响比较大情况	决策场景的分解树
y 需要分解	目标的分解树 指标计算的专家规则

不同类型问题中，业务理解的侧重点不同。例如，在油田生产相关分析课题中，地质和油气田生产的领域概念理解有较大工作量。针对设备（例如，磨煤机）或工业系统，变量间的驱动关系的理解是重点。对于生产经营过程（例如，油气井生产、备件管理），决策场景是业务理解的重点之一。对于基于视频的生产安全分析，决策场景特别是例外场景（例如，施工中的正常遮挡、设备抖动、光照变化等）是业务理解的重点。对于专家规则类型的分析场景，围绕专家规则逻辑进行。针对数据源不明确的情况，需要通过业务理解把关键影响要素梳理清楚，明确数据收集的范围。运筹优化类的问题重点是把优化目标、决策变量和约束条件分解清楚，并把典型的优化场景列举完全。

另外，不同类型的问题，执行先后顺序也可能不同。一般来说，是先理解决策逻辑，分解决策场景，然后总结领域概念模型。但在生产质量分析问题中，"人机料法环"的决策逻辑因素框架很清楚，需要的是对它的细化，这时候可以先理解领域模型，再讨论决策逻辑。

3.2.1 决策逻辑

决策逻辑的内容见表 3-6，包括系统运行机制（变量间的关系）和业务研判逻辑两大类。即使对于监督学习的分析场景，理解系统运行机制或则业务研判逻辑（包括当前逻辑）仍是必要的，一方面当前好的研判逻辑或假设为后续数据理解、特征提取指明了方向，另外一方面从当前研判逻辑的"欠缺"中明确后续数据分析工作的重点。如果当前没有明确的研判逻辑或假设，意味着数据分析项目被定义为"认知提升"的作用，需对项目成果有恰当的定位。

表 3-6 不同类型的决策逻辑

类型	子类型	例子说明	形式化模型
系统运行机制（变量间关系）	构成关系	燃气需求量可分解为居民用气、商业用气和工业用气，不同类别的驱动要素或相关要素不同 操作工绩效指标由成品量、响应及时性、异常发现率等指标综合评价	树分解结构
	驱动关系	动力学关系或因果关系	系统动力学模型
	传播关系	白车身焊装公差在不同工序中的传播过程	严格意义上用不同坐标系间的变换关系表达；业务访谈期，可以用简化版的系统动力学替代
	相关性关系	化工中，不同环节间的温度、压力测点存在较强的时序相关性	系统动力学模型（没有方向性）或采用贝叶斯网络建模
	不变性	相比原始振幅，减震比受轨道平直度影响更小	系统动力学模型（只不过不变量需要额外添加到系统动力学中）
业务研判逻辑	冗余关系	多个温度测点间应该基本一致，个别不一致的测点很有可能是异常的	冗余关系列表
	专家规则/研判量/假设	在同样负荷下，压降过高通常意味着锅炉结垢	专家规则模型或假设列表
	约束下的优化	机台能力约束、空间约束下的生产排程	按照目标变量、决策变量、约束三要素整理（不用细化到数学模型）

在业务理解中，注意因果性的辩证关系。具体利用时，有时候根据"因"预测"果"，有时候根据"果"研判"因"。例如，风电机组变桨回路齿形带断裂是个非常稀缺的故障事件（只有非常少的故障样本），断裂的驱动原因是机械疲劳与齿形带的质量，因为没有齿形带更换记录，这两个方面的要素没有数据支撑，业务理解的重点应该转到齿形带开裂后可能的现象或后果上（三个桨矩角的一致性）。另外，在传感器有效性研判上，通常采用结构冗余性的特点，而不是因果关系。因此，在数据分析的业务理解中，通常不纠结是因果关系还是相关性关系，而更在乎哪些关系有可靠、充分的数据支撑。

专家规则的理解最好有数据分析师的参与，主要集中在两个部分：

1）消除描述中的歧义，明确专家研判的研判逻辑；

2）专家规则的完备性，找出反例。例如，专家经验"电流持续上升"的理解中应该明确：①多长时间的上升算"持续上升"；②"持续上升"应该是趋势性的还是严格单调性；③"电流持续上升"是否在同工况下对比才有意义。

专家规则在参考文献 [2] 中有专门探讨。业务理解阶段可以做初步的确认，后期数据理解和准备阶段可以通过典型案例推进专家规则的理解与细化。

"数据驱动"的机器学习问题不应该是"盲目被现有数据驱动",而是从业务逻辑出发,利用"现实中所有可被利用的数据"。即使在商业分析或互联网应用中,这样的要素分解对预测也很重要。例如,电影票房收入的逻辑根据经验常识就可以分解,一个影城的一部电影票房由影片影响力、市场需求、院线环境等决定,影片影响力可以从题材吸引度、影片质量、创造团队、市场营销等因素反映,这样一层层分解,有的要素没有直接数据,可以通过强相关因素去反映,例如,导演的影响力可以用其过去票房表现或获奖情况间接反映。分解到有具体的数据支撑这些关键要素。最后形成如图 3-3 所示的驱动要素图,这样的分解就是业务理解的不断深入的过程,这样的理解比上来直接模仿既有做法更全面。有论文工作提到利用 Google 搜索量可以精准预测美国票房,但不要在业务理解阶段就完全接受这样的假设或发现,而忽略业务逻辑的理解。"搜索量可以指示票房"的假设或发现可以留到"数据准备""模型构建"阶段去检验。

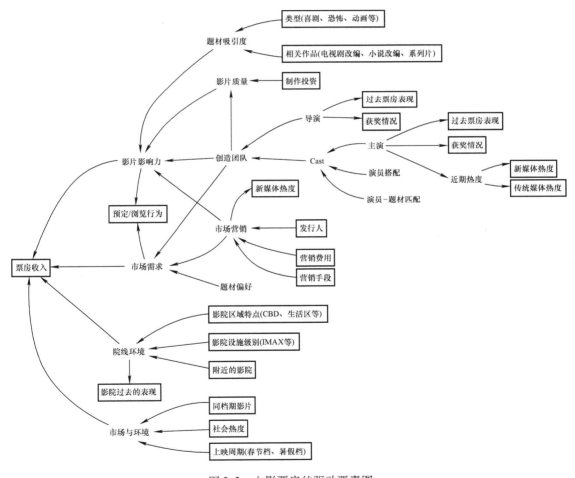

图 3-3 电影票房的驱动要素图

业务理解阶段追求的是系统与业务逻辑的完备性,即获得一个相对全面的认识,了解主要矛盾和基本决策逻辑(可以放弃一些细节)。在"模型构建"阶段,要素的简洁性是追求的目标之一,用尽量少、易获取、可靠性高的数据去构建模型(而不是把所有因素都保留在模型中)。有了清晰的机理描述,也不代表数据驱动很容易,也不代表数据分析一定完全用这些机理,但至少给数据分析师提供了一个逻辑思考的边界。

3.2.2 决策场景

对于数据驱动的决策问题,通常存在很多例外情形。有些来自于外生变量,有的来自于数据异常,有的来自于专家规则的隐性忽略的因素。

发现例外决策场景有几种方式:

1)根据领域常识或业务访谈发现的例外决策场景,例如,在港口集装箱送箱量预测中,极端天气(例如,台风、大雾)、节假日(例如,春节前后)等外部事件影响很大,是典型的例外情形,如图 3-4 所示。数据库表的枚举字段通常也蕴含例外决策场景的信息。

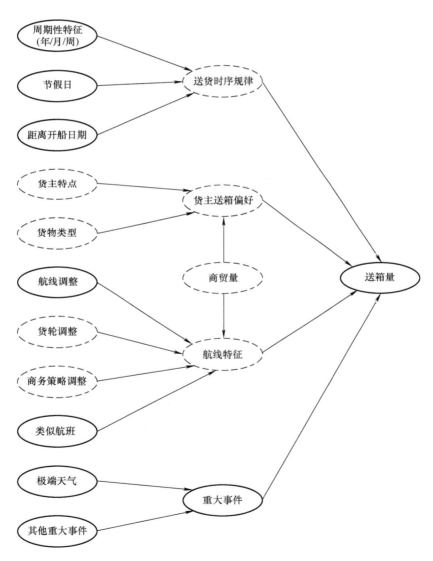

图 3-4 集装箱送箱量的驱动要素图

2）根据决策逻辑图推断出来的例外场景，例如，根据图3-3，可以想象出很多例外场景：①动画片预测（没有演员，购买人与观影人是两类人，传播路径与一般影响也不同）；②系列片、改编片的预测方式（存在其他影片、小说、电视剧的相关热度信息）。对于这些情形，需要引入更有针对性的数据要素，并建立专门的预测模型。

3）在"数据理解"或"数据准备"阶段发现的场景。通常是在数据聚合时出现运行异常，或者记录数量异常被发现。例如，抽油井存在转轮周期为1～2年的情形，这些井通常出现了异常，但不具备施工条件，所以一直没有转轮。

4）"模型评价"阶段发现的"例外"场景，例如，在集装箱送箱量预测中，在最后的模型预测准确度分析中，发现了船运公司更换新船等"稀缺"场景。

"例外"场景最好能够早些发现，这样技术上可以有完善的设计。但不是所有的"例外情形"都需要处理，例如，大规模的风功率曲线分析通常会忽略"安装角度偏差"等小概率的例外场景，当遇到一些异常个例时候，才会重新审视这些例外场景。

3.2.3 领域概念

很多工业领域有较深的专业术语，领域概念关系的理解是数据理解、数据准备的基础。例如，抽油井油气生产涉及地质、地面工程、采油等不同专业的概念，在访谈中需要将这些理解用形式化模型无歧义表达出来，以推进"业务理解"和"数据理解"。如图3-5所示的领域模型对于理解数据间的关系很有帮助。

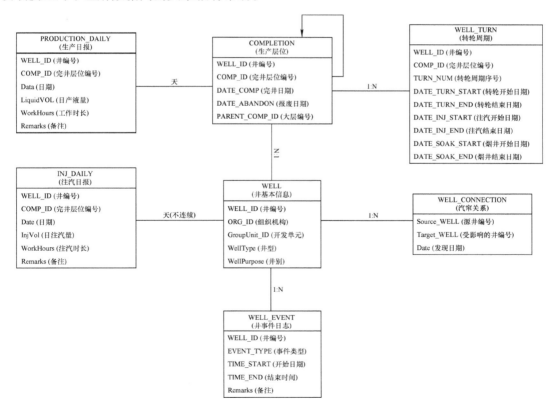

图3-5 稠油吞吐生产领域模型

在业务理解阶段，领域概念没有必要用数据库的形式表达出来。只要把概念之间的包含/关联关系、时空关系、时序关系表达出来就可以了。例如，一口抽油井有多个生产层位，层位切换频度很低（若干年）。注汽日报是井在注汽期间每日的报告，井每日都有生产日报记录（只不过在注汽、焖井阶段，大部分字段为空）。领域模型的建模方法将在3.4节讨论。

3.3 业务理解的形式化模型

根据3.2节的讨论，描述决策逻辑、决策场景时，为降低自然语言的歧义，最好采用一些形式化模型。本节重点讨论这些模型的形式，建模方法将在3.4节、3.5节讨论。领域模型将在3.6节讨论。

3.3.1 层次分解模型——列表

既有决策逻辑中，常常有若干的研判经验。或者针对分析课题，业务专家通常可以给出若干猜想或假设。最简单的描述方式就是采用列表或表格的形式描述。很多决策场景也可以用列表的形式来记录。

在齿形带断裂预警分析课题中，齿形带断裂带来的潜在征兆是桨距角不同步、变桨时振动偏大、有功功率不一致、变桨电机温升、变桨曲线不一致等，形成如表3-7所示的列表。根据这些业务知识，可以提取若干特征变量，桨距角不同步可以用Pearson相似度、余弦相似度或偏差的方差来度量。在梳理假设或猜想的同时，也把可能影响研判的其他条件因素列出来，避免绝对化。

表3-7 齿形带断裂的潜在征兆假设列表

启发/假设	影响结果的其他外部因素	对数据分析师的启发
三个叶片是同步变桨，齿形带快断裂时候应该会产生不一致现象	多个不一致产生源 • 变桨电机自身有差异（转矩） • 传感器误差 偶然因素引起齿形带断裂时，断裂前客观上无异常特征	3个桨距角或桨距角速度的相似性或差异
断裂或快断裂时可能伴随有异常的振动频率或幅值	振动源较多：变桨系统、偏航系统、发电机转动、风 振动在7s的采样频率上反映不出来	加速度的时域、频域特征
变桨的控制逻辑是一定的，差异出现在执行机构上	理论功率曲线是稳态下的结果，而实际过程是个动态过程（如受转动惯性影响）	期望功率/变桨速度与实际功率/变桨速度对比
快断裂时变桨电机需要更大的转矩去带动齿形带，齿形带疲劳往往和变桨电机疲劳有关，变桨电机温度与其疲劳有关	不同变桨电机温度差、变桨电机温升与散热风扇工作状态、风速等不确定因素有关	变桨电机的温度分析
齿形带故障会影响变桨动态过程，造成三个桨过程的不一致性	瞬态过程复杂多变	变桨瞬态过程特征

3.3.2 层次分解模型——树状结构

树状结构可以用来表达变量间的构成关系或指标的分解关系。例如,在天然气需求预测中,可以从居民用气、商业用气、工业用气3种类型分别分解,居民用气主要与生活节奏特征(季节、节假日、时段)和天气特征相关,而商业用气还与商业类型、地区特征有关,而工业用气主要与行业类型、生产需求等特征有关。

树状结构也通常用于有序表达因素或指标的分解关系。例如,城市管网失效风险预测模型可以从管段物理特征、建设情况、周边环境、气象条件、工作状态和历史运维记录等6个方面刻画,如图3-6所示,每个方面又可进一步细化出预测变量。

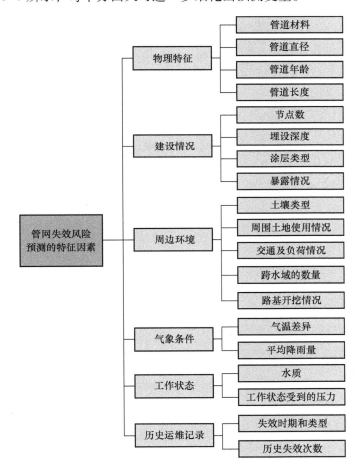

图3-6 管网失效风险预测的特征因素

3.3.3 系统动力学模型

在3.2.1节的决策逻辑中提到了"驱动关系",系统动力学是描述"驱动关系"的一种有效方式。可以提高领域专家与数据分析师的跨领域协作效率。系统动力学模型在建模时,通常是围绕数据分析问题目标进行的。例如,在故障诊断中,通常是围绕故障关键研判变量、关键征兆、关键特征量进行的。

系统动力学模型用来描述工业过程变量间的驱动关系，特别是建立目标变量与预测变量间的预测模型。一个典型实例如图 3-7 所示，描述了磨煤机内部变量间的驱动关系，典型的用法是构建某个变量在"正常情况"下的分布，例如，用"机组负荷""一次风压"等量预测"进出口风压差"，当实测值与预测值差异较大时，通常意味着磨煤机存在某种故障。

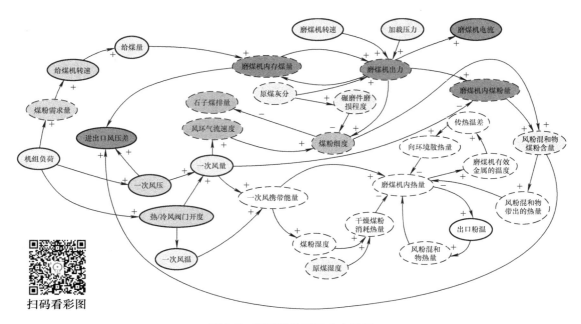

图 3-7　磨煤机的系统动力学图

这些驱动关系不仅可以描述变量间的驱动关系，也可以用来描述与一个变量相关的事件。锅炉结垢的系统动力学模型如图 3-8 所示，结垢的因变量是水质、温度等微观物理与电化学过程，但这些量不是直接可观测的，建模时还是用结垢后的现象"压差变高"去判断是否结垢，但需要区分引起该现象的其他原因，因此系统动力学模型中需要刻画影响"压差"的所有事件因素（例如，放空操作），这样在用压差做结垢预警时候，可以将其他影响因素区分开来。

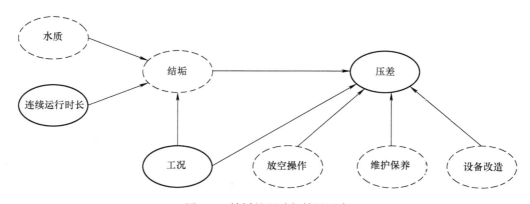

图 3-8　结垢的驱动与结果因素

前面的例子是以经典的物理量为目标进行分解的,这样可以建立正常情形下系统变量间的结构方程。但如果关键驱动量不可测,这时候可以想办法构造可以独立于不可测量的衍生目标量,例如,如图3-9所示,在轨道车辆悬挂系统故障诊断中[1],行驶速度、车辆负载、轨道平整度、车轮振动是直接物理量,前三者是振动的来源,但轨道平整度是未知量,直接建立振动与驱动量的动力学模型是不可行的。从而应该寻找更稳定的不变量(与轨道平整度越独立越好),例如,减震比特征、同一侧轮子的振动频谱的一致性等,这些衍生量与行驶速度、车辆负载还是有因果关系的。

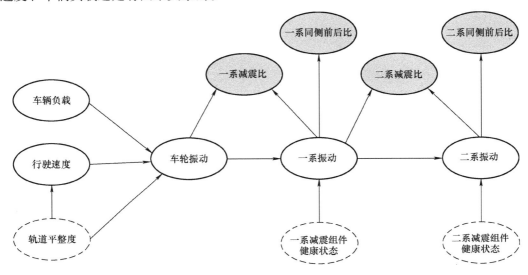

图3-9 轨道车辆悬挂系统动力学模型

最后,系统动力学也可以表达相关性关系。例如,在图3-3所示的电影票房因素模型中,"题材吸引度"等因素是一个抽象概念,没有直接测量指标,只有相关性的变量,例如,题材类型、相关作品的销量/热度等变量。这些变量与"题材吸引度"是相关性关系。

3.3.4 专家规则

专家规则可以用规则集、规则流等形式表达。详细内容将在3.5节讨论。以透平机械故障诊断为例,有16种失效模式,其中2种失效模式的研判规则见表3-8。

表3-8 透平机械故障诊断的研判规则(示例)

失效模式	研判规则
动平衡不良	转速稳定时工频相位稳定 通频值大于报警值的35%~55% 工频值大于通频值的75%~85% 工频值随转速上升而变大 工频值随转速下降而变小 通频值突然变大
转子热弯曲	振动通频值大 起停机时同转速下通频量差值较大 起停机时同转速下工频量差值较大

3.3.5 运筹学模型

运筹学课题描述通常按照目标量、决策量、约束、决策场景等 4 个方面，可以用表格的形式表达。在业务理解阶段，可以用自然语言描述，没有必要落到数学规划层面。

在汽车整机厂，冲压、焊装、涂装、整装 4 大工艺段的协同优化是实现均衡化生产的重要技术手段。冲压段的基本任务是为焊装段及时提供冲压件。由于冲压排产问题的动态性（需求动态性、设备状态动态性）和复杂性（产品型号多、加工能力不同），目前的人工排产很难满足需求，期望用运筹优化的方式自动化解决。冲压排产优化问题的业务描述见表 3-9。

表 3-9 冲压排产优化问题的业务描述

列表	内容
业务目标	满足需求：避免缺货 降低库存积压：平衡生产批次规模效益、库存积压成本 不同班次间的工作负荷平衡（加工量、加班时长）
决策量 （日排产计划）	冲压件的日生产量：每种冲压件的日生产量 作业计划：不同品种的生产批次（每个批次的量）、机台分配、生产时间（或顺序）
业务约束	不同冲压件需求（时间与数量） 冲压机的时间约束（加工时间、换模时间）和产能约束 冲压机的可用性（例如，故障停机时段不可用）与加工能力 班组时间 工装的数量
决策场景	正常场景：每天中午之前发布未来 5 天的生产计划 生产调试：新产品新模具、试生产 提前生产：为保证节假日或一些特定时期的生产和售后需求而提前生产的冲压件 调拨与支援：本基地与其他基地的产能支援 紧急采购：在产能严重不足的情况下，从第三方紧急采购冲压件
输入信息 （业务数据）	焊装车间的日计划：来自 MES（Manufacturing Execution System） 售后加工需求：一般按周发布（Enterprise Resource Planning，ERP） 紧急订单：临时，在 OA（Office Automation）系统中 冲压件库存：来自 MES 的 WMS（Warehouse Management System）模块
决策量 （日排产计划）	冲压件的日生产量：每种冲压件的日生产量 作业计划：不同品种的生产批次（每个批次的量）、机台分配、生产时间（或顺序）

3.4 系统动力学的建模方法

工业大数据是一个强机理、拥有大量经验知识的领域，但机理、经验知识如何有效表达，特别是跨领域沟通是一个有待解决的问题。数学公式的规范度最高，但表达自由度有限,对模型建立和模型理解的数学素养要求高,适合分析建模的阶段;原理图可以简洁表达原理过程,但与数据缺乏关联,适合领域入门;自然语言描述表达自由度高,但缺乏必要的规范性,适合初期的沟通。系统动力学图能相对清晰且比较自由地描述机理过程或专家经验。

本节以 2 个示例,介绍分析课题中系统动力学模型的构建过程;然后再讨论系统动力学建模背后的支撑技术;最后探讨系统动力学模型的用途,以及其他模型方法的应用。

3.4.1 系统动力学的建模过程

系统动力学的建模要素见表 3-10。对于输入量,根据可操控性,分为锚定量和控制量。锚定量是研究对象上层确定的,决定了研究对象的基本工作点。例如,对于风电机组来说,限电指令是电网调度(或功率控制系统)给定的;外生变量是不可控的输入量,包括环境变量或外部干扰等,例如,风向、风速对于风电机组来说是个外生变量,偏航角、浆距角是控制量。这里把锚定量和系统内部变量统称为状态量,因为它们都不是直接调节的。节点边界的虚实表示该变量是否有数据支撑(虚线节点表示该节点没有数据支撑)。节点间的连线分为物理驱动关系、控制逻辑关系两类。为支持多层次建模,还引入了群组、分支/汇集两类关系节点,群组用来表示同一个位置的多个不同的物理量或者用来支撑层次化建模,分支/汇集表示各种流的分支或汇集(例如,管道分支)。

表 3-10 系统动力学的建模要素

节点符号		含义	连接符号	含义
有数据支撑	无数据支撑			
○	○(虚线)	状态量	▷	分支/汇集关系节点
◇	◇(虚线)	控制量	□	群组关系节点
∩	∩(虚线)	目标量	→	物理驱动关系
▽	▽(虚线)	外生变量	---→	控制逻辑关系

系统动力学建模如图 3-10 所示,有 6 个步骤。黑箱关系建模是把系统的输入—输出关系描述清楚。数据交叉检查的目的是:①确定重要的节点量是否有数据支撑,毕竟无论机理如何,数据驱动的方式最后仍然需要基于既有的数据进行;②检查系统动力学图中是否遗漏了重要变量,如果有些实测量在系统中没有被引用,很有可能是被遗漏了。

示例 1:磨煤机

磨煤机是火电厂制粉系统的核心设备之一。通过传送带将原煤运送至落煤管入口处,原煤通过落煤管进入磨煤机的磨辊与磨盘之间,原煤受到磨辊与磨盘之间压紧力的作用,并在压紧力的作用下被碾磨成煤粉;冷一次风和热一次风通过阀门开度调节混合成一定温度的一次风,一次风通过风环进入磨煤机后,对磨煤机中的原煤和煤粉进行干燥,并将干燥的煤粉

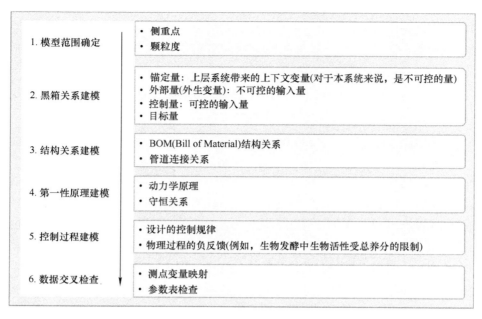

图 3-10 系统动力学建模的 6 个步骤

带到粗粉分离器中进行分离,较轻的煤粉被一次风带入锅炉炉膛中进行燃烧,较重的煤粉在重力的作用下进入磨煤机的碾磨区再次进行碾磨[5]。

为突出其中的过程,本案例暂时不区分节点类型(状态量、控制量、目标量、外生变量),所有的变量都暂时用状态量节点表示,见表 3-11,最后形成如图 3-7 所示的系统动力学图。

表 3-11 磨煤机系统动力学的建模过程

步骤	环节	内容
1. 模型范围确定	侧重点	磨煤机机械或结构性故障,如堵磨、暗断煤(而不是磨煤机电气故障,也不是风道故障)
	颗粒度	单台磨煤机、分钟/小时级别
2. 黑箱关系建模 图 3-7 中,黄色为黑箱关系变量;绿色是在黑箱关系绘制过程中引入的中间状态量(或直接控制量)	锚定量	火电机组的工作负荷,它决定了磨煤机的基本工作面
	外生变量	原煤灰分/湿度(假设一致)、研磨件磨损程度(假设稳定)、环境温度(假设不变)、一次热/冷风温度(不同季节可能不同,但可测)
	控制量	给煤量、一次风量(一次风压、热/冷风阀门开度)、磨煤机转速、磨煤机加载压力
	目标量	出口粉量(用进出口压差、一次风量等指标间接反应)
3. 结构关系建模	BOM 结构关系	无需分解
	管道连接关系	暂不考虑多个磨煤机一次风管道间的相互影响

(续)

步骤	环节	内容
4. 第一性原理建模 图 3-7 中，红色是动力学关系的变量；紫色是动力学关系引入的中间量；剩余的变量，是根据能量守恒引入的量	动力学原理	进煤量—研磨力矩—驱动电机电流、压差 热力学过程
	守恒关系	煤（粉）质量守恒（原煤、内存煤粉、外带煤粉） 能量守恒（一次风带入、原煤、出口风带出、风—煤粉传递、环境散热）
5. 控制过程建模	设计的控制规律	给风、送煤机的控制过程不做细化，因为研究的是磨煤机的故障
	物理过程的负反馈	无
6. 数据交叉检查	测点变量映射	图 3-7 中测点用实线表示，其他用虚线表示
	参数表检查	磨煤机的参数表在图 3-7 中没有作用

示例 2：蒸汽发生器主补水系统

核电厂蒸汽发生器主补水系统的 P&ID（Piping & Instrumentation Diagram，管道仪表流程图）如图 3-11 所示[6]。该系统接受另外一个子系统提供的回冷凝水，泵送到给水母管，供给 3 个蒸汽发生器补水管路分支，每个分支流量通过阀门开度调节，蒸汽发生器产生的蒸汽合并到一个主蒸汽管道，驱动汽轮机发电。

上述系统背后的汽水压差、蒸汽发生器水位控制逻辑如图 3-12 所示。根据电厂的目标功率 Power，系统给定期望的汽水压差 PressureDiff_Water_Gas 和 3 个蒸汽发生器水位 WaterLevel_1、WaterLevel_2、WaterLevel_3，通过控制泵送转速 Spd 实现汽水压差，蒸汽发生器水位通过各个分支的阀门开度控制[6]。

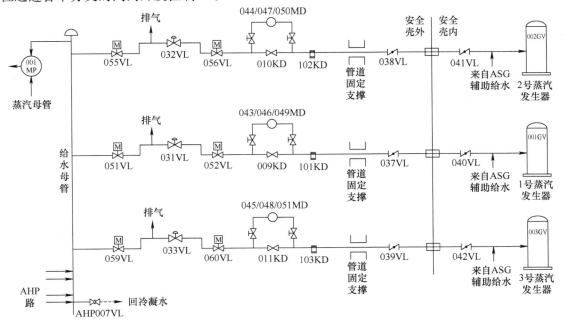

图 3-11 主补水系统的 P&ID 图

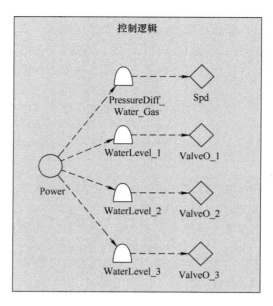

图 3-12 主补水系统的控制逻辑示意图

合并过程见表 3-12。

表 3-12 主补水系统的建模过程

步骤	环节	内容
1. 模型范围确定	侧重点	管道堵塞预警
	颗粒度	单条管道、小时/天
2. 黑箱关系建模	锚定量	电厂的目标功率
	外生变量	蒸汽发生器、阀门等部件的健康度（假设在同一个保养周期是一致的）
	控制量	3 个分支管道的主阀门开度
	目标量	主蒸汽管道的蒸汽流量
3. 结构关系建模	BOM 结构关系	无需分解
	管道连接关系	如图 3-13a 所示
4. 第一性原理建模	动力学原理	管道水力学（假定压降一致）、阀门开度—流量—压差
	守恒关系	分支流量与总流量
5. 控制过程建模	设计的控制规律	如图 3-13c 所示
	物理过程的负反馈	无
6. 数据交叉检查	测点变量映射	用虚线和实线标记出来
	参数表检查	不同目标功率下的主给水压力参数表

管道连接关系图和背后逻辑如图 3-13 所示。为了图整洁，图中仅对第 1 个分支展开。根据这样的图，可以提取管道堵塞识别模型的关键特征，例如，给定目标功率、阀门开度下的预期水流量、3 个回路的流量差异等。

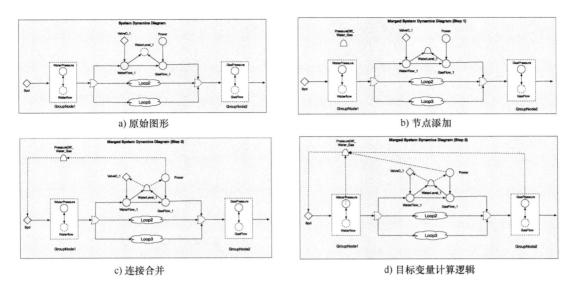

图 3-13 控制策略图与系统连接图的合并过程示意图

3.4.2 系统动力学建模背后的支撑技术

有了系统动力学模型,可以进行很多形式化分析。包括模型简化、可预测性研判、自动特征提取等,详细内容请见参考文献[1],这里仅仅给出简要说明。

采用基于数据驱动的方法,我们只能用可测的量作为特征量。系统动力学模型中的多个不可测量可以合并为一个不可测量。以磨煤机为例,可以将 20 个不可测量合并为 3 个不可测量,如图 3-14 所示,这样建立机器学习模型时,可以更清晰地了解可测量间的关系。

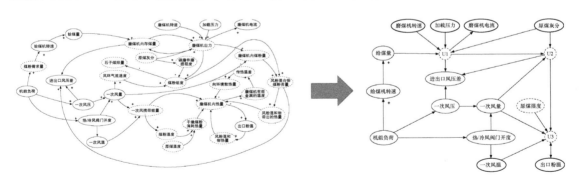

图 3-14 系统动力学模型的简化(以磨煤机为例)

基于系统动力学模型,也可以初步了解机器模型的可行性,或背后的前提假设。以磨煤机为例,正常情形下进出口风压差(节点6)的驱动关系如图 3-15 所示,从该图可以看出,其中的一条路线是用机组负荷(节点1)和磨煤机电流(节点18)去预测进出口风压差,但需要基于 2 个前提假设:①原煤灰分(节点12)短期内不变;②磨煤机出力(节点15)与磨煤机电流(节点18)是单调函数关系。

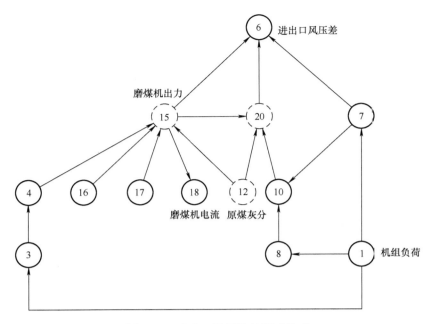

图 3-15 进出口风压差的驱动关系

3.4.3 系统动力学模型的概念辨析

首先需要说明,本节中的系统动力学是正统系统动力学模型的简化版,主要目的是在保证数据驱动建模的前提下,尽量简化建模过程,不让复杂的建模规范成为应用的障碍。正统的系统动力学(System Dynamics)是 MIT 的 Jay W. Forrester 于 20 世纪 50 年代提出的,用来表达复杂的工业或社会系统过程,包括 2 类模型:①因果回路图(Causal Loop Diagram)用来表示系统内部变量因果关系和反馈结构;②存量流量图(Stock and Flow Diagram)表示了累积量(例如,磨煤机内的现存煤量)、速率量(例如,给煤量),与微分方程结构对应。这里我们仅仅保留了因果回路图,并且不要求画反馈结构。

系统动力学也只是描述系统运行机制(或变量关系)的一种方式。Ould Bouamama 等[4]将其分为如表 3-13 所示的 3 类。第 1 类模型需要代数微分方程,不适合大部分工业领域专家;第 3 类模型是统计学习算法模型,也不适合领域专家,因此这里遵循第 2 类模型思路,只需要系统要素、要素间关系和要素特性(可观测性、可控性、可诊断性、可替换性)等定性知识,领域专家可以容易地构建出定性的模型,这里推荐采用系统动力学模型。因果图也在核电故障诊断中有不错的应用[7]。

表 3-13 描述系统运行机制的典型模型

类别	图模型	刻画重点	背后的算法支撑
分析冗余关系结构图(Analytical Redundancy Relation)	键合图(bond graph)、二分图(bipartite graph)、线形图(linear graph)	变量与系统行为方程间的关系	代数微分方程

（续）

类别	图模型	刻画重点	背后的算法支撑
定性图模型	因果图（causal graph）、功能图（functional graph）、符号有向图（signed directed graph）	变量间的驱动关系	代数微分方程、回归模型
概率性因果模型	贝叶斯网络和动态贝叶斯网络	不同量间的概率统计关系	统计学习算法

系统动力学可以较好地描述变量间的驱动型因果关系，但工业中的关系远不仅有驱动型因果关系，还有组合关系（例如，天然气用量由居民用气、商业用气和工业用气构成，不同构成的驱动因素不同）、传播关系（例如，汽车白车身的装配误差是多个工艺环节累计传播的结果）、时空关联性（例如，多个传感器的波动存在稳定时序相关性）等其他类型的关系，不同类型的关系可采用不同的模型形式，并且针对典型的领域问题，可以形成更加具体的参考模版（可参阅《工业大数据分析算法实战》一书的9.3节）。系统动力学模型也不仅仅从专家访谈来，也可以从案例文档（或者案例的专家解读）总结而来（可参阅《工业大数据分析算法实战》一书的9.9节）。

工业数据分析课题强调机理关系，但也并不是所有问题的解决都必须依靠机理。例如，传感器有效性研判更多依靠"冗余性"（时空结构冗余、分析冗余），而不仅仅是"传感器的测量原理或失效机理"（可参阅《工业大数据分析实践》一书的4.4.3节）。对于明确的工业系统异常研判，基于"特征量—征兆—失效模式"的梳理更直接有效（可参阅《工业大数据分析算法实战》一书的9.3节）。

对于很多有显著累计效应的工业系统（例如，发酵罐、气化炉、电解槽），系统状态是长期积累的结果，外部控制或干扰的作用需要经过较长时间才能展现出来。系统动力学模型是一个很好的跨领域沟通工具，但对于数据分析师来说不够简洁，也不具有可执行性（用来指导特征提取），对于这样的问题，建议从两个方面进行补充：①从图3-10系统动力学建模步骤4开始，理解工业系统背后的基本规律（例如，物料平衡、能量平衡等），避免落入细节；②从分析课题的角度，用新的系统动力学图进一步描述征兆现象、外部要素和控制因素间的关系，类似图3-8描述结垢后的征兆现象（例如，压差增大）。以铝电解槽为例，如图3-16所示的系统动力学模型把控制量、外部事件对关键工艺状态参数的驱动关系进行了基本描述，但背后的基本规律是能量平衡、物料平衡，以电能作为能量输入，与电解槽热容量（电解液/铝液）、铝电解反应能量、散热、熔化/沉淀（铝槽形状变化）、出铝带走的能量等构成了能量平衡，预热期的初始物料和氧化铝/氟化铝动态加料，与铝/电解质水平、出铝、氟化铝蒸发、外部操作（例如，临时注入电解液）等构成了物料平衡。针对操控参数优化问题，建立槽况变化与操控参数的细化模型。

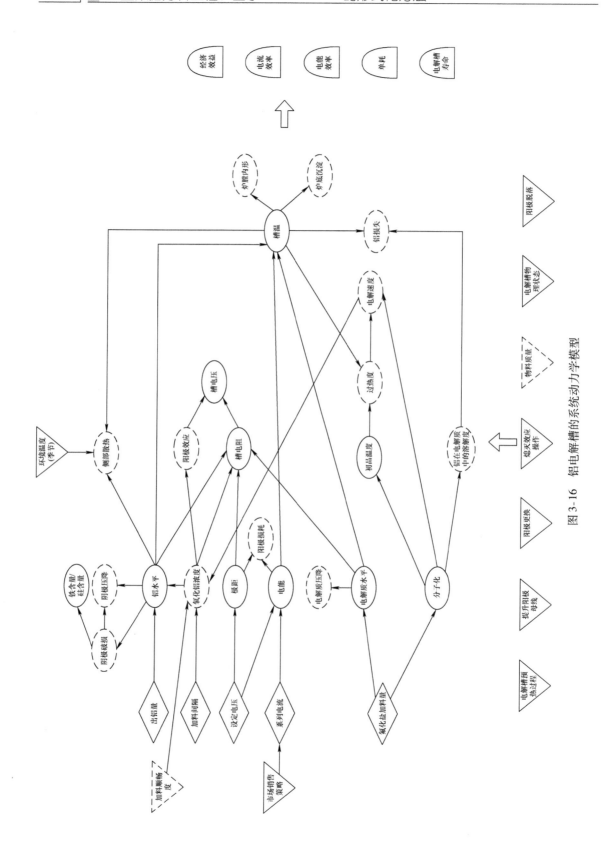

图 3-16 铝电解槽的系统动力学模型

3.5 专家规则的建模方法

参考文献［2］中给出了专家规则类型课题的 AI – FIT – PM（Analysis，Inception，Formalization，Implementation，Test，Production，Maintenance）七阶段过程方法。在"知识获取"阶段，可以采用系统动力学、树状结构等模型辅助交流，采用实际案例推演、反向教学等方式组织沟通交流。本节重点讨论"形式化描述"阶段的形式化方法，将自然语言描述转为形式化模型，消除歧义，辅助业务理解。

3.5.1 基于规则流的规则描述方法

专家规则可以用规则集（Rule Set）、规则流（Rule Flow）等半形式化描述方法。规则集由多条独立规则构成（即结果与规则先后执行序列没有关系），每条规则由条件和动作（或研判）构成。规则流类似程序流图，条件与动作交叉描述，其描述能力更强。对于存在少量共性条件研判要素的规则集，也可以用真值表去描述，这比规则集更容易发现规则间的包含与冲突关系。

当然，很多时候专家规则并不完备，只是一些经验列表，这时候可以以"假设列表"形式记录下来，澄清每条"假设"的前提和含义，留到数据理解和建模阶段进行完善。例如，在抽油井的结蜡预测中，专家有很多先验知识（功图面积逐步变大、载荷差变大等），单条先验知识的准确度都不高（有少量支撑案例，但有更多的反例），但将这些不完备、虚警率高的规则作为特征量，通过机器学习算法的融合，反而可以取得不错的效果。在业务理解和数据理解阶段没有必要"苛求"其准确度和覆盖度，只要把业务专家的本意理解清楚就可以了。

业务理解阶段目标是消除自然语言的歧义，没有必要做到严格的形式化，规则流通常更合适。下面以规则流的形式，介绍专家规则的描述建模方法。规则流建模包括2个步骤：

1）规则逻辑流程图描述：用相对严格的业务规则流图，对定性运行经验进行刻画，并补充一些隐性的前提条件，如图3-17所示。

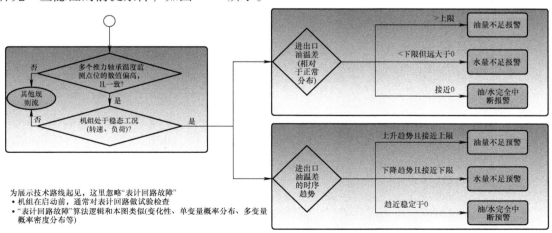

图3-17　异常预警规则的逻辑流程图

2)总结归纳描述元语:识别专家规则中的共性的研判逻辑,见表3-14,以便更深入了解业务专家决策时候的业务逻辑。这对工况切分、指标计算、设备故障诊断等类型的分析课题特别适用。

表3-14 设备故障诊断规则中的元语示例

	规则描述元语	需要细化的内容
特征量	{时间窗}内的工况类型	工况研判算法
	{温差、转速、负荷……}正常值的统计量	统计量的内容,如均值、方差、25分位、75分位等
	{温差、转速、负荷……}在{时间窗}的速率	需要确定时间窗口的长度 速率的计算方式(特别针对数据缺失、非线性关系的情形)
征兆	偏离正常分布的情形	统计分布的IQR判断算法
	Var接近{给定值}	统计分布,超参数控制方差的倍数
	变量间的差异性小	ANOVA分析算法
	{时间窗}内工况稳定	根据趋势速率计算,或采用STL等鲁棒性强算法判断

对于元语的业务含义,需要在理解理解中进行确认。例如,对于"电流缓慢上升",一方面要确认其度量前提(是在同一类工况下?是否在同一个大保养周期内?),另外对"缓慢上升"的含义进行确认,可以通过假设类别(例如,假如整体上升趋势中下降了一小段是否还算上升?)、数据集中类似案例的对比,这样后续数据加工时候就知道用什么算法(例如,是否要先进行Loess平滑)、有什么指标(例如,斜率)、用多大的窗口。

下面以焊接机器人工况切分为例,展示规则流分解合并的过程和注意事项。

示例:焊接机器人工况切分

焊接机器人是焊装车间的关键设备之一,已经实现了电流数据采集。为更好支撑设备状态评估、产能评估、生产优化决策,降低设备OEE的人工填报工作量,需要基于焊接机器人采集电流数据的表现,精确切分焊接机器人的各个工况,准确识别出焊接机器人每个时刻的工作状态。

一个完整的焊接周期内,主要有焊接工况、移位工况、待机工况、换件工况、停机工况和异常工况,如图3-18所示。一个工件焊接从关键点的点焊(连续短焊缝)开始,然后进行若干焊缝工作(连续长焊缝),不同焊点或焊缝中间需要移位。两个工件焊接中间需要进行换件操作。

各工况的业务判断依据的业务相关说明和数据判断逻辑见表3-15。

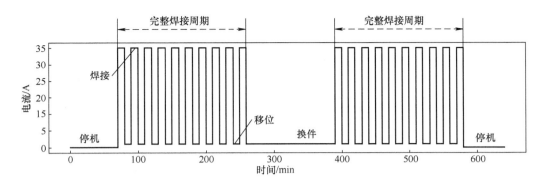

图 3-18 焊接机器人的典型工况状态

表 3-15 焊接机器人工况的研判逻辑（业务访谈）

工况	数据判断逻辑	业务相关说明
停机	电流为 0 或电流数据未采集	车间正常休班情况下会整天停机，基本前期包括周六、周日休班，节假日，公司调休
待机	电流低于正常焊接电流 1~2A	短暂待机可能情况： ● 清枪，自动清理系统可能清理不干净，设备操作者会进行人工清枪 ● 可能会补充焊丝，清理、吊装，大概 10~15min，一桶焊丝大概 4 个班次 ● 待机状态可能会有操作者进行更换导电嘴，每 4h 更换 1 次导电嘴，1min 左右完成，一段时间焊接有偏差情况下会进行校枪
焊接	电流正常超过阈值（不同焊接件阈值不同）	大焊缝，例如，700 焊接电流可能会调整大一点 有的焊缝焊接时可能有起弧时，收弧时，时间区间很短，大概 10s
换件	待机状态 15min 左右，前后均为焊接状态	更换焊接工件

从这些业务的自然语言描述可以看出，"待机"工况不是最细颗粒度的工况，包括移位、换件、异常、停机等工况。从而形成了如图 3-19 所示的两种不同的研判规则画法。这两种画法与本节讨论规则流不完全一致，但也基本表达出条件研判的信息，作为业务理解阶段的交付物没有问题。图 3-19a 的问题在于：①没有唯一的入口；②箭头关系存在冗余。图 3-19b 也存在箭头关系冗余的问题。

从这些描述可以看出，点状态划分（是否为焊接状态）、时序片段分割（处于同一状态的连续点构成片段）、异常片段归并（将过短的片段合并到邻近的片段中）、长短焊接片段识别、工件焊接周期识别等基础算子是规则逻辑的核心条件语句。

3.5.2 基于逻辑表达式的规则检验方法

如果业务规则的条件部分可以总结为若干条件项的组合，可以用逻辑表达式进行业务规则完备性、独立性的检验。

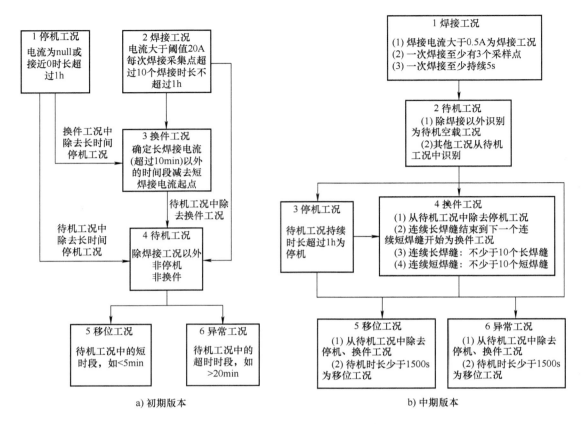

图 3-19 焊接机器人工况研判逻辑

以表 3-16 所示的制冷系统（冷水机）的故障研判规则为例，10 种故障的研判条件表达为压力（P1、P2）、温度（t1~t8）等监测参数变化征兆的组合关系[10]。该业务规则存在以下可以优化的地方：①t7 在所有的故障现象中表现都是"升高"，和 t5 一样没有任何区分性；因而在后面的分析中，不再讨论 t7；②故障 1 与 6、8、9 不是完全互斥，故障 2 研判范围包含故障 7，故障 2 与故障 5、10 不完全互斥。

表 3-16 冷水机故障诊断参数表[10]

工作参数 故障现象	P1	P2	t1	t2	t3	t4	t5	t6	t7	t8
1. 搅拌器不转	降低	降低						降低	升高	
2. 冰水箱负荷过大	升高			升高	升高	升高			升高	
3. 冷却水流量过小		升高		升高	升高				升高	
4. 冷却水进水温度过高		升高		高	高				升高	升高
5. 吸/排气阀片损坏	升高	降低							升高	
6. 膨胀阀开度过小	降低			升高	升高				升高	

(续)

故障现象 \ 工作参数	P1	P2	t1	t2	t3	t4	t5	t6	t7	t8
7. 冷却水泵不转	升高	升高	升高	升高	升高				升高	
8. 管道堵塞	降低	降低	升高	降低	降低	降低			升高	
9. 系统制冷剂不足	降低	降低	升高	降低	降低				升高	
10. 系统制冷剂过多	升高	升高		升高	升高				升高	

这里可以借用数字电路的逻辑表达式去审阅规则条件语句间的关系，用 X 表示变量 X 升高，用 $\overline{X}$ 表示变量 X 降低，第 1 条规则的条件语句为

$$Y1 = \overline{P1} \cdot \overline{P2} \cdot \overline{t6} \cdot t7$$

因为 t7 全部为升高，为简洁起见，以下可以忽略 t7，即 $Y1 = \overline{P1} \cdot \overline{P2} \cdot \overline{t6}$。第 8 条规则的条件语句为

$$Y8 = \overline{P1} \cdot \overline{P2} \cdot t1 \cdot \overline{t2} \cdot \overline{t3} \cdot \overline{t4}$$

把二者的共同项记为 $C1 = \overline{P1} \cdot \overline{P2}$，这样

$$Y1 = C1 \cdot \overline{t6}$$
$$Y8 = C1 \cdot t1 \cdot \overline{t2} \cdot \overline{t3} \cdot \overline{t4}$$

这样可以看出，Y1 与 Y8 并不是完全互斥的。

另外

$$Y7 = P1 \cdot P2 \cdot t1 \cdot t2 \cdot t3 = Y2 \cdot P2$$

故障 2 研判范围包含故障 7。同样的思路，可以分析其他规则间的关系。

如果一个变量存在多个数值，可以通过扩充位数用二值逻辑表达式表达，也可以引入一般记号（例如，C^+、C^-、$C^=$ 分别表示变量 C 的升高、降低、不变），通过提取两条规则的最大公共项检查规则间的关系。

3.6 领域模型的建模方法

对于实体关系复杂的课题，这里借鉴领域驱动设计的思想，用领域模型作为业务领域专家与业务分析专家沟通的语言。领域模型（Domain Model）[8]是面向对象软件开发中的一个概念，用于描述业务领域中的实体、行为和关系。它是对物理世界中的问题领域进行抽象和建模的方式。领域模型主要由实体（Entity）、值对象（Value Object）、聚合（Aggregate）、领域事件（Domain Event）、服务（Service）等组成。实体表示具有唯一标识和生命周期的业务对象，值对象表示没有唯一标识且不可变的业务对象，聚合是由一组实体和值对象组成的业务整体，领域事件表示业务中的一些重要事情，而服务则表示一些无状态的操作或者领域操作。与数据模型相比，领域模型关注的是业务逻辑层面，没有过多涉及存储方面的内容。数据理解阶段的一个目的是通过数据去理解业务逻辑，所以领域模型是数据分析师与业务专家沟通的一种共同语言。

领域模型可以用 UML 类图等半形式化模型来刻画，但数据分析不像软件开发，对领域

模型的描述没有那么严格。特别是在数据理解阶段，很多对象关系理解是动态变化与持续深入的，把隐性理解显式列举出来即可。即使有存在明确的数据字典，领域模型层面的理解也是非常必要的，一是因为数据字典通常与现实的系统存在差异，二是在对于跨系统、领域的数据集，很难有一个人能完全解释清楚。

领域模型构建有 2 种方式：①根据数据字典自底向上去构建：对既有模型做一定简化，将关键概念描述清楚。很多既有的模型是基于关系数据库三范式设计的，在业务理解阶段，很多中间关系表的概念没有必要；②基于业务理解与假设驱动的自顶向下方式：结合系统动力学建模，明确分析课题中的关键变量与属性，需要哪些业务对象、关键业务对象的时间颗粒度和不同对象间的映射关系。

3.6.1 数据驱动的领域建模

如果可以拿到数据字段，特别很多数据库的 E – R 图，通常做法是：

1）消除没有业务含义的元素，让概念关系表达更明确，包括：消除多对多关系引入的中间表，表的主键采用业务字段。例如，在抽油井转轮周期关系库中，通常采用没有业务意义的物理主键，在业务理解阶段中凸显的是业务主键，用井号、地层、转轮周期数组合表达记录的唯一性。

2）引入新实体：添加不在数据模型的关键概念，例如，影响产液量的外部事件（措施、井故障等）等信息，存在生产日报的一个非结构化字段中，但从领域概念的角度，这些事件是一个重要的领域对象。

3）展开层次关系：很多重要的层次关系可以展开。例如，稠油生产组织中包括油田公司、采油厂、区块、采油队等，这些概念在关系库仅仅是一个有父子关系层次字段的数据表，但在业务上是重要的业务概念。

4）丰富实体间关系：数据库设计主要关注数据一致性、存储/查询效率等方面，但业务实体间的关系除了基数关系，还可以标注概念包含、时序关系等有业务含义的关系。

考虑跨领域交流的信息损失大，全面展开工作量太大，时间太长，很难见效。这里推荐：针对数据分析中的关键字段，通过个例探讨获取对业务场景的深入认知。更深入的探讨，可以参阅 Eric Evans 一书[8]中关于集装箱海运领域建模的案例。

3.6.2 业务驱动的领域建模

如果行业中存在参考模型，例如，制造流程 ISA95 标准、电力设备 IEC 61970 标准，可以基于参考模型进行场景内的细化。

另外，以分析课题目标为核心，从决策逻辑、决策场景中提取关键实体、事件、属性进行提取。例如，根据图 3-8 所示的锅炉结垢动力学模型，可以归纳出锅炉、锅炉运维事件、锅炉操作事件、锅炉状态监测、锅炉异常记录等实体，锅炉实体的主要属性包括锅炉的名称、类型、规格、制造厂家、投产年份等关键属性，锅炉运维事件包括锅炉保养、故障维修、锅炉改造、传感器改造等子类型实体，整个领域模型如图 3-20 所示。

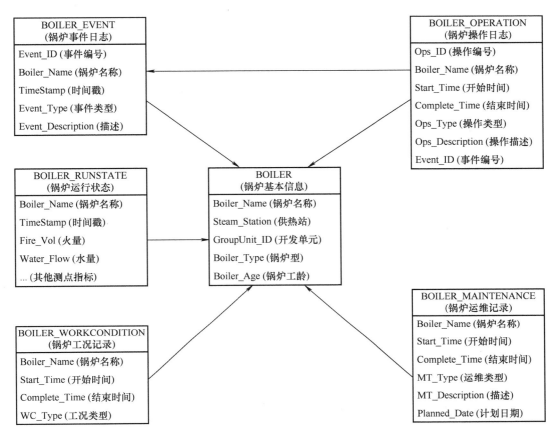

图 3-20　锅炉结垢场景的领域模型

3.7　业务理解的执行策略

"业务理解"典型执行方式是基础知识培训（快速建立双方交流的基础）、纠正式访谈（访谈后由数据分析师对业务理解进行总结，领域专家纠正，这样保证信息传递的准确性）和典型案例剖析（降低沟通歧义）。为进一步降低跨领域交流的信息损失，工业大数据分析方法推荐：① 采用形式化模型作为交互接口，将系统运行机制、当前处理逻辑描述清楚，形式化模型也为数据平台的自动化分析功能奠定了基础；② 提供适合领域专家的自助数据探索工具，加速专家知识沉淀；③ 构建知识库或案例库的支撑，在类似问题的业务理解总结基础上进行，避免冷启动。

业务理解的目的是为了后期的分析建模，因此对问题决策逻辑基本面及当前决策逻辑的理解是业务理解的核心。对于非监督学习或仅有少量标记样本的机器学习问题，既有或理想中的研判逻辑尤为重要。有些问题相对比较清楚，例如，基于图像的生产现场施工合规性研判，对这样的问题，业务理解的重点在于理解业务需求和典型的场景（例如，遮挡、光照的影响）。

业务理解过程中常常出现思维体系、知识体系严重二分的情形。业务分析师或数据分析师常用计算思维体系来思考与分解问题，而业务专家是以工程或者实操的思维方式来描述问题。业务分析师或数据分析师对工业过程缺乏深入了解，而领域专家对数据分析技术不太了解，这时候需要一种方法把两种技能结合起来。领域业务专家拥有工业过程知识，但不一定完备和准确，适当的业务理解也可以避免一些"想当然"的错误。

虽然"业务理解"最终还是以计算思维的形式输出，但业务访谈中应当以沟通交流的方式进行。除了建立必要的共同语言，也要从被访谈人擅长、熟悉或习惯的方式角度去访谈。例如，为了了解当前的处理流程，可以从业务人员一天工作构成聊起，从中了解上下游流程、当前流程的主要工作量和主要决策频度。业务理解是否到位的一个度量标准就是业务分析师或数据分析师可否成为一个初级领域专家。对于数据分析师而言，业务访谈的另外一个目的是从当前处理逻辑获得特征变量加工的方向。

3.7.1 了解性访谈

了解性访谈的目的是构建业务背景，形成概念体系。了解性访谈时需要有访谈问题的概念框架，但不需要过度关注细节，用开放性问题，鼓励业务专家多讲。

数据分析师或业务分析师可以借助了解性访谈快速建立行业基础知识，但不要过度依赖访谈来补充"知识盲区"，在访谈之前，还是尽量通过各种资源尽量建立基础认知；另外也不要迷信各种参考框架和方法论，这些方法仅仅是指导与参考，不能替代行业知识的理解。

3.7.2 基于样例数据的业务理解

业务访谈进行了2~3轮之后一般就会落入无话可谈的地步，数据分析师提不出新的问题，业务专家也没有新的信息可以提供。这时候可以采用数据驱动的业务理解方式。拿到一些样例数据，或者登陆业务应用系统，用几个端到端的例子来理解业务过程，找出当前业务理解没有覆盖的"反例"，进一步推动业务理解。对于专家规则类型的课题，样例数据对于消除交流歧义很有帮助。

这个方法严格意义上应该属于"数据理解"的阶段。但这里的目的和做法与数据理解不同，数据理解的目的是看数据是否可以支撑当前分析课题，这里的目的是通过具体数据与案例，推进业务理解。

【专家经验】根据 x、y 方向的机舱加速度的有效值变化，以及多个机组的横向对比，来研判是否存在叶片开裂等问题，如图3-21所示。

【数据分析发现】以一个实际风场数据为例，可以看出：①不同机组间的差别很大，如果直接采用机组横向比较，现实案例（21#机组2017年4月发生了叶片开裂）反而被淹没掉了；②振动有效值不明原因连续异常，具体原因业务上也没有办法解读。

因此，在应用业务规则中，需要做如下两个改进：①根据历史振动有效值，做相似机组聚类，使得横向比更有价值；②加入窗口内指标的变化率做研判。

3.7.3 确认性访谈

当有了数据进一步了解业务后，可以用具体的问题（可以借助图形化手段）去做确认

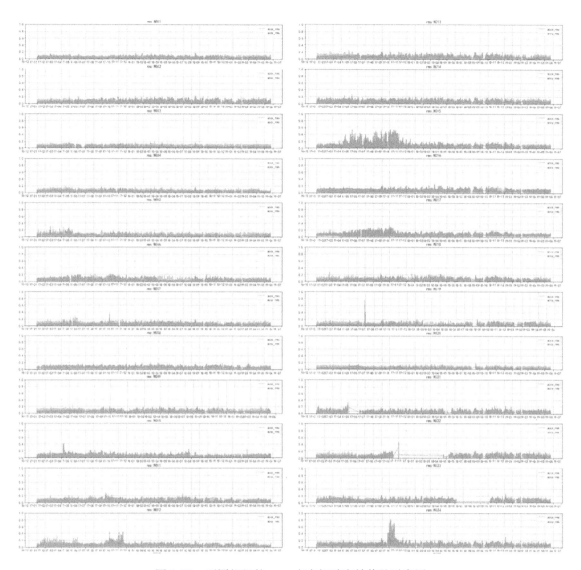

图 3-21　不同机组的 x、y 方向振动有效值的时序图

性访谈，这时候通常用封闭式问题去访谈。可以借助形式化模型（例如，系统动力学、领域模型等）的方式，让谈论更深入。

【专家经验】在一个稠油生产转轮周期内，随着生产天数，产液量会逐步下降。可以根据产液量下降趋势去研判一口井是否为待转轮井（进行下一轮注蒸汽操作）。

【数据分析发现】以某井为例，其 27 个转轮周期上的产液量趋势如图 3-22 所示，每个子图是一个转轮周期（从左上角按行逐步增加，子图上的数字表示转轮周期数），子图的横轴是天数，纵轴是产液量。从这个数据就可以发现：实际的产液量生产曲线很多时候不是逐步下降形状。除了数据缺失，还有很多其他形态，触发了进一步业务访谈，例如，①因为汽窜影响，结尾天产液量突变；②因为地质等各种复杂因素，个别周期整体产液量偏低；③因为设备故障、计量故障、其他施工影响,个别天没有生产数据。了解这些因素和情形,对于后期的模型建立很有帮助,特别是在特征提取算法上要有一定的强壮型。

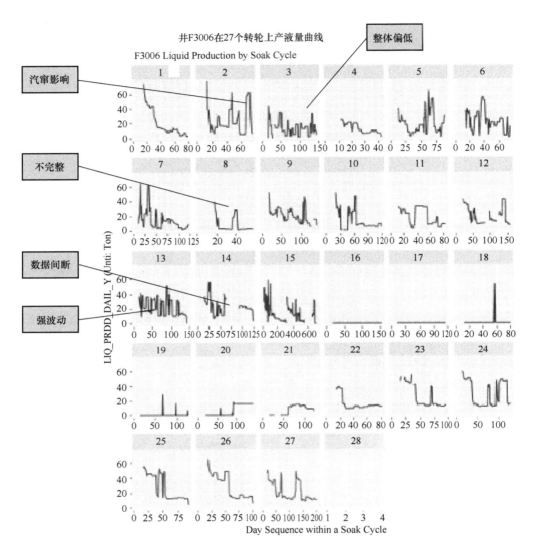

图 3-22　一口井在多个转轮周期上的产液量趋势

特别需要说明,个别例外情形并不能否定全局的规律。针对图 3-22 所示的个例,似乎没有什么算法能够较好识别"待转轮井"。但当把特征变量(井型、累计生产天数、相对产液量、近 N 日平均相对产液量、近 N 日产液量趋势等)提取后,在全局数据上仍能得到一个相对可靠的模型。图 3-22 仅仅是个例(但不是特例),个例上的确有很多难以处理的情况,但这不代表不存在统计意义上的规律。这也是数据驱动方式的价值之一,从多因素作用下的繁杂现象中找出可能的稳定规律。

3.8 思考：业务理解中形式化模型的必要性

3.2.1 节票房预测中已经阐述了业务理解的作用：①了解业务可以让建模过程更"自由"，而不是既有工作的"复制"，或是拿既有数据去碰运气；②可以让"数据准备"更有主动性和针对性；③可以把决策场景考虑更完备，而不是仅仅解决"理想情形"。

对于同一个问题，业务专家与数据专家从不同视角去审视，在交互中可以相互补充彼此的不足。这也是工业大数据实践中常提的 OT（Operational Technology）、DT（Data Technology）、IT（Information Technology）的 3T 融合。下面以两个例子阐述业务理解中形式化模型的重要性。

3.8.1 水箱水位预测的例子

一个水箱如图 3-23 所示，入口流量 $Q1$ 由阀门开度调节，出口流量 $Q2$ 是自由流量，水箱水位为 H。目前可测的量是入口流量 $Q1$ 和水箱水位 H，请根据一段时间序列（例如，120 个连续采样点）的测量数据，建立 H 与 $Q1$ 的函数关系。

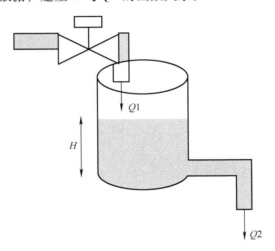

图 3-23　水箱结构示意图

数据 CSV 文件有 3 列，见表 3-17。

表 3-17　水箱预测的数据集说明

列名	物理含义
Seq	时序编号（这里是等时间间隔）
H	水位
$Q1$	入口流量

大家可以对比如下两种情形下的建模过程和准确度：①如果仅仅拿到这 3 列，而不知道其业务含义，进行数据建模；②了解到上述物理结构后的建模的过程（理想情形下，$Q2$ 与 $\sqrt{H}$ 是线性关系）。

3.8.2 发电机冷却水温度区间估计的例子

目标是估算发电机冷却系统中冷却水出口温度（或者说出入口温差）的合理分布区间。数据是某电厂 2017 年全年的 151 个测点的秒级 DCS 数据（非等间隔，逢变则存），包括发电机有功功率、冷却水入口温度、冷却水出口温度、冷却水入口流量、3 个方向的振动、下层线棒（48 个测点）、上层线棒温度（48 个测点）、发电机温度（48 个测点）等。

讨论来自于图 3-24（过滤掉停机期间的记录），横轴是发电机有功功率，纵轴是冷却水入口流量。作为数据探索的一部分，数据分析师画了这张图（两个变量间关系图），直觉解读是冷却水入口流量与发电机有功功率接近线性关系。

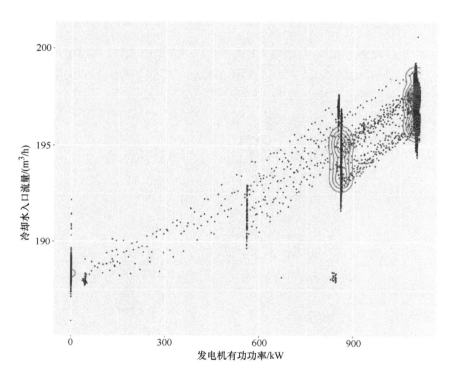

图 3-24 发电机有功功率—冷却水入口流量的关系图（开机期间）

领域专家看了这张图就认为不对，冷却水入口流量应该是稳定在某个值附近，因为冷却泵是定速泵。有了这样的质疑后，数据分析师马上认识到自己潜意识假定冷却泵是变速的，但如果是定速泵，数据分析师马上有个疑问，冷却系统如何满足不同功率下的冷却？难道冷却系统是按照最大负荷设计的？领域专家肯定了这样的猜想。

但这张图是用原始数据绘制的，不可能存在错误，领域专家的解释和 DCS 数据明显是冲突的。恰好有本运行手册，翻阅发现，水压随着氢气压力而变化，而氢气压力随发电功率发生变化，水压变化会引起冷却水流量的变化。至此，这样冲突完全可以解释了，背后的运行机制如图 3-25 所示。

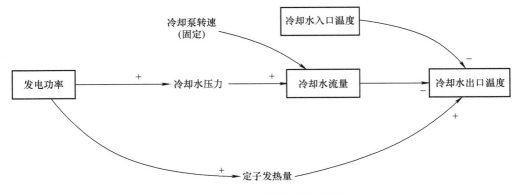

图 3-25 冷却系统的运行机制

回顾数据分析师和领域专家做机理解读的整个过程,见表 3-18,大家都无意中忽略"冷却水压力变化"这个事实,通过交互式讨论,让这些隐性假设摆在明面上。

表 3-18 数据分析师和领域专家背后的假设

数据分析师的假设	领域专家的假设
流量随有功功率上升,因为 ● 冷却泵转速随功率动态调整(隐含假设,但不正确) ● 水压力是稳定的(没有意识到的假设)	流量应该是稳定的,因为 ● 定速泵(明确且正确的事实) ● 水压力是稳定的(明确的假设但不正确)

这也是 OT 与 DT 融合在解决工业分析问题时的好处。OT 从机理角度,可以给出很多先决性研判或猜想;DT 从数据统计的角度,可以给出数据上的现象表征。二者的不一致,可以让很多隐含的假设明确化。通过 OT 与 DT 的对比,可以不断提升认知。

工业数据分析项目进行通常有如图 3-26 所示的 3 种模式:①有大量先验知识的课题,首先收集 OT 的经验和假设,通过数据检验,形成有用的特征,用数据分析建模进一步定量

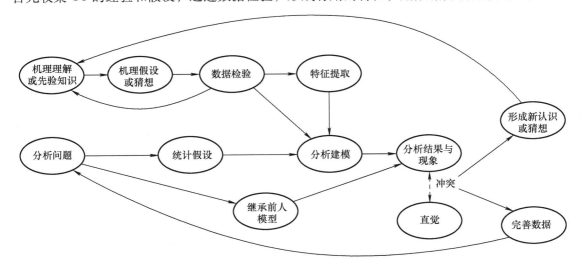

图 3-26 工业数据分析项目进行的 3 种模式

化；②数据驱动的课题，基于统计假设，进行建模，在分析结果解读时，融入 OT 专家的认知或经验，发现其中的矛盾，进一步提升模型结果；③数据驱动的课题，存在既有的模型，这时候需要做的是尽快把既有模型在大量数据上运行，发现待改进点。

在业务理解中欢迎专家的"直觉"，但更喜欢直觉背后的"研判依据"。直觉或研判依据不一定完备或正确，但直觉触发了跨领域讨论的可能，"研判依据"给出了数据探索的思路，经过数据的检验，和跨领域的推理讨论，不断追寻数据现象背后的要素和关系，形成相对完备和自洽的逻辑。正如爱因斯坦所云"真正可贵的因素是直觉"。

参 考 文 献

[1] 田春华，李闯，刘家扬，等．工业大数据分析实践［M］．北京：电子工业出版社，2021．
[2] 田春华．工业大数据分析算法实战［M］．北京：机械工业出版社，2022．
[3] PANALIGAN R，CHEN A．Quantifying Movie Magic with Google Search［EB/OL］．Google White Paper．2013．https://dl.icdst.org/pdfs/files1/350427db54ce5dcf1e46ad7f00d2e2cf.pdf．
[4] OULD BOUAMAMA B，BISWAS G，LOUREIRO R，et al．Graphical methods for diagnosis of dynamic systems：Review［J］．Annual Reviews in Control，2014，38（2）：199－219．
[5] 苑召雄．基于系统动力学的电站磨煤机建模与控制［D］．北京：华北电力大学，2017．
[6] 广东核电培训中心．900MW 压水堆核电站系统与设备（上册）［M］．北京：原子能出版社，2005．
[7] 赵越．用于核电站故障诊断和规程改进的 DUCG 理论及应用研究［D］．北京：清华大学，2017．
[8] EVANS E．领域驱动设计：软件核心复杂性应对之道［M］．陈大峰，张泽鑫，等译．北京：人民邮电出版社，2007．
[9] 田春华，张硕，徐地，等．工业大数据工程：系统、方法与实践［M］．北京：电子工业出版社，2024．
[10] 何源．制冷装置通用实验台的研制［D］．广州：广东工业大学，2004．

第4章

数 据 理 解

CRISP-DM 过程方法的第二步是数据理解,它是在第一步"业务理解"的基础上,收集和理解对应的数据,并为第三步"数据准备"(对数据做实质性的改变)奠定基础。数据探索性分析是数据理解的重要手段,简单来说,其工作内容见表 4-1。

表 4-1 "数据理解"阶段的工作内容概览

目的	1)辅助或加深业务理解,建立与业务专家沟通的语言体系,让业务讨论更具象,让数据分析师从业务去解读模型结果,并自如在更大范围给出提升建议; 2)技术可行性研判,包括关键要素的数据质量、多维度组合后数据集的完备度、专家经验的可信度; 3)数据预处理与建模路线,明确典型的数据质量问题,根据数据分布情况(例如,小样本、类别严重有偏),预设应对措施
完成标准	明确数据源 整理清楚质量问题清单和特征加工清单
内容维度	数据源(IT 上下文)、数据集、数据字段、领域概念、统计分布、数据质量
典型活动	数据查询与阅读(包括数据模式文档) 数据探索 数据解读
方法	数据探索方法(数据字段层面) 数据探索方法(业务层面) 数据质量审查方法
交付物	数据源清单 数据预处理需求 特征加工清单 数据质量问题清单

数据理解是实际分析项目中不可缺失的一个过程。与教学案例不同,实际项目中的数据是生产系统的原始数据,没有经过精心整理与加工,数据理解的范围不仅仅是字段业务含义、数据分布等的理解,还包括业务要素收集(数据是否反映主要的数据要素)、数据关联、数据模式(Data Schema)再纠正、业务过程理解等,因此,实际项目中"数据理解"

阶段的工作需要精心规划。本节主要探讨"数据理解"阶段的工作步骤、工作内容和典型做法。

数据理解的整体过程如图4-1所示。"数据理解"的输入信息有3个来源：①"业务理解"阶段的领域对象模型、系统动力学模型、专家规则等；②企业信息部门提供相关系统的数据字典；③数据分析师对问题的理解和经验。

这些输入信息，支撑了"数据理解"的5个步骤：①数据收集根据领域模型和数据字典，采集相关数据、数据文档（例如，值班日志Excel记录）和技术资料（例如，锅炉系统的P&ID图），支撑后续分析；②数据描述，从数据集概览角度，理解不同数据的覆盖范围、业务颗粒度，将领域模型、数据模型和实际数据交叉对比，深入理解实际数据；③字段层面的数据探索，了解数据的统计分布，定性掌握数据时空分布特点；④业务过程层面的数据探索，引入业务语义，通过横向纵向比较、维度组合、机理关系、专家知识等方式，探索相关数据与待分析问题的关系，识别出待加工的特征变量；⑤数据质量审查，将影响后续分析建模的问题总结归纳出来。经过这5个步骤，形成明确的数据源列表、数据预处理需求（与注意事项）、特征加工清单、数据质量问题清单，作为"数据准备"阶段的输入。

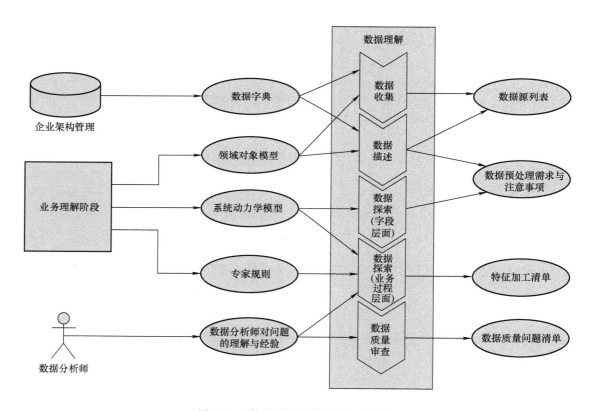

图4-1 "数据理解"阶段的工作流程

图4-1假设数据理解建立在业务理解的基础上。但在有些项目中，在深入的业务理解前，数据分析师先期拿到了一些样例数据，看似"数据理解"走到了"业务理解"的前面。但这与图4-1的假设并不矛盾，因为在这种情形下，数据分析师仍然拥有一些简要的业务背

景信息或一些先验业务理解，这些业务信息仍然可以很好指导数据理解。在很多项目中，业务理解和数据理解也是迭代进行的。

下面将分别讨论图 4-1 中 5 个步骤的工作内容、典型方法和软件工具，最后探讨实际项目中的执行策略。

4.1 数据收集

数据收集是根据"业务理解"阶段给出的数据需求，从相关数据源收集分析课题所需的数据。工业数据分析课题大多时候用的是既有的数据，较少涉及外部数据收集（例如，调查问卷）。因此，本节重点讨论既有数据源的数据收集工作。

数据收集有两项主要任务：①明确分析所需数据的数据源系统和访问方式；②明确数据更新时刻和存储周期。这项工作的基本技能包括远程桌面访问、数据库管理工具（如 DBeaver、SQL Developer 等）、SQL 查询语言等，可以辅助 R、Python 等语言的基本分析功能。

4.1.1 明确数据源系统和访问方式

业务理解阶段只能给出需要数据的业务要素名字和预期的数据源系统，具体的数据库需要在本阶段确定。这项工作通常由熟悉业务的企业数据库专家担任，不会占用数据分析师的时间。但在有的项目中，企业不存在完美匹配的人，企业只提供数据表文档，数据分析师明确数据表，信息管理部门负责开权限。

当企业数据系统比较复杂的时候（多个物理库和数据空间，不同的账号权限），这项工作并不容易。例如，若一个业务要素出现在多张数据表中，以哪张表为准？一个数据表如果存在多个数据空间，以哪个空间为准？一张表在哪个库空间或哪个权限账号下能访问？很多数据库文档不能反映实际运行状态。例如，在某个使用阶段后，一些静态信息表不再更新（例如，测量装置的更换信息），很多字段的业务意义发生了变化（例如，油井层位字段原来填写大层，后面填写到小层颗粒度）。这种情形下，就需要既熟悉业务又精通系统的数据库专家指导，否则，数据收集将是一个相对漫长的迭代过程，带来很多无效的数据探索工作。

以抽油井功图诊断为例，功图是抽油机一次往复运动中位移与载荷构成的封闭多边形，功图形状可用来诊断井的故障模式（如凡尔漏、结蜡、供液不足等）[1]。但功图的影响因素很多，包括抽油井地层、下潜深度、井下作业、井维护保养、测试仪器好坏程度等，需要将这些相关数据关联起来做综合研判，领域模型如图 4-2 所示。根据油气田生产管理数据库，井基础信息表与其他表均为 1∶N 关系，如图 4-2 所示，包括实时功图、生产日报、状态日报、关井记录、井维护保养、井下作业、生产测试等表。生产日报、实时功图等数据表等多个数据库中都存在，到底以哪个库为准？这些表格是否被生产应用系统实际使用？泵深、冲程、冲次在几个数据表中都存在，这时候就需要确定以哪个为准（当然，最终的确定也可以留到数据探索之后）。另外，作为一个监督学习，功图的诊断结果标签很重要。理想情况应该是现场措施（例如，检泵、清防蜡等）反馈的结果最为准确，但花了很多时间分析后发现现场措施记录和功图类型无法建立起关联关系，只好将人工功图的诊断结果作为训练数据参考标签。

数据采集阶段的困难的本质来源于：①跨专业/组织协同，很少有人能够把所有数据理解清楚；②数据库设计、数据库文档与实际数据库的不一致时，需要根据实际数据分析，并由业务数据专家核实真伪。

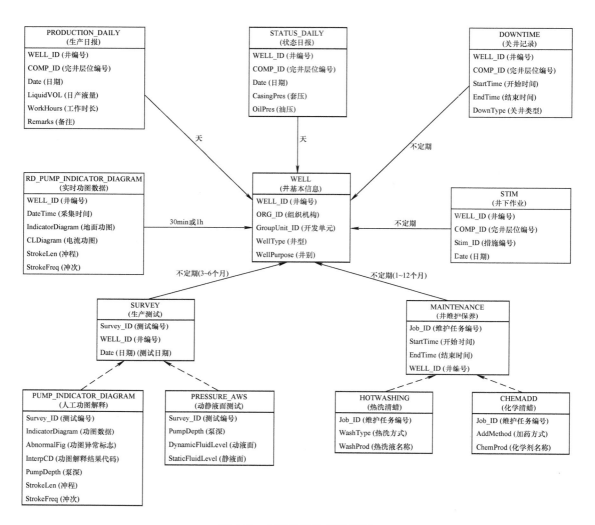

图4-2 功图分析的领域模型

4.1.2 明确数据更新与存储周期

数据收集阶段另外一个任务就是把数据的更新时刻描述清楚，即在一个具体时间点，一个数据源系统中最新的数据是什么时候。同样的数据，不同组织的更新周期可能不同。例如，一个分析项目中两个下属单位对生产日报的更新策略如图4-3所示，虽然单位A与B都是在每日凌晨8点将最新审核后的生产日报同步到分析数据库，假设当前天是第T天，但单位A是$T-2$天的生产日报，单位B同步的是$T-1$的生产日报。进一步分解，发现两个单位对生产日报范围的定义也不同，单位A将第$T-1$天早8点到T天早8点范围的产量归

集为第 $T-1$ 天的产量,而单位 B 将第 $T-1$ 天下午 4 点到第 T 点下午 4 点范围的产量归集为第 T 天的产量。这样的不一致对于后续分析有很多细微而深刻的影响。

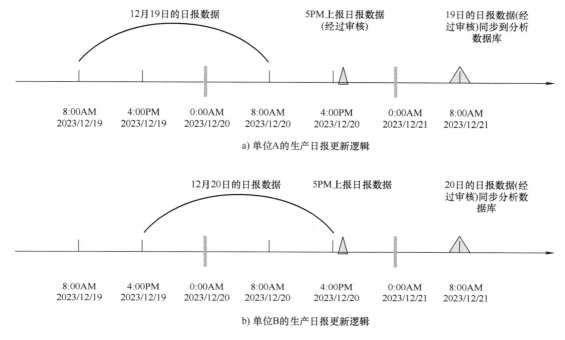

图 4-3 不同生产单位的数据更新策略的差异（示例）

分析模型的训练通常需要大量的历史数据。但不同系统的定位不同,历史数据存储时长不同。很多生产系统,仅仅保存近 3~12 个月的数据,长期的历史数据保存在备份系统或数据平台。在数据收集阶段,需要明确不同系统中数据的存储时长。

4.2 数据描述——数据集层面的理解

4.2.1 样本数据的人工阅读

在采用分析软件的自动化分析前,最好人工阅读一些实际数据。例如,在稠油吞吐转轮周期优化课题中,生产日报数据表里面有一个备注字段（文本片段）,记录了重要的生产现场事件。可以先随机选择几个转轮周期（每个转轮大约 90 天）,人工把这些周期的数据阅读一遍,定性掌握数值分布、记录完整度和典型文本信息。

然后借助数据库客户端或 Excel 的过滤、排序功能,对字段有一定了解。最后,用 SQL 或分析工具去查询做一些探索（例如,用 grep 命令去查找典型生产事件）。

这一步骤不要带很强的功利性,唯一的目的是建立起对数据表的直观感觉与认识。常用的工具是数据库管理工具、Excel、数据分析软件。

4.2.2 数据概览

实际提供的数据不一定符合预期要求，在数据深入探索前，需要有一个整体了解，避免在不满足要求的数据集上花费太多时间。例如，如果设备状态监测数据的时间段与故障记录时间段不重叠，故障预测建模将无法进行。针对各个数据集，数据概览主要进行表 4-2 所示的 3 项内容。

表 4-2 "数据概览"的工作内容

数据源	数据系统或数据表 数据更新频度和可信度 数据访问方式
覆盖度	时空/业务颗粒度 对象范围
字段完整度	不同字段时空完整度，避免关键字段缺失造成很多分析课题无法进行

1. 时序数据

针对多变量时序数据的完整度，通常采用热力图的方式进行展示，在如图 4-4 所示的热力图中，绿色表示完整度优秀，黄色表示完整度良好，红色表示完整度较差，可以直观看到哪些时段的数据相对比较完整。

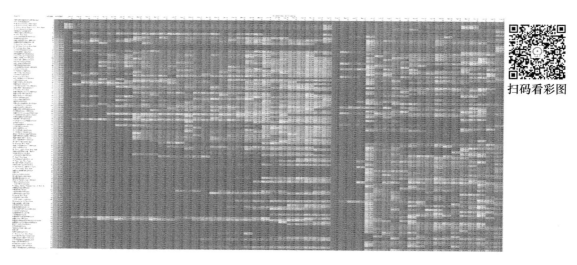

扫码看彩图

图 4-4 数据完整度热力图

很多工业设备/系统的状态分析（例如，锅炉、压缩机故障诊断）都属于此类问题，分析数据集是物理对象一段时间的多测点时序数据，但有的测点存在缺失。通过了解数据完整性，可以掌握哪些物理对象、哪些时段的数据在分析建模时候可以用，另外也可以概要性了解数据质量问题。

2. 多表融合

很多分析课题需要多张数据表的关联与整合。在正式整合前,最好从时间范围、核心对象有个概要理解,避免更多的浪费。

以功图诊断相关数据的范围表4-3为例,可以看到实时功图数据是从2022年开始,因此预测模型做的数据整合也应该从2022年开始。从这个数据概览也可以预知,因为各个数据时间范围和对象范围不一致,多个数据表合并后的数据量将大大减少。

表4-3 功图诊断相关数据的范围

数据	范围	颗粒度
产液量	2012年12月至今,2037口井,但大部分井是从2019年开始	天
油压、套压	2019年至今,2000口井(但缺失严重)	天
冲程、冲次、泵径、泵深	2004年至今的数据,2800多口井	不定期,密集的为1周
实时功图(包括电流)	2022年2月至今,1125口井	小时
人工功图	2012年至今,1126口井	不定期,最高每月测1次
清防蜡作业——热洗、化学	2010年11月至今,1546口井	不定时(单井最多有152条记录)
增产措施	1336口井,但只有7431条记录	不定期
修井记录	2000多口井	不定期
动液面	1700口井	月
工作制度	记录数量很少,只有145条	不定时长
抽油井信息	所有在产稀油井	单井
抽油机信息	1404口井	单井

这个步骤的常用工具是R、Python等分析工具,提供了各种数据框的合并、汇总统计、重构的函数与包。例如,R语言基础包中有aggregate、merge、table、unique等函数,也有dplyr、reshape2等工具包。

4.2.3 领域模型与数据模型交互理解

在业务理解阶段,从业务概念的角度理解了领域模型,用实体(Entity)、值对象(Value Object)、聚合(Aggregate)、领域事件(Domain Event)、服务(Service)等要素刻画业务领域中对象、行为和关系。在数据理解阶段,直接接触的是各种存储系统的数据对象和数据模型。

二者可以相互辅助,加速业务理解和数据理解。①数据可以让数据分析师更直观去理解领域模型。②数据也可以纠正或细化很多业务理解,特别是关键的业务枚举字段数据表(例如,井型、工况代码),帮助数据分析快速建立起和业务专家沟通的能力。③领域模型可以让数据理解和准备工作更聚焦,例如,油气生产虽然有一份约500页数据模型说明文档,但想把众多数据表(抽油井、转轮计划、区块、层位、供热站、锅炉、管汇等)、专业属性(例如,井型、井状态等)、实体行为(例如,井故障、井下作业、措施等)理解清楚并非易事。领域模型可以充当一个指导框架，快速定位到相关数据表。④领域模型中的业务主键信息，可以避免数据分析师被代理主键迷惑，例如，一次洗井任务在数据表中的主键是维护任务编号（没有业务意义的物理主键），业务意义上的主键是井号与日期。这里的主要任务见表4-4。

表4-4 领域模型与数据模型交互理解的工作内容

任务	工作内容	例子
业务主键校核	根据实际数据，做业务主键在表中的唯一性检验	井号、完井层位、转轮周期序号可否唯一表示一个抽油井转轮？
枚举值的理解	根据数据表的字段，加深业务属性的理解	抽油井有多少类工况？抽油井关井有哪些类场景？
层次关系	根据具有层次性的数据表、或者主表与子表间的关系去理解业务概念的层次性	完井层位间的关系？井下作业都有哪些作业措施？
业务对象间的关联关系	根据实际数据中业务主键的基数，去理解两个业务对象间的关联关系是一对多，还是多对多。	一个锅炉供应多少口抽油井的蒸汽？一口井由几个供热站供应蒸汽？
文本字段阅读	阅读文本字段，理解该记录的业务上下文；总结文本关键词和正则表达式，用检索匹配方法统计	供热站、中控室值班日志中记录了锅炉异常现象、真实原因和处理措施；油气田生产日报记录了每口井每次的重要事件和处置措施

有些分析课题中，在业务访谈之前，分析师首先拿到是一些样例数据文件，没有数据模型说明文件。这种情形下，结合领域模型与数据文件更深入地理解背后的数据模型。数据文件中的枚举字段、层次字段对于掌握领域知识和业务语言很重要。通过数据文件提取业务对象间的关联关系（cardinality），对于理解业务模型很有帮助。

对于非结构化数据，数据内容格式随着时间可能发生变化。例如，风电机组的秒级状态监测数据经常存为二进制文件，在文件内是结构化的，但文件数据结构经常随着主控的升级而发生变化，并且变化的频度与模式远比预想的要复杂（例如，故障排查调试期间临时增加很多调试测点）。对于传感器数据，除了数据本身之外，还需要了解一下传感器安装点位和外部环境，有些数据可能是"虚假"信号。

这个步骤的常用工具是R、Python等分析工具，里面有各种数据框的合并、汇总统计、重构的函数与包。例如，R语言基础包中有aggregate、merge、table、unique、grep等函数，也有dplyr、reshape2等工具包。

4.3 数据探索——数据字段层面的理解

数据字段层面的理解主要通过统计分布、数据可视化手段进行。

4.3.1 统计分布

数据分析师应该对数据有个直观了解,以便更好掌握数据集的可用度,识别数据质量问题。主要的内容包括:

1)单变量数值范围、完整度、统计分布和双变量统计分布。分析软件有很多 EDA (Exploratory Data Analysis) 工具包,详细介绍可以参阅参考文献 [2]。例如,在锅炉运行异常分析课题中,锅炉状态监测数据有近 2 千万条记录,55 个非空字段,手工探索效率很低,R 语言的 summarytool 包的函数 dfSummary() 可以自动生成数据概览报告,如图 4-5 所示,通过浏览对流段、辐射段、过热段对应的入口、出口压力指标的完整度和数值范围,数据分析师很容易找到探索方向。

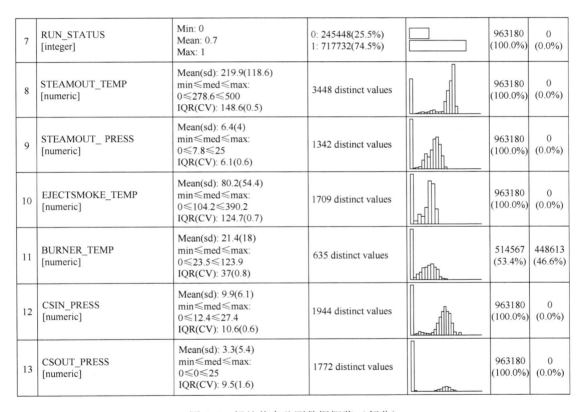

图 4-5 锅炉状态监测数据概览(部分)

2)目标变量的分布或类别平衡性。例如,在功图分析课题,数据字典中定义了 52 类工况,但十多年的历史数据中只出现过 34 类工况,且频度最高的前 3 类工况占了 92%,这意味着很多类别无法通过纯数据驱动去学习,需要采取样本补充(数据收集)、样本增强(数据准备阶段)、基于代价的学习(分析建模阶段)等措施。

3)预测变量与目标量的关系。本阶段主要做两两对比。对于连续、离散类型的预测变量与目标变量的不同组合,重要度评价指标如表 4-5 所示,详情可以参阅参考文献 [3]。

表 4-5　预测量重要度评价指标

	连续目标量	离散目标量
连续预测量	Pearson、Spearman 相关系数 Loess 伪 R^2 统计量（非线性关系） 最大信息系数（Maximal Information Coefficient, MIC）	AUC（Area Under Curve） t 检验（两类）
离散预测量	t 检验（两类） 方差分析	Odds ratio（两类） Fisher 确切检验

表 4-5 中 Loess 伪 R^2 统计量对于发现变量间的显著非线性关系很有帮助。如图 4-6 所示，变量 x 与 y 的线性相关系数接近 0，但二者间是一个比较简单的非线性关系，Loess 伪 R^2 统计量可以很好地指示这样的关系。

在这个阶段，可能就开始发现实际数据与数据模型不一致的地方，也可以发现不同表之间冲突的地方。例如，在数据模型说明文档中，完井层位表有顶部/底部测深字段，但实际应用中该字段是空值。

4.3.2　数据可视化

根据字段的类型，用分析软件的画图功能输出图表，让分析师有个全貌了解。

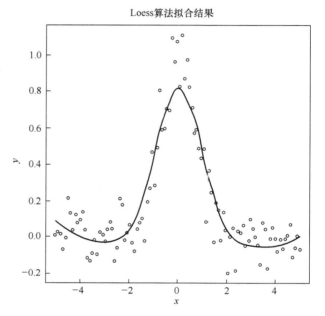

图 4-6　Loess 伪 R^2 统计量可以发现变量间显著函数关系（示例）

1）时序曲线，特别是测点的时序曲线。多个时序的联合显示，例如，锅炉各个段的压力曲线与负荷（火量、水量）的联合展示，如图 4-7 所示，就可以发现正常运行区间存在长时间压力为 0、火量为 0 的情况。如果细心，也可以发现"达到压力表量程"等偶发异常。用相关性分析图快速了解多个时序变量间的相关性。例如，锅炉 33 个状态监测点间的相关性图如图 4-8 所示，可以看出对流段、辐射段、过热段出入口压力的高相关性。

2）时段或甘特图。在锅炉运行异常分析课题中，锅炉的注汽周期是个关键概念，需要将与锅炉相连接的各口井的注汽周期叠加起来，采用 R 语言的 ggplot 输出如图 4-9 所示的注汽日程。

3）领域图形，例如，功图是位移时序和载荷时序构成的相位图。在功图分析中，1500 多口抽油井过去 10 多年的 2 万多个功图，按照时间顺序，每页展示 100 个子图。一个示例如图 4-10 所示，很容易可以看到实时功图中的数据异常类型（例如，载荷为恒定值、功图呈蝴蝶状）。

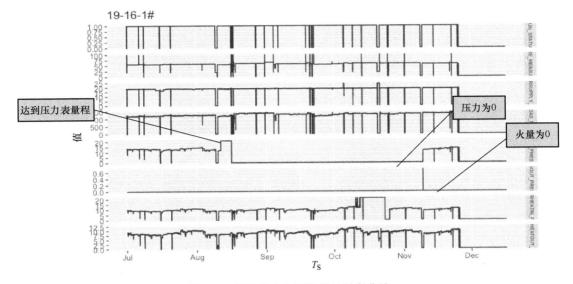

图 4-7 锅炉状态监测数据的时序曲线

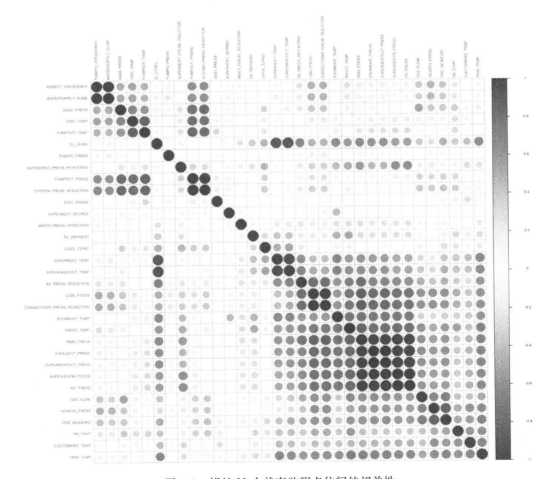

图 4-8 锅炉 33 个状态监测点位间的相关性

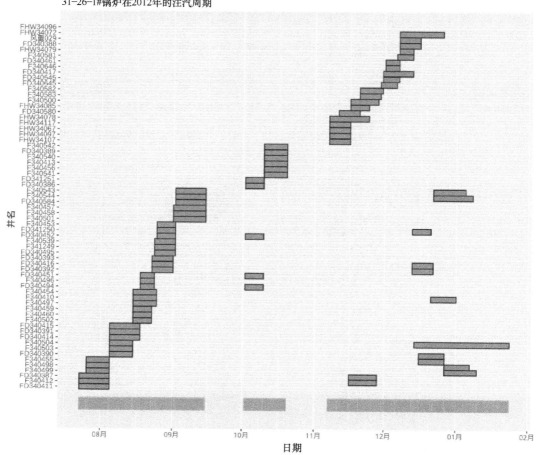

图 4-9 锅炉注汽日程

应用数据可视化做数据探索中，要谨慎"视觉欺骗"。例如，风电机组的风功率散点图描述了风速与发电功率的关系，通常用 1~3 个月的上万个点数据，很多看似密集的异常区域的数据占比可能很低。另外，个别异常点还需要去看其时序图，才能分析清楚异常的原因（是设备故障、测量异常，还是正常的暂态过程）。

这个步骤中，主要利用分析软件的数据可视化包，例如，ggplot、seaborn 等，也可以用 BI 工具（例如，Tableau）。对于存在大量类似的情形（例如，需要生成 1000 多口的多年的曲线），通常采用分析软件批量生成图片文件的方式，数据分析师在图片浏览工具中查看。

4.4 数据探索——业务层面的理解

因为物理连接关系（例如，锅炉对流段、辐射段、过热度是上下游关系）、运行机制关系（例如，锅炉火量与出口温度间的关系），工业数据中的很多变量存在强耦合，所以，数据理解除了数据结构层面的理解外，也需要从业务过程层面去理解。

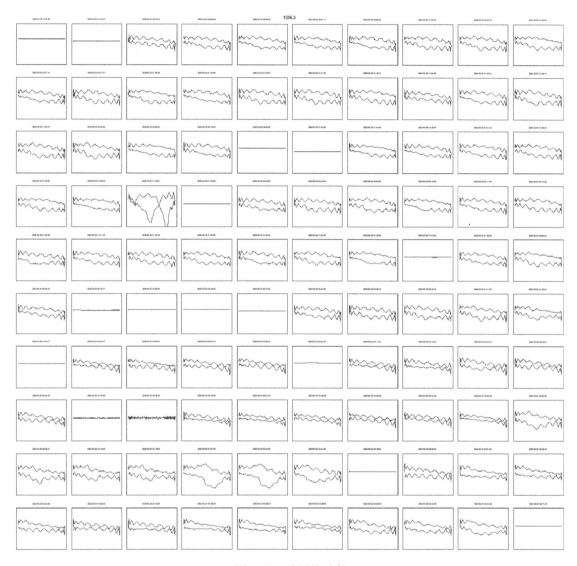

图 4-10 功图的时序

4.4.1 业务维度组合的探索（基于领域模型）

从业务维度的角度去对比关键变量的分布，主要包括如下几种情况：

1）对于重要的目标量，进行类比。例如，在抽油井注汽周期优化中，领域经验是"转轮周期长度随着轮次逐渐缩短，因为随着抽油井的不断开采，注汽起到的作用逐步变弱，需要更频繁的转轮"。一个自然的想法就是看历史上不同井在不同轮次的注汽周期分布如何？从图 4-11 可以看出，不同井的差异很大，注汽周期长度与轮次不存在简单关系，领域经验在数据统计意义上不正确（至少在 10 年左右的时间长度上）。

2）对于业务语义相同但来源不同的关键量进行对比。例如，自动功图是示功仪定时自

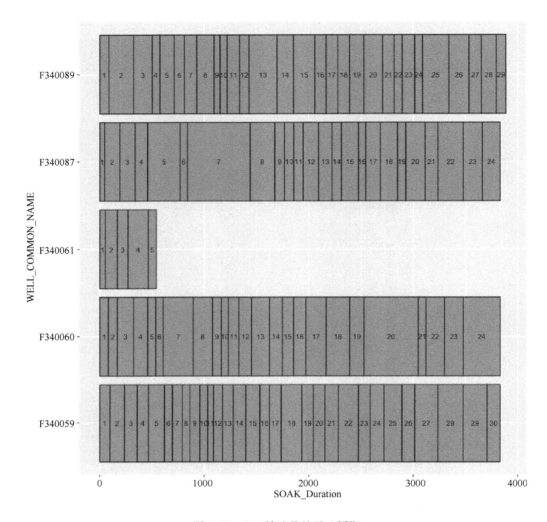

图 4-11　5 口抽油井的吞吐周期

动测量的，测量频度高（30min 或 1h 1 次），但因为测量仪器老化等原因，测量结果存在波动或异常；而人工功图是专业测试人员不定期（3~6 个月）测量的，结果更可靠。一个自然问题就是自动功图是否可以完全取代人工功图。图 4-12 是某口井动图对比，左上角的第 1 个子图是人工功图，其余的 23 个子图是同日的自动功图，可以看出二者还是存在显著差异的，自动功图并不能替代人工功图的作用。

3）对于有上下游关系的变量，可以对比数值差异、变化同步性或时延（通过时序相关性分析）。例如，在管道分析中，根据 P&ID 图，分析上下游阀室、站点的压降和压降传播速度等。

对于简单的维度对比（单一的数据表且不涉及记录间关系），可以用 Tableau 等 BI 工具，但对于复杂的情形，R 和 Python 等分析工具更灵活，特别对于很多维度组合场景，手工选择成功率很低，需要全量数据集上的自动化分析手段。

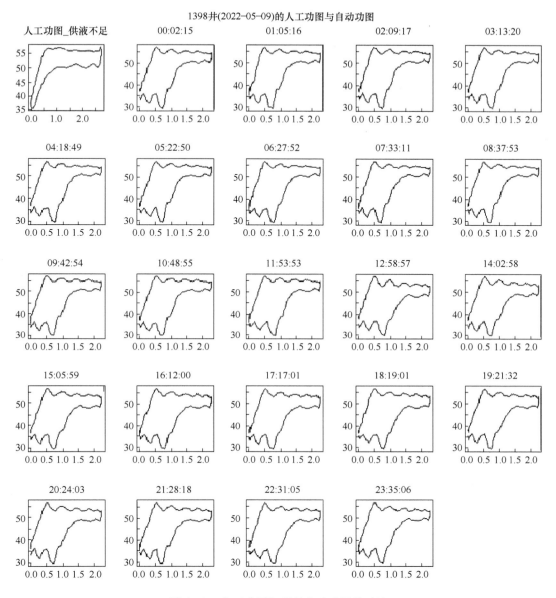

图 4-12 人工功图与当日自动功图的对比

4.4.2 业务过程理解（基于系统动力学模型）

根据数据对系统运行机理做一定的了解，以便特征提取（数据准备阶段）工作。以功图研判为例，其系统动力学如图 4-13 所示，由此可以看出很多分析探索点，首先，除了故障，决定功图形态的因素还有哪些？井下作业、维护保养后井的功图是否有本质变化？层位切换、动液面变化、泵深变化后功图是否发生了显著变化？不同类型抽油机的功图差异有多大？其次抽油井出现故障后，除了功图，还有哪些变量会发生变化？最后，不同工况功图的可区分性如何？

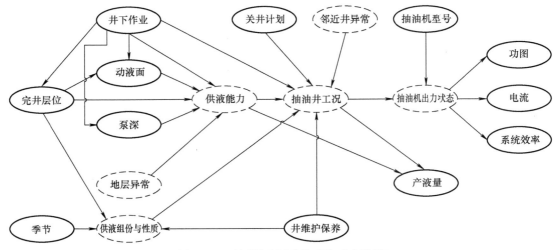

图 4-13 功图影响因素的系统动力学图

上面每一个点展开又有很多值得探索的内容。以泵深为例，根据领域专家经验，泵深发生变化后，功图会发生本质变化，这对功图诊断算法很重要。抽油井的泵深和层位相关，泵深的大的变化有可能是数据质量问题，也有可能是换层的原因或泵深调整，换层可能是上提（井故障）也可能是下返（甚至可能更换为电潜泵），这时候需要结合生产日报的备注信息和井下作业去理解，泵深变化后，一个有趣的问题就是功图是否发生变化，这时候需要结合前后一段时间的功图数据去研究。这样一个简单的字段变化需要与其他 3 个数据表做关联分析，如图 4-14 所示。

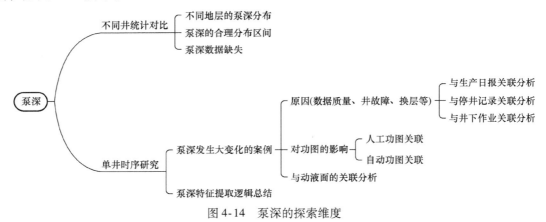

图 4-14 泵深的探索维度

这样组合起来可以探索的内容非常多，为了避免混乱，建议用思维导图等形式将计划探索的线索整理出来。另外，始终以分析课题为目的，避免单纯为了兴趣在细枝末节上做大量探索。

4.4.3 专家知识的复现

专家知识非常有价值：①对于非监督学习（或者基于有限标记样本的监督学习），专家规则是核心分析逻辑；②对于监督学习，专家知识可以缩小数据分析的探索范围；③专家知识提供了特征变量的方向，例如，不同工况下功图的形状，如图 4-15 所示，专家给出了一些定性描述。

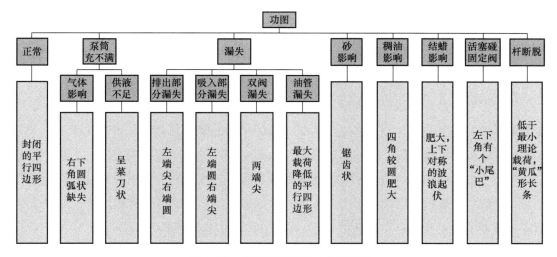

图 4-15 功图类型研判的专家规则

但专家知识通常不够精细，甚至部分错误，需要数据分析师利用数据去重现、检验和细化这些专家知识。即使最后证伪了专家知识，专家知识也提供了宝贵的探索方向，促成了更深入的探讨。

锅炉运行异常预警是一个无监督学习，需要学习不同运行状态下压差、温度等状态参数的合理分布区间。根据业务专家知识，火量和水量表征了锅炉的运行状态，且二者配合运行，即水量大要求火量也大。但实际运行数据中二者的关系如图 4-16 所示，运行中水量基本不变，火量在动态调节。因此在分析中，将火量、过去一段时间的蒸汽出口温度作为运行负荷的度量比较合适。

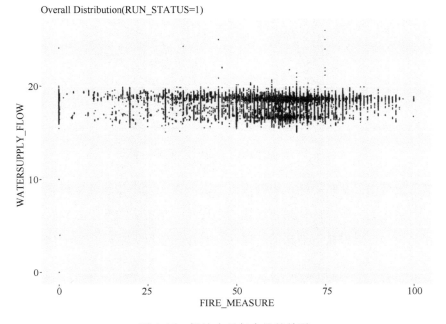

图 4-16 锅炉火量与水量的关系

在功图分析中,有专家指出需要考虑油黏稠度对功图的影响,这句话从机理上基本说得通,它会影响抽油泵运动时的黏滞度。但数据上并不支撑这个观点。由此也逐步意识到,油黏稠度不同带来的变化相对于几吨的液柱来说微不足道,很难在功图上反映出来。泵深也存在类似问题,抽油泵几十米的提升很多时候并不会带来功图形态的本质变化。

专家知识对于分析课题很有价值,让分析课题考虑的因素更全面,避免盲目根据功图形态本身做抽油井工况诊断,不考虑生产状态、措施信息、维修信息等重要影响因素。另外,多个准确度很低的专家规则,经过有效组织,如图4-17所示,有可能构成一个高准确度的模型;另外,自然语言表达的专家规则通常有很多隐形前提假设(专家很难描述清楚),造成原始专家规则在数据集上的准确度并不高,这正是统计学习发挥作用的地方,通过标签数据把各个规则的边界和组合关系学习清楚,构建出一个高准确度的模型。

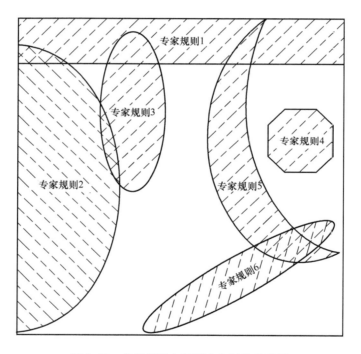

图4-17 专家规则在问题全空间的示意图

基于大量历史数据,分析算法可以筛选出显著因素。这个步骤通常没有固定的范式,通常是把专家知识转化为分析代码,用自动化的手段在大量历史数据上去找匹配的情形,然后用图形或统计分析的方式检验该逻辑的严谨性。并用具体反例探讨,去细化这些逻辑。

4.5 数据质量审查

很多生产系统的数据质量远比期望的要低得多。一些关键质量审查要点,见表4-6。

表 4-6 数据质量审查的工作内容

数据集场景	典型做法	描述
多个表的情况	基数（业务主键关系）	很多数据表采用了代理主键，业务主键间的基数关系很可能存在问题
	层次性	层次性字段在被其他表格引用时候容易出现层次混乱的情形，例如，完井层位分为大层、小层两级，在某年前完井层位字段引用大层编号，最近的记录用小层编号
	合并异常	多表格合并中出现记录数量异常变化，或者关联异常的情形
时序数据	时间间隔	间隔异常、长时间缺失等
	离群点	数值异常
	异常模态	毛刺、长时间不变、剧烈变化等
	画图观察法	肉眼发现不正常，然后再去详细分析其原因
	代码运行异常	程序运行异常，通常意味着数据与预期不符

4.5.1 示例案例

为让讨论更具象，参考实际项目引入一个虚拟案例（测试仪器模块的性能劣化分析）。一个车间有很多个不同类型多功能测试台（TestBed），测试台配置不同仪器模块做测试，每轮测试持续若干天，分为安装（install）、清洁（clean）、正式测试 3 个阶段。在测试过程中，有各种状态监控（例如，环境温度），每 10min 1 条。数据库的 E-R 图如图 4-18 所示。

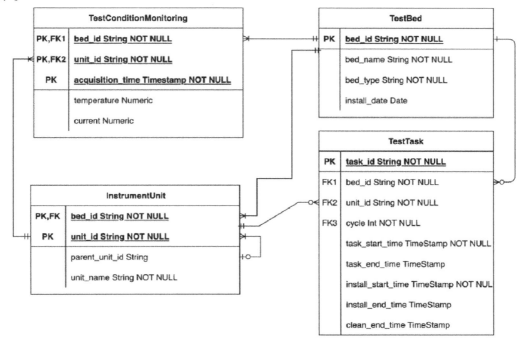

图 4-18 测试仪器模块性能劣化分析的数据库 E-R 图

一个具体仪器单元（表 InstrumentUnit）是专用的，属于某个固定的测试台（表 TestBed），但与其他测试台的型号（unit_id）可能是相同的，并且一个型号的仪器一个测试台最多配备一部。测试仪器的型号是分层次，这里假设两个层次（大类和细类）。测试周期数目（表 TestTask 的 cycle 字段）是按照测试仪器递增的，但相邻两个测试任务使用的测试仪器可能不同。

4.5.2 基于领域模型的质量审查方法

根据领域模型进行如图 4-19 所示的 4 类数据质量审查：①单对象数据模式（data schema）

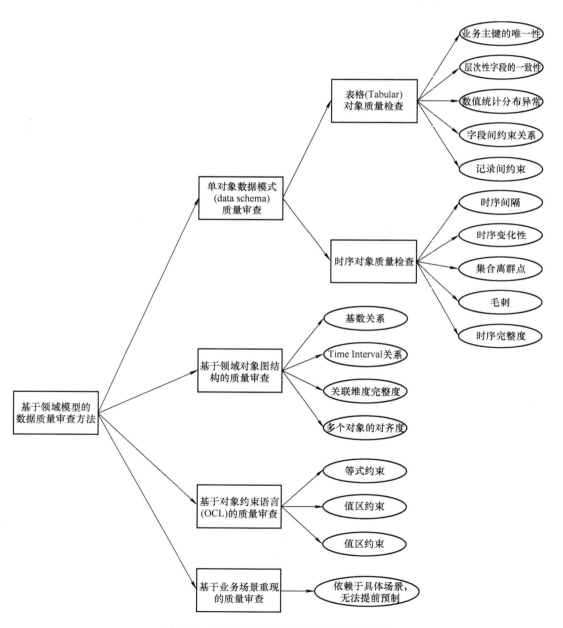

图 4-19 基于领域模型的数据质量审查方法

的检查（特别是数据模式的薄弱环节）；②基于领域对象图结构的质量审查；③根据主要对象约束语言进行质量审查；④基于业务场景重现的质量审查，通过少量案例端到端的探讨，获取业务领域的理解。这些步骤在实际中也是迭代执行。

1. 基于单个对象或领域对象 data schema 的检查

图 4-18 所示的 data schema 有两个潜在弱点：①task_id 为代理主键，实际的组合主键是 bed_id, unit_id 与 cycle，组合主键可能不唯一；②仪器的 unit_id 是层次结构，存在引用层次不一致的可能性。

R 语言、Python 语言提供了很多数据探索分析工具，R 语言的相关函数见表 4-7。

表 4-7 R 语言的相关函数

	描述	R 语言函数
组合主键的唯一性	组合主键的唯一性通常由应用逻辑来保证，但应用不一定做这样的检查	aggregate（＜anyField＞ ~ ＜compKey1＞ + ＜compKey2＞ + … + ＜compKeyN＞，data = df, FUN = length），按照指定的字段组合（群组）对某些列进行函数统计
枚举量字段	数值范围与业务领域模型是否一致	unique（＜fieldName＞）求解给定列的唯一值
多个枚举字段的组合关系	检查两个字段为 1:N 关系（包括了层次结构），还是 N:M 关系	如果枚举值不多，可以用 table（＜fieldName1＞，＜fieldName2＞） 看两个字段建的交叉关系 如果枚举值很多，可以用 aggregate（＜fieldName1＞ ~ ＜fieldName2＞，data = df, FUN = function（x）{length（unique（x））}）
字段数值分布	发现一些业务语义上的超界	dfSummary（＜dataFrame＞） 对于数值变量，可以用 range（）函数
外键是否真发挥作用	因为代理主键的引入，很多业务外键失去本身的价值，通过两个表 joint，看记录数量是否符合预期	merge（df1, df2, all. x = TRUE）将两个数据框 df1、df2 按照公共字段（或指定字段）进行合并（默认是内合并，可以指定左合并、右合并、外合并或反向合并）

实际数据探索证实了以上怀疑：

1）表 TestTask 中存在重复记录（按照 bed_id, unit_id 与 cycle 唯一的语义），并且重复记录的内容不完全相同，业务应用对于录入的测试任务没有做重复性检查。

2）表 TestTask 中存在时间字段异常的情形，例如，task_start_time 为 2035 年的记录，远远超过数据项目进行的日期。

3）表 TestConditionMonitoring 的时间与表 TestTask 的起止时间（task_start_time 和 task_end_time 规约到 10min 间隔），用 bed_id, unit_id 和时间字段做左 joint 之后，然后做填补（具体做法可以参阅《工业大数据分析算法实战》一书的 2.2.2 节），发现竟然很多记录缺乏 cycle 值。包括 3 类原因：①TestConditionMonitoring 在 2017 年前 unit_id 用的是大类，而 TestTask 一直用的是细类；②TestTask 中存在测试周期缺失；③TestTask 有些记录的起止时间不对。

上面问题的发现都是从 data schema 的薄弱点切入。包括：①代理主键；②层次性字段；③关键字段的值域。

2. 结构约束条件的检查

对象建模中也有 OCL（Object Constraint Language）等约束描述，但实际应用开发中应用较少。很多概念上的约束并没有在数据库或业务应用层面实现。因而，可以从领域模型或从业务逻辑的角度，把业务约束逻辑明确列出来，通过分析代码的自动化手段，快速发现历史数据中的零星数据质量问题。

以 TestTask 为例，它蕴含着时序结构。在选择同一个 bed_id 的记录后，按照 task_start_time 从小到大排列，第 i 个测试周期（cycle 字段）的起止时间记为 task_start_time（i）、end_date（i），cur_time 为当前查询时间，task_end_time = NA 表示当前任务还未结束。可以列出如下 5 条约束条件，其中第 5 条是个软约束：

1）（task_start_time（i）is not NA）&（task_start_time（i）< = cur_time）

任务开始时间不能为 NA，并且开始时间不能晚于当前日期

2）task_end_time（i）is NA |（task_end_time（i）< = cur_time & task_start_time（i）< task_end_time（i））

任务的结束日期要么为 NA（表示还没有结束），否则，它也不能晚于当前日期和开始日期

3）task_start_time（i + 1）= task_end_time（i）

下一次任务的开始时间等于上一次任务的结束时间

4）cycle（i）= cycle（j）+ 1，j = argmax（j：unit_id（j）= unit_id（i），j < i）

同一个测试仪器使用周期是递增的

5）If task_end_time（i）is not NA，then 6 Hours < task_end_time（i）− task_start_time（i）< 5 Days

测试任务的时长在 6h 到 5 天范围内。

根据这些规则，TestTask 有几百条异常记录（1% 左右）。根据每条记录的单独分析，除了之前发现的①TestTask 中存在测试周期缺失；②TestTask 有些记录的起止时间不对；还发现了③TestTask 部分记录的 unit_id 是错的。

针对分析课题的关键字段，把隐性的约束和假设列出来，无论对于数据质量问题识别，还是数据应用的边界条件检查都有很大帮助。

除了业务约束，如果变量间存在冗余关系，可以基于结构冗余的异常变量识别，假设有 N 个变量，自由度是 m，则存在 C_N^{m+1} 个等式。通过某个变量满足存在该变量等式约束的比例来确定是否为异常变量。以生产日报为例，产液量、产油量、产水量、含水率这 4 个变量等式关系如下，这 4 个变量是冗余的，自由度为 2。

- 产液量 = 产油量 + 产水量
- 含水率 = 产水量/产液量
- 含水率 = 1 − 产油量/产液量

由此，可以判断下面这条记录应该是产水量这个字段填错了，因为产液量、产油量、含

水率这 3 个字段关系是一致的,即 1 - 15.8/122 = 87.1%,只有产水量是不一致的。

```
       WELL_ID  WELLBORE_ID  COMPLETION_ID  PROD_DATE  PROD_TIME  LIQ_PROD_DAILY  OIL_PROD_DAILY  WATER_PROD_DAILY  WATER_CUT
3575173  XJ7V9oVntP  XJAlbaLWn8    XJqr0LR2uj  2013-09-20    24         122            15.8             16.2           87.1
         UP_LOAD_FLAG  REMARKS  PUMPING_TIME  FAILURE_DESCRIPTION
3575173       0       副注主排        NA
```

3. 基于异常案例的探讨

很多数据异常可能是我们没有意识到的业务场景。业务场景通常没有完善的记录,也很难靠访谈方式获得全面的了解。一个有效的获取方式就是拿具体案例,和业务专家深入探讨。

针对上面约束检查中发现的 task_end_time(i) - task_start_time(i) 过短或过长的记录,做深入的个例分析。可以发现:①部分记录是例外业务场景造成的。例如,测试台出现故障长时间处于待修状态;测试中也时常采用一些新工艺;测试台之间存在交叉影响等。②部分记录是周期划分不正确导致的,例如,在安装阶段出现了异常,短暂停留后进行二次安装,从业务逻辑上还是同一条 TestTask 记录,但被录成了 2 条记录。

《工业大数据分析实践》一书中呼吁业务理解阶段需要进行业务上下文理解。如果之前的数据库系统或应用开发时有一个业务语义层面的领域模型,这些问题就变得很简单了。但现实中大多数数据库和应用设计都不会积累下来领域模型。跨领域交流时,业务专家不知道你不知道什么,数据分析师不知道自己不知道什么。图书、文档与业务专家介绍的大多是正常情形,可能忽略一些低频情形。数据分析师的优势是有实际数据,可以采用两边夹击的方式,基于当前的领域理解,整理出一个当前认知水平下的"领域模型",结合实际数据集中个别案例的理解,补充完善这个"领域模式"。

4.5.3 分析项目中数据质量突出的原因

企业花了很大力气做数据治理,为什么数据分析项目中还是能够发现新的数据质量问题,原因有如下 4 点:

1)视角不同,日常数据管理是以业务应用流程(单表)为中心,关注少量相关记录的数值合法性和关联合规性;而数据分析是以业务逻辑概念(多个表格关联合并后的宽表)为中心,关注"跨领域全量"记录,同时考虑领域对象结构(多个表关联结构、记录间结构和业务场景)关联、全量的角度做数据分析。单条看正常的记录,在上下文角度看可能是不正常的。

2)视野不同:日常数据管理视野宽,但没有明确目标;而数据分析项目通常有聚焦分析目标,视野很窄,但更深入。视野和深度二者不可兼得。

3)逻辑模型与物理模型的差异:很多业务语义上约束关系,并没有在实际数据库或数据应用中严格检查与遵循。例如,数据表通常用代理主键而不是自然主键,很多概念上约束关系可能没有生效。时间间隔(time interval)关系约束(例如,不同生产周期的起止时间间隔不能重叠)通常需要业务应用来保证,但当一条新的记录写入时候,很多业务应用没有联合相关历史记录做约束性检查。

4)服务对象不同:业务应用服务的是人,人的容错能力很强,对数据质量要求低;而分析模型服务的是计算机,对数据质量要求高。

数据结构(Data Schema)的设计是为了满足特定应用(例如,MES)需求的,只要符合设计初衷，数据就不存在数据结构层面的质量问题；而数据分析的目的是解决一个物理世界中的问题，以物理语义看数据问题（不会完全迷信数据），并且通常要跨多个数据表，对数据集的要求与一个应用的需求可能不同，因而，数据分析项目中的"数据质量"问题除了数据结构层面，还要关心应用场景下的数据质量问题。数据结构层面的质量问题通常可以用数据模型（如关系数据表的三范式）、数据约束（如 OCL，Object Constraint Language）等形式化模型去描述，可以独立于具体的应用。而应用场景相关的数据质量问题，与研究问题的范畴和业务上下文有关，有一定规律但不存在通用的方法。各种数据系统、工具和企业级的数据治理大多集中在前者，而留给行业数据分析师的往往是后者，没有经验的数据分析师往往很难发现这些问题。

在数据分析项目中，关心的数据质量问题远远超过了数据结构层面的数据质量问题。有时候数据中包含的场景和信息远远超过了当前分析课题关心的范畴，这时候需要从现有数据中筛选出合适的数据。更多时候，数据分析问题的因素并没有完整的反映在数据中，或者数据反映的仅仅是部分生命周期的状态。这就要求数据分析师能够从业务上下文的角度去梳理问题的关键要素，以及它们之间的关系，审视数据在多大程度上刻画了问题的过程。业务上下文的理解也不是一个单向过程，很多数据中表现出的"异常"是业务理解的不完整。通过"业务的数据化"和"数据的业务化"的迭代，不断加深对分析课题和数据集的理解。深入理解业务问题和数据集后，你常常会发现很多"你以为的不是你以为的"有趣问题。

4.5.4 数据质量评价与影响分析

在本阶段，有些分析项目中需要给出数据质量评价方法与体系，这些方面有很多既有技术可以参考。

数据质量的研究最早可以追溯到 1992 年，麻省理工学院提出了数据质量管理计划，提出了一系列数据质量主题及解决数据质量问题的方案。数据质量研究主要聚焦在几个分支：数据质量的定义、数据质量的标准与规范、数据质量的评估模型、数据质量的评估方法、数据质量评估的主体与对象。

业界有很多数据质量评价与评估方法体系，如图 4-20 所示，形成了 ISO 25012 和 ISO 25024 数据质量评估标准，以及国内的部分推荐标准，如 GB/T 25000.12—2017 数据质量模型 GB/T 25000.24—2017 数据质量测试、GB/T 36344—2018 数据质量评价指标等。基本从如下 7 个维度评价数据质量。①完整性：评估数据记录是否存在缺失现象；②一致性：评估与同一个实体相关的描述数据是否保持一致；③准确性：评估数据是否符合预先规定的标准；④时效性：评估数据是否符合时间特性；⑤真实性：评估数据是否符合客观事实；⑥唯一性：评估数据记录中是否存在重复；⑦有效性：评估数据格式和数值是否有效。

数据质量的业务影响分析大多采用层次分解的方式，以 Gartner 框架为例，从数据质量指标、业务执行指标、业务经营指标、财务/战略指标等 4 个层，逻辑正确，但层次间的关系需要大量的人工评价，很难客观，代价大。

在有高可信仿真系统的情况下，可采用"数据挖掘+仿真分析"为主的技术驱动方式。以油气输送为例，水力学仿真模型相对可靠，SCADA 数据作为仿真模型中状态变量的边界条件。对于 SCADA 数据异常的处理方法和影响分析，可以采用如图 4-21 所示的技术路线，

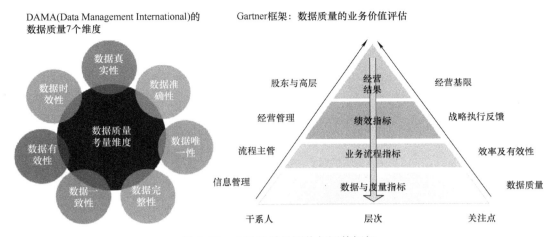

图 4-20 业界的质量评价与评估框架

克服了既有框架依赖于大量主观评价的缺点。分为 5 个层次面，不同测点数据质量对管网状态的影响可以通过仿真引擎计算得到，甚至可以做到"全逻辑空间"的模拟计算。管网状态估算对运行决策（例如，输油计划、开机方案）可以做到部分自动化分析。运行决策对运行指标的影响可以通过机器学习模型（基于历史数据训练）获得。运行指标到业务结果这层有一定的主观性，但仍可以采用 AHP（Analytic Hierarchy Process）等群决策算法，将其变得相对客观。

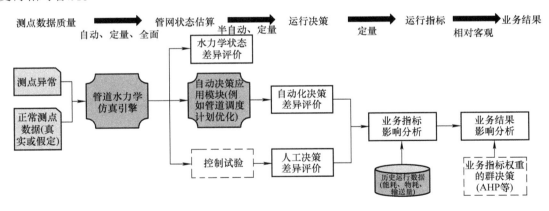

图 4-21 "数据挖掘 + 仿真分析"驱动的数据质量评估方法

在上面的评估中，可以应用很多统计分析和机器学习算法。对于差异分析，可以采用 ANOVA 分析，确定差异是否显著。针对仿真计算量大，可以用离线仿真结果训练深度学习网络模型或其他代理机器学习模型，在线时候可以用代理模型计算，避免大量时空网格上的计算。对于多个测点的组合影响分析，可以离线生成大量样本，采用深度学习拟合方式去估算一组新参数的影响。

基于这样的方式，可以形成一套基于代价与收益的数据治理体系，将变量分为关键变量（重点治理与保障）、提升收益率高的变量（优先治理）、提升收益率低的变量（有精力逐步治理）3 类，让数据治理更有针对性，如图 4-22 所示。

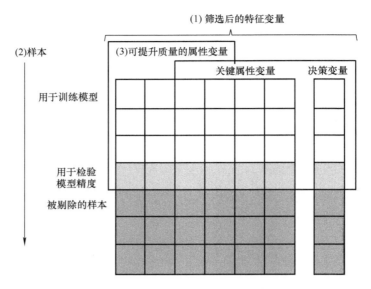

图 4-22　基于代价与收益的测点数据治理

4.6 数据理解阶段的执行策略

上面讨论了数据理解 5 个步骤的探索内容、方法与工具。简单来说，数据理解就是查看样例数据、进行数据合并、数据统计、数据可视化、发现数据问题与规律、提出新探索方向的迭代过程。这个过程需要数据分析师具备业务好奇心（对业务问题和数据现象的探究心，推进业务问题分解与数据理解）、数据敏感度（可以敏锐发现数据中的规律或异常）、技术严谨度（不接受似是而非的解读）和耐心（很多探索线索可能没有实际效果）。

很多方法不是每个步骤专用的，在很多步骤重复用类似的方法。例如，业务概念的层次性是数据描述中的一个重要工作，在数据质量审查中，层次性不一致也是发现数据质量问题的一个重要方法。

4.6.1 执行路径

数据理解的 5 个步骤的工作量浮动很大，因为问题不同、分工不同、数据集不同，需要数据理解的工作项不同。另外，数据理解缺乏客观的度量指标，但无论如何，数据理解是分析中的一个重要工作项，应该预留足够的时间与资源。

在执行上应该有所侧重。数据探索很容易迷失，因为字段一旦赋予了业务含义，就有很多可以探索的地方。在开始阶段，集中在业务概念的理解上，不要在各个表的不一致上放大量精力（这是后续数据质量审查的工作内容）。熟悉了业务概念后，就应该在关键数据的整合上多下功夫，这与后续的分析建模息息相关。在后期的数据理解（甚至在分析建模阶段），就应该把精力从数据转到业务含义，思考数据模型的业务含义。

4.6.2 软件工具

在工具上，推荐采用类似 Jupyter notebook、Markdown 等代码与文档一体化的工具，记录探索路径，方便及时交流与后期整理。在探索线索繁多的情形下，可以用思维导图等工具辅助管理可能的探索组合。表 4-8 列出了常用的 R 语言函数库。

表 4-8 R 语言中的常用函数库

类别	功能	典型的函数包	描述
数据读取	大文件读取	ff、readr、data.table 等包	通过硬盘缓存，支持超过内存的文件对象
	二进制文件	基础包	RData、RDS 是两种常用格式
数据框操作	基本操作	基础包、reshape2、dplyr	基础包数据框的合并、选择、变换、排序、分组统计（aggregate）等操作，以及对于列与行的处理函数；reshape2 提供了数据框变形和重塑功能；dplyr 提供大量数据处理功能。高级用法可以参考文献［4］与［5］。
	统计	基础包、Hmisc、descr、skim 等包	summary、descr 等单字段统计分布函数；table 等多字段交叉分布函数
	自动探索分析	DataExplorer 等 12 个专门包[1]，以及 summarytools 等辅助包	在数据表字段多的时候，这个自动化工具可以帮助分析师快速了解字段的质量状况和数值分布
数据可视化	基础	基础包、ggplot、lattice	灵活利用，可以参考文献［6］与［1］，特别是网络资源[7]
	扩展	corrplot、aplot 等大量扩展包	根据目的网络搜索是最有效的方式
文档	交流沟通	Rmarkdown、Rnotebook、Quarto	代码与文档一体
	定制化文档	officeR、officedown	更多的操作项，生成专业文档

4.6.3 典型的数据处理技巧

最后，给出几个工业数据分析项目的数据理解阶段经常遇到的一些数据框操作问题，仅供大家思考（具体做法可以参阅参考文献［2］）。

1）不同颗粒度的时序合并，例如，将 15min 间隔的环境监测数据合并到秒级的设备状态监测数据上；将最近一次的人工检测结果附加到设备检测数据上。

2）时序数据与时间间隔（time interval）记录的合并，例如，将转轮周期信息（含转轮的起止时间）附加到生产日报数据中。

3）从连续的生产日报记录，需要提取各个事件（例如，清防蜡、修井、停井等）的起止时间，以便后续基于事件的各种分析。

```
library(tidyr)
dfEvent <-dfEvent[order(dfEvent$WELL_NAME, dfEvent$PROD_DATE),]
dfEvent <-dfEvent %>%
  group_by(WELL_ID,WELL_NAME)%>%
  mutate(dayDiff=c(0,diff(PROD_DATE)))

N <-nrow(dfEvent)
bigStep <-(dfEvent$dayDiff>7)  #间隔超过 7 天的事件
subIndex <-bigStep |c(TRUE,dfEvent$WELL_ID[2:N]! =dfEvent$WELL_ID[1:(N-
1)])

dfEventSummary <-dfEvent[subIndex,c("WELL_ID","WELL_NAME","PROD_DATE")]
names(dfEventSummary)[3] <-"START_DATE"


dfEventSummary$END_DATE <-dfEvent$PROD_DATE[sort(union(which(bigStep)-1,
which( c(dfEvent$WELL_ID[2:N]! =dfEvent$WELL_ID[1:(N-1)],TRUE))))]
```

4）多个时序子图共用一个 X 坐标轴？这样可以让图更紧凑。

5）ggplot 热力图的记录行轴如何显示层次聚类信息（R 语言可以参阅 pheatmap、ComplexHeatmap 等包）。

6）图 4-9 的画图语句。锅炉 boiler. csv 包括如图 4-23 所示的 4 个字段，分别为井序号 WELL_ID、转轮周期 CYCLE_SERIAL_NUM、注汽开始日期 STEAM_INJ_START_DATE、注汽结束日期 STEAM_INJ_END_DATE。

WELL_ID	CYCLE_SERIAL_NUM	STEAM_INJ_START_DATE	STEAM_INJ_END_DATE
2COR121x	6	2012-07-23	2012-08-05
kzqO4vXM	6	2012-07-23	2012-08-05
nblyREuB	6	2012-07-23	2012-08-05
BoC0KmOE	6	2012-07-26	2012-08-05
KChLdYVn	6	2012-07-26	2012-08-05
Klk62T0e	6	2012-07-26	2012-08-05
3IIRnzvg	6	2012-08-05	2012-08-15
LBnIVPWL	6	2012-08-05	2012-08-15
YfTel2RJ	6	2012-08-05	2012-08-15

图 4-23　boiler. csv 数据格式

以下是 R 语言代码，可以看出熟练掌握数据分析包的重要性，用简短语句就可以完成很多复杂的图形显示。主要的瓶颈是数据分析师的想象力和软件技巧。

```
library(ggplot2)
dfSel < -read.csv("./boiler.csv")

dfSel < -dfSel[order(dfSel $ STEAM_INJ_START_DATE,dfSel $ STEAM_INJ_END_
DATE,dfSel $ WELL_ID),]
dfSel $ WellIndex < - as.integer(factor(dfSel $ WELL_ID,levels = unique(df-
Sel $ WELL_ID)))

g < -ggplot(dfSel)+geom_rect(color ="black",aes(xmin = STEAM_INJ_START_
DATE,xmax = STEAM_INJ_END_DATE,ymin = WellIndex -0.5,ymax = WellIndex +0.5,fill
 ="#D16103"))+xlab("日期")+ylab("井序号")+guides(fill = FALSE)+scale_y_con-
tinuous(breaks =1:max(dfSel $ WellIndex),labels = unique(dfSel $ WELL_ID))+
ggtitle("锅炉的注汽周期")
+geom_rect(color ="grey",aes(xmin = STEAM_INJ_START_DATE,xmax = STEAM_INJ_END
_DATE,ymin =(-3),ymax =(-1),fill ="grey"))+scale_x_date(date_labels ="% m
月",breaks ="month")

print(g)
```

参 考 文 献

[1] 张楠．基于示功图分析的抽油机故障诊断系统［D］．大连：大连理工大学，2009．
[2] 田春华．工业大数据分析算法实战［M］．北京：机械工业出版社，2022．
[3] 马克斯·库恩，谢尔·约翰逊．应用预测建模［M］．林荟，邱怡轩，马恩驰，等译．北京：机械工业出版社，2016．
[4] 哈德利·威克汉姆．高级R语言编程指南［M］．潘文捷，许金炜，李洪成，译．北京：机械工业出版社，2016．
[5] 张丹．R的极客理想：高级开发篇［M］．北京：机械工业出版社，2015．
[6] 张杰．R语言数据可视化之美：专业图表绘制指南［M］．北京：电子工业出版社，2019．
[7] YAN H．The R Graph Gallery［EB/OL］．https：//r-graph-gallery.com/index.html．

第5章

数据准备

"数据准备"是 CRISP – DM 过程方法的第三步,它是在第二步"数据理解"的基础上,对数据进行清洗、转换、聚合、汇总等操作,为第四步"模型建立"奠定数据基础。数据准备与数据理解通常存在多轮迭代,数据准备过程通常能发现新的数据质量问题或新的数据场景,反过来补充数据理解。在不少分析项目中,这两个阶段是合并在一起做的。特别对于非监督学习的场景,处理算法与数据理解是揉在一起的。例如,抽油机基准功图提取的基本逻辑是在修井、措施或清防蜡后,从稳定阶段的前几天功图中提取一个有代表性的功图,这里的"稳定阶段""代表性的功图"等自然语言描述的业务概念仍然很模糊,做一定的数据处理后(严格意义上,属于"数据准备"阶段),才能有更深入的数据理解。

"数据准备"的整体过程如图 5-1 所示,包括 4 个步骤。数据流设计基于数据源清单,

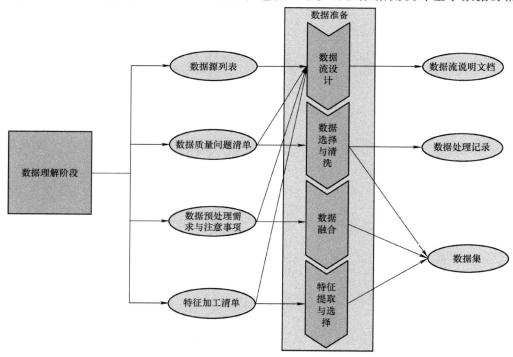

图 5-1 "数据准备"阶段的工作流程

将数据分析模型的处理过程分解清楚,让模型建立环节更有序,降低从研发到部署的二次开发工作量,另外也指导部署阶段的运行环境选择和运行状态监控控制设计。其余3个步骤,依次是数据选择与清洗、数据融合、特征提取与选择。

"数据准备"阶段的主要工作内容见表5-1。

表 5-1 "数据准备"阶段的工作内容概览

目的	形成可信的数据处理逻辑,为模型建立提供数据基础
完成标准	设计完善的数据流(包括对应的数据表) 完成所有的已知数据质量清洗工作,马上就可以进行模型建立工作 定性标准:数据分析师具备了从业务解读数据的能力,也具备根据业务需求找到对应数据片段的能力
内容维度	数据源(IT上下文)、数据集、数据字段、领域概念、统计分布、数据质量
典型活动	数据流设计 数据处理 数据质量问题记录与确认
方法	分析数据流设计方法 特征提取套路
交付物	数据流说明文档 数据处理逻辑说明 数据集(处理后供模型建立的)

5.1 数据流设计

在传统的数据建模阶段,数据分析师不需要考虑运行时的结构和运行性能,造成部署时很多预处理代码需要重新开发,这也是MLOps提出的初衷之一。这里借鉴了MLOps思想,在数据准备阶段就将数据模型和数据加工流转路线描述清楚,这样在模型部署时不用重新做工作。

数据仓库是机器学习算法流行之前对数据的一种深度应用。在数据建模上有成熟的方法与思路。不少工业大数据分析属于数据仓库类型的课题,因此,在讨论工业大数据之前,先回顾一下数据仓库的做法与思路。

5.1.1 数据仓库建模

数据仓库是从数据库衍生出来的,最早借鉴数据库的范式建模,后来逐渐提出维度建模、Data Vault模型、Anchor模型等。目前主流还是维度建模,夹杂着部分范式建模。维度建模数据结构相对E-R模型来说,更为清晰简洁,查询时连表操作相对较少,可以及时响应大量且复杂的查询操作,提升业务分析速度,快速支持业务决策。但是数据存在大量冗余,属于以存储空间换取查询速度与灵活性的套路。

维度建模是 Ralph Kimball 提出的,以分析决策的需求出发构建模型,通过事实表和维度表两个方面进行数据建模。维度模型用于描述业务维度,事实模型用于描述业务过程中的度量。

建模时通常会选择最细粒度的业务过程数据作为事实表,如订单事实表会选订单明细表作为基础事实表,维度通常指业务过程发生时所处的环境,何人(Who)、何地(Where)、何时(When)、何种东西(What)、何种方法(How),做了哪些事情。维度分解可以用 5W2H 方法(5W 表示 Why、What、Where、When、Who,2H 代表 How、How much)。

在数据组织上,数据仓库领域有 ODS - DWD - DWM - DWS - ADS 5 层(或其中的 3 层、4 层)的提法。①ODS(Operational Data Store,操作存储数据层):最接近数据源中数据的一层,考虑后续可能需要追溯数据问题,这一层就不建议做过多的数据清洗工作,原封不动地接入原始数据即可;②DWD(Date Warehouse Detail,数据明细层):将 ODS 数据按照主题建立各种数据模型。这一层主要是保证数据的质量和完整,方便后续层中特征分析;③DWM(Date Warehouse Middle,数据中间层):将 DWD 数据做轻度的聚合操作,生成一系列的中间表,通过公共指标的复用,减少重复加工;④DWS(Date Warehouse Service,数据服务聚合层):对 DWM 数据进行轻度汇总(求和、计数、平均等),粒度比明细数据稍粗,是某一个主题域的服务数据,一般称为宽表;⑤ADS(Application Data Service,应用数据服务):提供给数据产品和数据分析的数据,一般存放在 ES(ElasticSearch)、PostgreSQL、Redis 等系统中供线上系统使用,也可能会存放在 Hive 或者 Druid 中供数据分析和数据挖掘使用。另外,也有 DIM(Dimension,维表层)的提法,将商务智能(Business Intelligence,BI)分析维度明确整理出来,明确可以从哪些角度分析数据。

在 BI 应用开发中,不同的企业不同的业务类型服务不同的用户,没有定论说分 3、4 层还是 5 层。对于稳定业务,一般按照标准的数据流向进行开发(ODS - DWD - DWM - DWS - ADS)。对于非稳定业务、探索性需求或者使用频度低的需求,可以灵活跳过若干中间层次,例如,采用 ODS - DWD - ADS 3 层结构,或者 ODS - DWD - DWS - ADS 4 层结构。但尽量避免出现跨层访问。禁止出现反向依赖,例如,DWM 的表依赖 DWS 的表。

5.1.2 领域模型驱动的工业数据组织方法

数据建模的目的是更好地组织、存储数据,以便数据服务在性能、成本、效率和可扩展性之间找到最佳平衡点。在经典数据仓库领域,通常以梳理事实表、维度表为中心,将商务智能分析中可能组合维度枚举出来。但在工业大数据分析中,数据模型需要解决的问题不仅仅是规整化、敏捷化,还包括大数据量、实时数据下的性能问题,以及面向特定分析算法的数据模型。在规整化和敏捷化上,工业中数据的关系除了数据仓库中的实体关联关系,还有很多概念层次、机理关系和时空关联,这些关联很难提前穷举,工业数据分析和经典数据仓库有显著差异。

除了数仓的维度,工业数据分析课题中通常通过以工业对象(例如,风电机组)或工业过程(例如,一支钢轨的轧制过程)为中心进行关联。在业务概念上,领域模型(业务理解阶段)可以比较好地刻画不同数据间的关系。

但在加工过程上,工业领域模型加工可以借鉴数据仓库(ODS - DWD - DWM - DWS -

ADS）分层的思路，把原始数据提取或清洗整理后的数据、聚合或特征提取后的宽表数据、应用决策交互中的数据分开，以支持数据处理分工与数据结果重用。

数据仓库的分层建模思想对于工业数据分析也是适用的。分层是在解决当下数据分析课题的前提下，为未来抽象出共性的框架，支撑其他业务。在技术上，分层可以让数据结构更清晰，支撑数据血缘追踪，减少重复开发，使得数据关系更加条理化。

如果单从一个数据分析课题的角度看，数据组织可以直接按照数据流中的加工层次来组织，主要考虑数据存储容量、更新频度、计算时间和未来的可扩展性。在数据层次的命名上，可以借用数据仓库的 ODS - DWD - DWM - DWS - ADS 的部分或全部层次（依赖于问题的复杂度）。实际应用中，不应该过度分层。分层带来更好的语义层抽象和数据复用，但也增加了数据处理任务间依赖的复杂度，增加了数据质量传播风险。另外，不是所有处理结果都需要存下来，例如，如果采用 GNN 算法做功图诊断，为此需要构建功图点间的邻近关系，这个图状数据只是作为 GNN 的输入，其他模型不需要，所以，图结构数据无需存下来。

但对于多个分析课题和企业角度视角，我们并不建议按照加工层次（称为一次数据、二次数据、三次数据等）来组织数据，因为数据加工层次是从单个分析课题的角度来看，很难在组织全局统一。一个分析课题的最终结果，对于另外一个课题来说可能是数据源。例如，工况识别课题输出的工况事件（事件类型、起止时间等）数据表是很多故障诊断的原始输入数据。

企业的数据组织，除了简要区分原始数据、清洗后数据和加工数据等加工层次，更多按照业务领域、技术领域等维度来组织，这样业务用户更容易从自己专业的角度去查找，而不是数据加工层次。典型的可重用数据包括事件库（工况记录、异常记录、故障录波、操作日志等）、参考数据库（特性曲线库、案例库、外部市场数据库）、检测数据库等。但数据作为重用资产，应该富有明确的数据含义描述、数据质量指标、数据的来源与核心加工逻辑、数据应用场合和限制条件等。

以风电制造商为例，其原始数据见表 5-2，覆盖了研发、制造、建设、运维等业务领域。这些数据需要做一些统一的清洗和规范化，以方便分析应用的大规模应用。例如，秒级状态监测数据，不同风电机组或同一风电机组不同时期的数据模型（data schema）可能不同，需要做数据模型统一。同一风机型号定义一个统一的模型，方便列式存储，多余的字段（没有规律）采用对象存储。风电机组 Log 数据需要时间对齐（原始的时间戳是 PLC 本地时钟，与 SCADA 全局时钟存在错位），并且格式化，方便快速访问。

表 5-2 风电制造商的原始数据

业务领域	名称	描述
风机研发与设计	机组设计 BOM 数据	部件结构、部件型号与供应商，来源于 PLM、ERP 系统
	设计仿真数据	不同专业（载荷、结构、可靠性、控制性能、风资源）
	研发实验数据	不同专业（载荷、结构、可靠性、控制性能、风资源）
风机制造	风机制造 BOM 数据	
	部件检测数据	
	整机检测数据	

(续)

业务领域	名称	描述
风场选址与设计	地形勘测数据	二进制格式,包括无人机的原始数据、反演后地形数据
	风资源数据	测风塔 2~3 年数据
	气象数据	气象专有的二进制格式
	风机的选址	结构化数据,很小
	扇区设计	
风场建设	风机建造记录	
	施工工程数据	
	施工监理数据	
	验收文档信息	
运行	状态监测	秒级数据,不同型号、不同时期的数据模型不同,调试期间和试验机型的测点会很多;大部分实时在线传输,但少量通过离线复制
	新型传感器监测数据	二进制,如激光测速雷达、视频、音频
	状态检测(CMS)	二进制,检测期间的高频测量,测点类型不固定
	检测数据	例如,油品检测;不定期,只有在故障或需要的时间进行
	机台 log 数据	文本文件,如故障录波数据(20ms)、动作日志文件
	实验数据	与试验目的相关
运维	运维工单	关系数据库数据
	部件更换记录	运维工单
	技改项目信息	格式不统一,需要额外整理
参考数据	故障树	故障类型、故障原因、排查措施
	故障处置规程	以故障代码为中心
	故障案例手册	故障的详细描述
	风场信息	风场组织结构、建设信息

在这些原始数据基础上,进一步规划出共性的基础数据和分析数据,见表 5-3。

表 5-3 风电制造商的可重用的数据(部分)

类别	数据	描述
基础数据	风机的全生命周期档案	整合 BOM、运维档案、运行状态类型、运行状态、故障记录、维修措施、实验记录
	气象数据	按照专业气象数据组织,包括宏观气象和微观气象数据
	风资源数据	按照风机、测风塔组织
	地形数据	按照风场组织
	风场运行数据	按照公司、区域、风场组织
分析数据	风功率曲线	按照风机、时段进行加工,可能有不同目的(合同考核、研发等)多种风功率曲线
	风机的运行日志	按照风机、风机状态类型(停机、待机、故障等)
	风况数据	按照风机组织

在讨论数据重用的同时，也要注意到专业领域需求差异的细节。以风功率曲线为例，理想情形下，风机制造企业有一套统一的风功率曲线计算结果数据，但现实中没有实现统一。除了业务团队的惯性、意识等主观原因之外，更重要的原因是每个业务领域的关注点或处理逻辑的差异。风偏差的时段是主控团队感兴趣的地方，而风功率符合性计算要把这些点滤掉，商务团队更关注合同功率曲线，但不同风场的合同条款不同，无法形成形式化的数据进入系统。

最后，需要注意在工业大数据分析推进中，重用方式除了数据集，还有数据查询服务（例如，天气预报信息）或数据计算服务（例如，风电10min数据加工）。只有多次重用需求或则数据计算耗时，才有数据分层建模的必要性。

5.1.3 工业数据分析的数据流图

数据加工流图可以采用普通流程图的形式来表达，把数据加工任务与数据表表达清楚。把分析模型与业务应用的数据界面描述清楚。如果有需要，另附一个表格说明数据加工任务的运行频度、环境和性能估算。

对于一个具体的分析课题，可以采用"反向推演"与"正向推导"结合的方式，如图5-2所示。"反向推演"指的是从最终的分析算法开始，分析它对应的数据模型。然后看这些变量如何加工而来。

1）首先，构建最后分析算法的"宽表"逻辑组织方式，包括物理对象标识颗粒度、特征量和目标量，这几个方面构成了一张宽表。

2）其次，针对每个特征量组（维度）和目标量，采用"反向推演"的方式，从特征量提取、关联与聚合的角度描述其加工逻辑，从后向前不断推演，直到分解到原始数据。

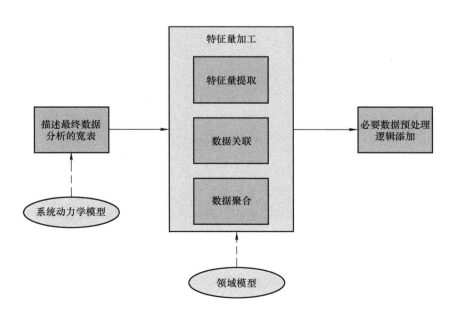

图5-2 以最终的机器学习模型数据表为中心进行分析

3）再次，采用"正向推导"的方式，添加必要的数据预处理逻辑，将整个流程合并

4）最后，从数据量、运行频度的角度，将数据处理逻辑分解或合并为数据处理任务。

最后说明一下，本节以业务逻辑或处理逻辑为中心，暂不考虑物理存储逻辑。例如，原始数据或整合后的数据，如果数据量大，需要采用大数据平台技术。再如，机器学习模型用的"宽表"在物理上可以"长表"存储，特别考虑特征变量的未来扩展。

5.1.4 分析数据流图示例

下面以两个示例对上节的数据流图设计方法进行展示。

示例1：抽油井功图诊断

抽油井功图的最终目标是根据各种特征，对抽油井的工况做分类。分类模型所需的宽表结构如图5-3所示，从分析模型应用的角度，每日每口井做一次工况预测，因此宽表中每口井、每日都有一条记录。特征变量有如图5-3所示的4大类：①井类别（例如，井型、抽油机型号等）等静态特征变量；②措施/清防蜡等不定期特征（例如，当前记录距离最新一次清防蜡的天数、最近一次措施的类型等），更新频度为1~6月不等；③产液量等日级特征；④自动功图及其衍生的产液量趋势、系统效率特征等，更新周期为1~3h不等。

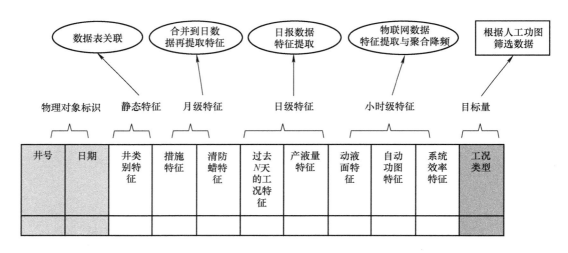

图5-3 工况研判的最终宽表结构

基于这些特征，下面就是分解这些特征变量的加工过程。比较好的一点是，措施、清防蜡、产液量、自动功图等数据都是以单井组织的，唯一的不同是时间颗粒度不同。所以，下面就是将不同时间颗粒度转化到日颗粒度上来，例如，将措施、清防蜡合并到日宽表中，如图5-4所示。

接下来，就是思考转化过程可能的数据质量问题，为此添加一些质量预处理模块（例如，自动功图的异常过滤），外加一些决策交互数据。这样，就把功图诊断的数据加工逻辑整理成如图5-5所示流程图，方框是主要的数据加工任务，椭圆是数据表，箭头表示了输入、输出关系。

本示例中主要考虑是数据的更新频度和数据量。日产量和日状态量是日更新的，措施、人工功图、清防蜡等记录的更新频度是1~3个月且不定期，实时功图的更新周期是1~3个

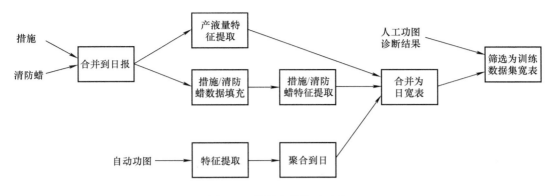

图 5-4　特征变量构建过程

小时。对于功图诊断分析模型来说,最终是构建一个产液量、电流、措施等特征量与工况类型的宽表,因此,首先将不同频度(例如,自动功图采集周期为 30min 不等)的数据处理合并为日频度的宽表数据,功图数据数据量大且数据质量问题突出,经过预处理、特征提取后再与日数据进行合并。

从这个示例可以看出,一个看似简单的分析逻辑分解到数据流(计算逻辑)后通常比较复杂,因此,数据流设计应尽量简单,否则部署后的异常排查工作量大。在数据流设计时,不要为了追求逻辑上的完美而过度分层,不要追求复用而过早规划出一堆没有业务需求的"数据资源"。数据流设计可以采用迭代优化思想,在当前可以预计到复用的范畴下进行设计。在数据应用的试用过程中,根据不断涌现的新需求进行迭代更新。在技术路线上,应该保持与技术社区的接口。本节虽然多次提到领域模型,但并不意味着所有数据访问都以对象模型的方式,还是应该尽量利用既有的数据访问或建模资产。例如,对于多个关系数据表的关联组合,利用既有 SQL 语句等方式,而不是从头开发。

示例 2:基于专家规则的汽轮机机械故障诊断

"汽轮机机械"转子热弯曲"研判有 3 条规则:规则①如果振动通频值大,则设备存在"转子热弯曲"故障;规则②如果启停机时同转速下通频值差值较大,则设备存在"转子热弯曲"故障;规则③如果启停机时同转速下工频值差值较大,则设备存在"转子热弯曲"故障。"

从振动量原始数值,加工出如下 3 类一次特征量:

1)通频值、工频值等频域特征,通常以若干秒的间隔提供。

2)工况特征,根据设备的设计逻辑,基于设备转速等重要状态数据,进行工况切片(如启机、停机、稳态运行、调负荷、故障停机等)。

3)转速分仓特征,为了方便频率特征的比对。

基于一次特征,可以加工 3 个二次特征量,包括:

1)每次启停机工况,各个转速分仓的通频值的均值。

2)每次启停机工况,各个转速分仓的工频值的均值。

3)正常运行下,通频值的基准值(可以以黑箱模型的形式体现)。

除了这些特征量,"转子热弯曲"规则的征兆表达需要用到以下几个通用算子(即数据

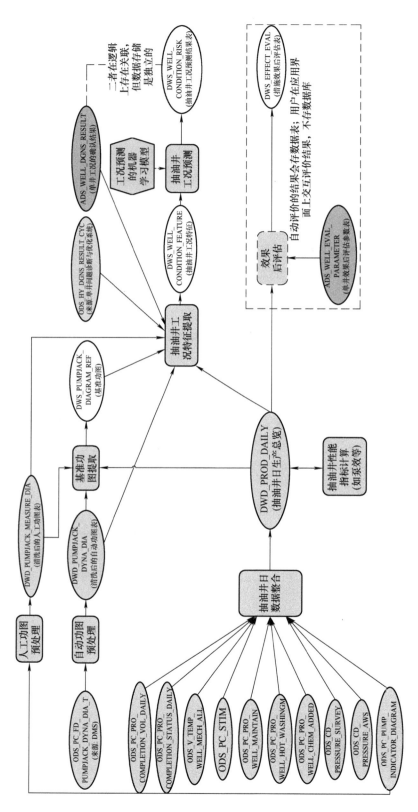

图 5-5 分析任务的逻辑流图

加工算法）。

1）两个向量差别过大：输入为最近一次启机转速分仓的通频值均值的向量、最近一次停机转速分仓的通频值均值的向量。

2）残差存在显著偏移：输入为实测的通频值（或工频值）与基准值。

整个计算逻辑如图5-6所示（转子热弯曲研判规则中的第2条规则与3条规则类似，为了页面整洁，这里只显示了第1条规则与第2条规则）。

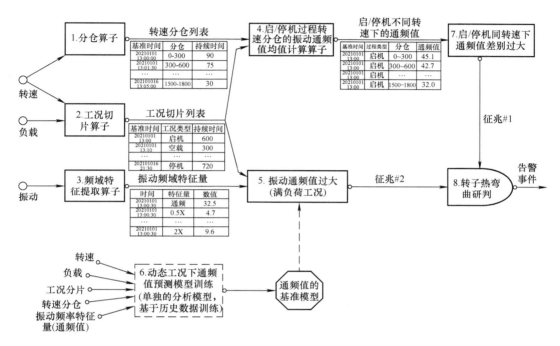

图5-6 研判模型中算子间的逻辑关系图

不同算子的执行周期显著不同，如图5-7所示，因此，算子将分布在不同的分析模型中，算子之间的依赖体现为数据依赖。举例来说，一次启停机后，"启停机时同转速下通频值大"征兆计算结果可以存在一个扩展变量上，"转子热弯曲"计算时候直接取最近一次（当然需要判断"最近一次"的有效性，例如，如果最近一次的征兆结果是3年前的，研判时候可以认为是无效数据）征兆变量的结果，而不是临时触发并等待征兆算子的计算，因此，虽然启停机的频度可能比较低，"转子热弯曲"各个分析任务的运行频度可以较高。

本示例展示了如何根据运行频度（有时候降频为了压缩数据量）、依赖关系、计算性能等因素，对一个分析课题的既有的数据处理函数进行重组。对于定时运行的任务，还需要确定运行周期、每次运行时输入数据的相对时间范围。

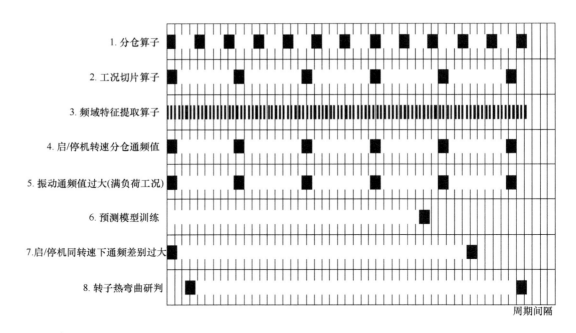

图 5-7 不同算子的运行周期

5.2 数据选择与清洗

数据选择指的是确定用于模型建立数据的业务对象（例如，风电场）、时空范围。因为系统建设年度不同，不同数据集的开始时间不同，不同业务对象数据的完备度不同（详细讨论请见 4.2.2 节）。在模型建立时通常选择数据完备且一致的时段或业务对象。

数据清洗的工作包括：

1）变量数值清洗：缺失值填补、变换（如归一化）、降维、降频。缺失值填补有很多不同的策略，对于有顺序关系的记录，采用前后插值方法；对于没有顺序的记录，可以用众值/中值/均值替换；也可以建立一个机器学习模型（其他列作为预测变量，当前列作为目标变量）去填补；对于类别变量，甚至可以将缺失值作为单独的一类。

2）降低噪声：采用时序滤波、多传感器融合、基于模型结构的滤波（例如，卡尔曼滤波、模型调和）。

3）数据聚合中异常记录的处理。把处理过程以文档形式记录下来，及时与业务部门沟通，让业务用户意识到数据质量存在问题和对分析模型结果的影响，这样后续部署环节中的用户测试会更加顺畅。

5.3 数据融合

数据融合主要包括：①多数据源的关联；②数据聚合，从多行提取统计特征（例如，均值、趋势等）；③新列生成，从既有列生成新列。

数据分析的基础是把一个问题的相关维度关联起来。例如，在设备故障诊断中，需要把设备静态信息、运维记录、状态监测数据、定期检测数据、环境信息等多个维度关联起来，为故障诊断决策提供全面的信息。

在很多场景中，关联关系是现成的或很简单。但在很多生产制造过程中，因为连续生产或者没有物料跟踪，这样的关联变得很挑战。常见的数据关联可分为表 5-4 所示的 4 种关联类型。

表 5-4 典型的数据关联类型

数据关联类型	示 例
主键关联	根据对象编号（例如，物料、工单等）关联，例如，OLED 跟踪（需要解决多次切割后的层次对应关系）、总装跟踪（解决组合的问题）
时间范围（Time Interval）关联	一个转轮周期（起止日期）关联抽油井生产日报，用于汇总不同转轮周期的生产状态
基于时空的模糊关联	两个并行灌装线生产的产品，进入同一个称重台，灌装与称重都没有物料 ID，只能根据序进行概率匹配（大概率先灌先称） 化工中最终产品与不同工艺环节的时滞不同，只有把对应时间段对应起来，工艺参数优化才有意义 工程车辆轨迹与地点属性、天气信息的关联
基于模式关联	轨梁生产中需要将最终的断面尺寸检测结果与生产道次状态时序关联起来，生产道次状态是独立等频度采集的（不管有没有轨梁在轧制中），需要从中抽取轨梁轧制过程数据，并对应到最终检测结果

在数据关联前后，需要检查关联前后的数据框（Data Frame）大小，通常会出现与期望不一样的行为，原因多样：①很多用于关联的主键编码不正确；②不同数据集覆盖的业务对象和时空范围不同，合并之后样本量会变得更少。

数据框的变形，需要在宽表和长表间切换。长表适合聚合统计，宽表更适合机器学习算法的输入。例如，在很多时序分析中，需要计算过去一段时间（滑动窗口）内各个状态量的平均值，在加工时采用长表方便循环，等加工结束后需要切换到机器学习算法常用的宽表。

分析软件通常提供了大量的数据融合的函数。例如，R 语言中，除了基础包的 aggregate、merge 等函数，有 reshape2、dplyr 等函数包。

5.4 特征提取与选择

"数据和特征决定了机器学习的上限，模型和算法只是逼近这个上限而已"。特征工程融合了专业领域知识、直觉和基本数学能力。在经典数据分析中，特征提取通常花费 60%的时间，特征库或自动特征工程等手段将大大提升数据分析效率。深度学习在一定程度上避免人工加工特征，很适合天然具有某种结构的数据（例如，图像、时间序列），例如，CNN 通过多个层次的卷积操作，抽取不同时空粒度上的特征，并通过池化（Pooling）运算保证位移不变性；在使用 RNN 算法提取序列模式特征时，通过状态和门限函数等机制保证变换的局部性，以提取典型时序模式。

5.4.1 特征的来源

1. 根据数据类型和数据模型提取特征

数值、文本、时序、图像等不同数据类型有常用的特征量，在《工业大数据分析算法实战》一书第 2.5 节中有详细介绍。连续变量的离散化（单变量分仓、多变量聚类）也是常见的技巧，避免机器学习算法在细枝末节上的迭代。在变量降维上，除了传统的 PCA、ICA 等方式，深度学习的编码—解码（见图 5-8）也是最近常用的方法。

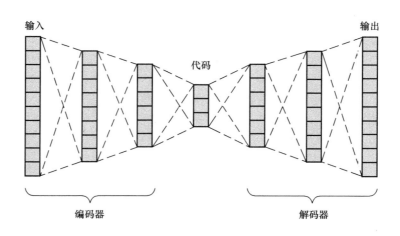

图 5-8　基于编码器—解码器的特征提取

在二分类问题上，对于枚举量，可以用该枚举值的正样本比例作为该枚举量的编码值（英文中称为 Mean Encoding）。例如，城市类别为 Moscow 的记录数是 5 条，正样本是 2 条，Mean Encoding 为 0.4。这样做等同于告诉分类器类别变量的先验概率分布，为分类器提供了一个很好的初始点。

	feature	feature_label	feature_mean	target
0	Moscow	1	0.4	0
1	Moscow	1	0.4	1
2	Moscow	1	0.4	1
3	Moscow	1	0.4	0
4	Moscow	1	0.4	0
5	Tver	2	0.8	0
6	Tver	2	0.8	1
7	Tver	2	0.8	1
8	Tver	2	0.8	1

如果两个类别变量经常被决策树等模型选择，可以尝试把两个类别变量的交叉项提取为一个特征变量，这样机器学习算法就不用在明确的特征交互项上花费精力。

针对多个关系数据表，Python 下的 FeatureTools 包根据表间的基数关系，可以自动抽取组织特征。例如，一部影片有多名演员，一名演员参演过多部影片（这样影片有对应的票房），通过这些基数关系，以某部新电影为目标，可以提取"该影片所有演员最好/平均/最差票房的最大/平均/最小值"等特征组合（至于哪个特征显著，交给特征选择过程）。

2. 根据领域机理

根据"业务理解"阶段的系统动力学图的驱动关系，提取特征。例如，根据磨煤机的系统动力学模型，建立正常情形下进出口压差的拟合模型，实际压差与进出口压差的偏差是否超限是一个很好的特征量。在设备故障诊断课题中，守恒关系或设备特征曲线（如阀门的流量—压差—开度曲线）符合度也是常见的特征变量。这在"业务理解"阶段有所介绍。

很多时候，因变量无法作为特征，这时候可以从相关量或被影响量的变化上提取特征。例如，齿形带断裂的驱动因素是载荷疲劳，通过齿形带的累计工作时间、工作强度等变量表征，但生产数据库没有齿形带的更换记录，这样累积量特征无法进行。这时候可以转而思考齿形带断裂后可能引起的现象（例如，三个变桨过程的一致性降低、变桨过程的振动偏大、电机温度偏高），以及这些现象在什么情形下显著（例如，风湍流强度大的时候会做频繁变桨，这时候症状更明显）。这样就针对性的提取特征以及选择数据片段。

另外，在工业应用中，有不少分析问题需要考虑多个变量间的交互，例如，多个变量的简单代数运算（四则运算、开方、平方、指数、对数等）。而这些可能的交互方式由先验知识提供。通过上下文无关语法树（Context - Free Grammars，CFG）描述可能的组合关系，采用遗传算法进行语法树的推导和演化。R语言里面有gramEvol包，提供了语法树的定义方法，以及根据语法树生成表达式的能力，还提供了每个表达式适应度评价函数的接口，这样就实现了基于语法演化（Grammatical Evolution，GE）的特征提取与选择。

5.4.2 特征提取的推进思路

特征提取的推进策略一般是敏捷（速度优先、多次迭代）、工程化与严谨性并重。在第一轮建模时候，特征提取的速度非常重要，知道可行方向（即哪个特征变量重要）后再重点投入精力细化。在特征提取时，一定要主要注意边界条件，避免跨不同对象、不同周期提取特征。

在严格意义上，提取一个领域特征需要关注很多细节，简单的均值、方差等特征都不能完整表达一个领域现象，但多个特征组合起来可能可以刻画一种现象。例如，在功图诊断中，"供液不足"时功图形状类似"刀把型"，"气体影响"时右下角呈圆弧形，"双凡尔漏"下近似椭圆形。第一轮机器学习建模中，采用了按照位移切片加工特征，如图5-9所示，将功图分为5个切片，每个切片具备均值、方差、载荷差、面积等6个特征。从直觉上看，这些特征不能严谨表达这些典型形态。

但测试数据表明：利用这些特征可以做到92%以上的分类准确度，说明了这些特征可以充分刻画这些功图形态。背后的启发式规则见表5-5，刀把型第4、5个切片载荷的均值偏高，方差很小。虽然从理论上，这些特征不能充分表示给定的形态，但这些特征足够把这些给定的有限形状区分开来，对于工程应用来说这就足够了。在后期需要进一步提升准确度时，再进一步细化加工特定形态的特征算法。

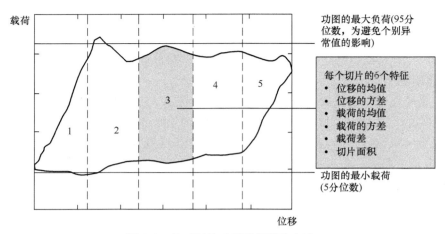

图 5-9 基于切片功图特征提取方法

表 5-5 典型功图形状的特征表现

	第 4 个切片载荷均值	第 4 个切片载荷方差	第 5 个切片载荷均值	第 5 个切片载荷方差
刀把	高	低	高	低
椭圆	中	中	中	低
右下角圆弧	高	中	高	低

在实际的数据分析中，不连续是特征提取的最大挑战。一方面来自于统计颗粒度的边界，例如，加工抽油井在一个转轮周期内每 3 日的平均产液量时，滑动窗口要注意是否跨越到另外一个转轮周期、其他抽油井等边界条件。另外，也来自数据记录的不连续或数据缺失，例如，加工 3 日平均产液量时，可能遇到关井、产液量缺失等情形。在预处理程序开发时，在重要处理后，通常会查看结果的维度（行与列），选 2～3 个边界处重点查看，同时也会手工检验结果的正确性。加工过程中出现的异常，通常也会丰富数据质量审查工作。有时候数据质量看似低，但分析建模仍然可行，主要原因是：只要真的存在规律，并且数据准备时已经把主要因素体现到特征变量，分析模型在统计意义上是成立的。正如 "Theory is when one knows everything but nothing works. Practice is when everything works but nobody knows why."所言，机理或理论指引方向，留给工程实践去检验。

随着数据理解的加深，特征提取工作中会涌现很多新的想法，也有很多暂时不显著的特征变量（有可能因为处理不到位）。为了让工作更有效，可以借助思维导图等文档形式记录下来。另外，引用一些特征算法库可以大大加速特征提取过程，例如，通用的时序特征提取算法包括 FATS、CESIUM、TSFRESH、HCTSA、TSFEL 等。《工业大数据分析算法实战》一书[1]的第 6 章对此进行了详细讨论，这里不再重复。

5.5 数据资源化：数据分析师的视角

在一些大规模的数字化项目，通常会涉及到数据资源化问题，即把原始和中间加工的数据有序组织，将数据变成可用的资源。数据中台、数据湖等技术理念也强调了数据资源化的重要性，但一直缺乏可实操的内容参考框架，主要有以下 3 个方面原因：①数据基础的差异性：有的企业已经建设了大数据平台，实现了全量原始数据的汇集，但有的企业刚刚开始；②应用范围不同：有的企业聚焦到少数几个领域，有的覆盖全业务领域；③行业差异性：以生产领域为例，工作岛制造、流水线、流程制造等生产模式的数据关联、分析需求都不同。

我们也探索过 3~4 层数据资源化的概念，但发现距离行业项目实操还有很大距离。所以这里仅仅从过程方法的角度，将数据资源化总结为如表 5-6 所示的 5 步，简称 SMART 过程方法（取每个步骤英文单词的首字母）。

表 5-6 数据资源化的 SMART 过程方法

步骤		人员	主要的挑战	实施方法
应用场景梳理 （Scenario planning）	1.1 业务范围理解	业务分析师	行业背景知识的掌握有限	典型的工业场景及行业访谈模板
	1.2 数据应用场景梳理	业务分析师	行业背景知识的掌握有限	针对典型行业的模板（如 ISA95）
数据资源模型设计 （data resource Modeling）	2.1 数据盘点	数据工程师	IT 系统繁杂，很难有完整的信息	工业数据盘点规范
	2.2 业务语义模型的层次化设计	数据库专家	不同领域间缺乏共同的交流语言 很难穷尽所有的需求 数据资源容易失控（有太多的表）	典型行业的 MetaModel 案例 多次资源的方法 增量式建模方法
	2.3 技术可行性评估	数据库专家 业务分析师 企业的业务专家	需要考虑的因素多	指导原则（有经验的专家）
数据系统架构设计 （data system Architecturing）	系统架构	架构师	需要考虑的技术因素很多	系统架构设计方法
	接入方案	数据工程师	接入协议的多样性 源系统对接入性能的限制	无
	存储方案	数据库专家	需要考虑的技术因素很多	大数据的存储优化方案与经验
	数据加工任务方案	数据工程师	任务分解需要到合适的颗粒度，太多容易乱，太少不够灵活	案例库
数据系统实施 （Realization）	数据系统部署	系统实施工程师 数据工程师	不同硬件平台的适配性 网络环境的限制	大数据平台部署测试方法
	数据加工模型开发	数据分析师	模型的强壮型	模型案例库 算子库
	数据应用开发	应用开发工程师	开发的敏捷性	无
	系统测试	测试	性能测试很难覆盖所有场景	大数据平台和工业互联网测试模版

（续）

步骤		人员	主要的挑战	实施方法
数据系统运维能力转移（data platform operation Transfer）	运维机制设计	架构师	数据管控很难落地 数据资源重用通常是个问题（每个人都加工自己的数据资源，很少重用）	DataOps 方法
	运维培训	系统实施工程师	技能的差异	培训资料
	数据加工能力培训	数据分析师	技能的差异 数据资源重用通常是个问题（每个人都加工自己的数据资源，很少重用）	培训资料

参 考 文 献

[1] 田春华. 工业大数据分析算法实战 [M]. 北京：机械工业出版社，2022.
[2] ZHENG A. 精通特征工程 [M]. 陈光欣，译. 北京：人民邮电出版社，2019.
[3] MOHAMMAD S. Rare Feature Engineering Techniques for Machine Learning Competitions [EB/OL]. https：//shaz13. medium. com/rare – feature – engineering – techniques – for – machine – learning – competitions – de36c7bb418f.
[4] CARLENS H. State of Competitive Machine Learning in 2022 [EB/OL]. https：//mlcontests. com/state – of – competitive – machine – learning – 2022.

第6章

模 型 建 立

模型建立是分析建模的核心环节,但由于大量算法包的支持,模型建立通常不是分析课题的瓶颈。按照机器学习建模的步骤,本阶段包括如图 6-1 所示的 4 项活动。首先是确定评价机制,对于回归或分类问题,评价机制包括评价方法(即训练/测试数据划分方法)和评价指标。对于非监督学习或专家规则,业务上通常也可以给出一些参考指标(例如,报警率的合理范围)。对于运筹优化模型,包括给定问题规模下的求解时间,预期的业务指标提

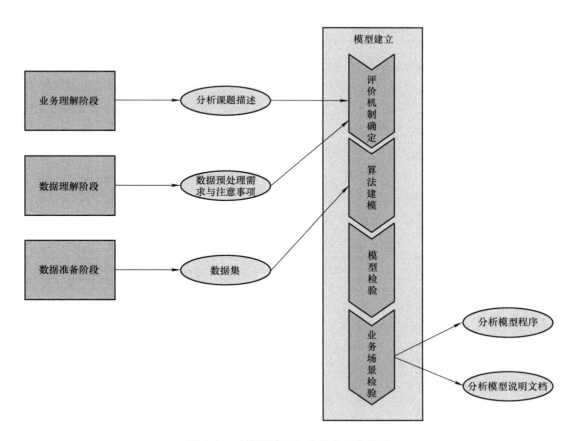

图 6-1 "模型建立"阶段的工作流程

升率（例如，中间库存降低率）。在此基础上是算法建模，基于数据准备阶段处理后的数据集，进行算法选择与调优工作。然后是模型的检验。数据分析师也要从业务场景角度进行检验，确保"业务理解"阶段的业务用例都能被很好地覆盖。

主要的工作内容见表6-1。

表6-1 "模型建立"阶段的工作内容概览

目的	建立可信可靠的模型，并明确模型的适用范围
完成标准	按照技术规范，完整完成分析建模和检验工作 定性度量：数据分析师了解模型为什么生效的原因，对模型的适用范围有明确的概念，对于预测结果是否合理有基本研判能力，对于异常结果知道排查方向，对于输入数据异常，知道其影响
内容维度	业务目标（包括评价方法）、特征量、算法选择、模型的评价
典型活动	特征选择、算法选择与超参数调优、模型训练与检验
方法	算法组合思路 目标变量处理方法 预测变量处理方法 常见问题处理套路 机理模型与统计模型的融合路线
交付物	分析模型程序 分析模型说明文档

这些过程与内容在标准的机器学习、运筹学教程有详细分解，这里不做重复介绍。仅仅讨论工业大数据分析建模遇到的典型问题。按照抽象层次，典型问题可以从数据类型（例如，文本、图像、时序）、问题类型1（例如，数据整合处理、专家规则、监督学习等）、问题类型2（例如，设备健康管理、生产质量分析等）与行业（例如，装备制造业、流程化工业）等不同维度上总结。很多普适的算法教材[1]是从"数据类型"角度讲解的，很多工业数据分析书[3-4]是从应用类型讲解的，不少行业学术期刊是从行业角度讲解的。这里主要从问题类型（见表6-2）来介绍，并且侧重非运筹优化类的问题。运筹优化类的常用技巧在《工业大数据分析算法实战》一书[3]中有详细介绍。

表6-2 不同问题类型的数据分析问题

类别	典型场景	主要技术关注点
数据整合处理	目的：基于大数据形成相对可靠的业务认识，例如 • 基础数据的统计：风机经历极端运行阵风的次数、工程机械工作强度画像 • 假设检验：风机结冰是否由温差变化引起、齿形带断裂是否会带来2Hz振动模态	分析的开发/迭代速度： • 如何充分利用已有的Python/R/MATLAB等分析程序 • 大数据平台多维数据访问的便捷性
专家规则模型	目标：业务人员有相对清晰的逻辑描述，需要形式化、自动化 主要应用场景：异常类型研判、报警的综合研判（消除虚假报警）	专家逻辑无歧义、完备性地保证和逻辑（特别是复杂逻辑流程）精化 专家逻辑验证的迭代速度

（续）

类别	典型场景	主要技术关注点
监督学习模型	目标：从历史数据中发掘潜在的规律与模式，指导未来运作 主要应用场景：故障预警、销售预测	模型的外推能力
运筹优化模型	目标：刻画不同决策量间的驱动关系和边界约束，求解全局最优解 主要应用场景：生产计划、排程优化	所需数据的准确性和实时性 智能约束松弛机制

目前，制约工业大数据分析的几大问题是：①缺乏标签，或则样本严重不均衡，如果形成标签或研判对错的闭环，模型不能演进，模型的提升有上限；②数据样本并没有反应所有情形（多态遍历性），基于大量历史数据的统计学习也很难有推演能力；③算法与物理系统的交互有限，很多时候也不存在高准确度的仿真环境，造成无法通过大量交互（类似强化学习）去学习和优化控制策略。

6.1 常用算法及问题类型转换方法

R 语言的 caret 包及其对应的专著《应用预测建模》[1]是快速了解机器学习的途径之一。Scikit – learn 网站上例子也是 Python 语言入门机器学习的有效途径之一。MATLAB 统计和机器学习工具箱（Statistics and Machine Learning Toolbox）的用户手册也是不错的入门教程。*IBM SPSS Modeler Cookbook*[2]里面的很多算法组合技巧（例如，用监督学习做缺失值填补）对于机器学习算法进阶很有启发，另外 SPSS Modeler 对数据框（data frame）的限定，对于养成一个好的数据分析编程习惯很有帮助。更多图书推荐请见参考文献［3］的 1.4 节。

在行业数据分析中，通常优先选择可解性强的模型。在回归问题上，优先尝试 CART 树（Classification and Regression Tree）和 MARS（Multivariate Adaptive Regression Splines）算法，当然如果特征明确，也会优先尝试线性回归算法，然后再用神经网络模型或随机森林去进一步提高准确度。对于分类问题，会优先尝试 CART 树和 FDA（Flexible Discriminant Analysis，可以看做 MARS 的扩展），然后再尝试随机森林和 ANN 神经网络模型。样本小的时候，SVM（Support Vector Machine，支持向量机）也值得尝试。在此基础上，如果需要进一步提高准确度，除了特征工程，可尝试各种模型集成方法，特别是 LightGBM、Catboost、Xgboost。在时序分解上，常用 STL、SSA 算法，其他时序分解算法请见《工业大数据分析算法实战》一书的第 4 章。

不同算法对变量类型（例如，类别变量、数值变量）、数值范围（例如，是否允许 NA，是否需要归一化）、变量关系（例如，多重共线性）都有一定要求。《应用预测建模》一书[1]对常见的机器学习算法的要求做了归纳。基于梯度的算法（例如，神经网络）和矩阵求逆（例如，线性回归）要求消除共线性，最好归一化；基于核函数的算法（例如，支持向量机）在样本量大时对内存和计算要求太高，朴素贝叶斯算法不允许只有 1 个样本的类别。

在近些年的机器学习竞赛中，针对结构化数据集，LightGBM、Catboost、Xgboost 这 3 种模型集成算法已经变为了常用技术[5]，Optuna 超参数自动寻优也是常用的工具。对于自然语言、图像等非结构化数据，深度学习有很大优势[5]。

因为其可验证性，监督学习通常是数据分析师首选的方式，但很多工业应用不存在直接的标签，有时候通过一定的转化，也可以应用监督学习算法解决。

1) 基于历史报警事件记录实现长期趋势预警。

设备控制系统或工业监控系统中可以对超限、故障或异常状态进行报警，但工业应用通常期望进一步实现预警，以便更早地进行干预。分析课题的数据集仅仅有报警事件记录和状态监控时序数据。当报警事件数量相对充足时，可以根据事件演化或设备劣化的机理：①用 Sigmoid 等函数对之前的时间点进行启发式的风险赋值，将问题转化为一个回归问题；②将报警前一段时间设置为高风险区域，将问题转化为一个分类问题。

这种做法看起来不严谨，因为我们并不知道报警之前的每个时刻的风险度。但在很多失效模式遵循从轻微到严重的持续演化过程，例如，磨煤机堵磨、风机结冰、脱硫脱硝浓缩段温度过高、密封泄漏，并且从开始发生到超限报警需要一定的持续演化过程。另外，因为机器学习模型是基于大量历史数据学习而来的，少量时间点上的误标不会影响模型的基本面。

另外一个常见问题是，把既有的报警阈值放松一下不是也可以实现提前报警吗？不幸的是，放松阈值会带来很多虚假报警。因为当前工业监控系统是基于短时间窗口统计量进行的，一些持续的缓慢趋势在短时间内很容易被噪声和正常波动淹没，另外工况的动态变化也让缓慢异常趋势很难被发现。只有引入较长时间窗口的趋势特征量以及多维变量间的动力学关系，才能在及时性和准确性中取得均衡。

2) 将单分类问题转化为正常模式的回归问题。

很多故障诊断问题中只有正常的样本（在不同工况和外部条件下），没有故障样本。这是典型的单分类问题（对应 One-class SVM 等分类算法）。很多时候也可以转为动力学建模的问题，建立正常情形下变量间的关系模型：①可以是统计学习模型（包括深度学习模型），根据模型预测值与实测值间的关系进行异常研判；②也可以基于机理模型建立 Kalman 滤波模型，根据状态变量的跃变进行异常研判。

3) 将专家规则转变为模式匹配问题。

根据初始专家规则，在历史数据上寻找类似案例，通过专家标记，转变为模式分类问题。

4) 将基于分类/回归模型的优化问题转化为关联规则分析。

对于连续流程生产的操作参数优化，典型的做法是训练不同工况、操作参数下的动力学过程模型（分类模型或回归模型），在应用时，针对给定工况，用优化算法求解最佳操作参数（动力学过程模型的逆问题），但这种做法对动力学模型的准确度要求高，同时也需要解决逆问题的非唯一解时的计算问题。

另外一种做法是将其转化为关联规则分析。在工况、操作参数、过程效果离散化（可采用聚类等算法）后，将操作参数优化问题转为关联规则的左条件和右条件，实现了查表式操作参数选择。在有了这样的离散化模型后，可用监督学习模型（回归或分类模型）进一步提高准确度，而关联规则给出的频繁组合模式可以成为监督学习模型的特征变量（可参阅《工业大数据分析实践》一书中第10.3节的汽化炉参数优化案例)。

6.2 目标变量的相关问题

6.2.1 目标变量的构建

有很多数据分析问题看起来很清楚,但只有经过业务角度的审视,模型的要求与定位才能清楚。例如,抽油井功图诊断从技术上是一个很清楚的问题,正常的功图为平行四边形,出现故障后,功图形状会发生变化,数据分析模型就是通过功图形状的变化,判断可能的故障模式。但如果回到业务上看,该分析课题是异常井筛选与管理过程中的一个子问题,地质员每日查看所负责的几百口井中是否存在异常,识别异常类型以确定下一步举措(例如,加密监测、调整工作制度、清防蜡、修井等),异常井筛选需要从产液量、电流、功图、动液面、本井的最近措施、邻近井的状况等多方面因素综合研判,单井的信息查询需要 3~4min,研判时间在1min内,但几百口井完整翻阅下来需要4~5个小时。业务专家真正需求有2点:①构建以单井为中心的多维信息模型,节省人工翻阅多个系统的时间;②诊断模型最好能够实现部分样本完全正确的研判,这样就降低了人工翻阅工作量。第2点对分析模型要求的不是全体样本的上准确率,而是能够在一定比例的样本上实现可靠研判。

有些业务问题看起来不是一个监督学习问题,通过一些合理的业务假设,可以将其转化为监督学习。例如,抽油井转轮周期优化中的低产井识别模型(如图 6-2 所示),在数据上

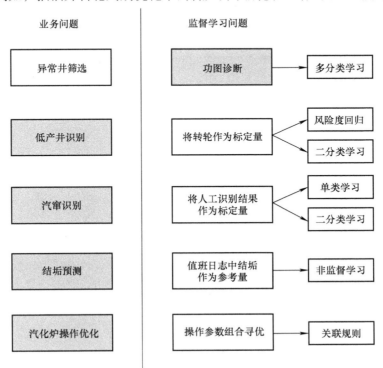

图 6-2 业务问题到监督学习问题转化

并没有低产井的标志字段，业务数据上只有抽油井转轮记录，这时候需要做一定的业务假设：①历史上大部分转轮决策是合理的（否则，没有必要从历史数据去学习）；②历史转轮结束前的最后若干天，井处于低产阶段。基于这两个假设，就可以就该问题转化为监督学习。

工业中很多问题本身是监督学习问题，但正样本太少，本质上还是采用非监督学习的方法，或者采用主动学习有针对性补充样本。有的问题本身是监督学习，但因为稳定过程，很难建立出稳定的动力学模型。可以通过时序分割与聚类，将系统状态、控制量与结果量都离散化，通过关联规则挖掘的方式求解最佳控制策略。例如，在煤气化控制优化中，煤气化过程本身很稳定，这时候很难建立动力学模型，用关联规则是一个变通方式。

6.2.2 目标变量变换

在回归问题中，如果目标变量分布明显有偏，如图6-3a所示，可以采用Log、Cox-Box等变换，将其转化为接近Gaussian分布（或Gaussian混合分布），回归算法预测准确度通常会略有提升。

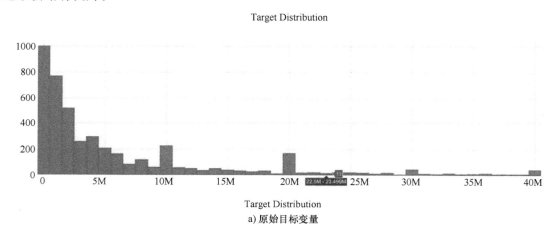

a）原始目标变量

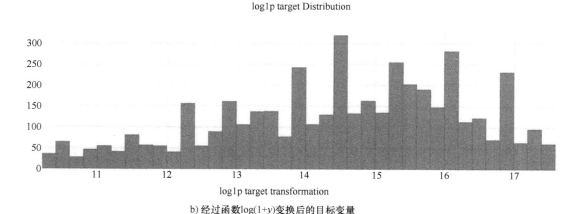

b）经过函数log(1+y)变换后的目标变量

图6-3 目标变量变换

6.2.3 不均衡问题

不均衡数据（Imbalanced Data）问题会导致预测结果偏向于多数类样本而忽略少数类。有2种常用技术方法：①在机器学习算法层面，可以采用类别权重或样本权重的方法，改变误差的惩罚；②在数据层面，采用数据采样或生成对数据集重构，以获得一个接近均衡的数据分布。数据采样可分为欠采样、过采样和混合采样3种。最常见的过采样方法包括随机过采样（Random Over Sampling，ROS）、合成少数类过采样技术（Synthetic Minority Over-sampling Technique，SMOTE）及其衍生方法。数据生成常采用生成对抗神经网络（Generative Adversarial Network，GAN）算法。

在项目执行中，针对少数类别也常采用专家规则方式。例如，在抽油井功图分类中，结蜡、砂影响、抽油杆断脱等工况在历史数据集中出现的频度非常低（大约3‰的比例），可以根据专家规则，根据功图面积、载荷差的增大趋势去判断结蜡风险，然后通过领域专家参与修正，获得一个合适的阈值。

6.3 预测变量的相关问题

6.3.1 工况切分

工况是设备和系统运行的基本面，不同工况下系统的运行规律、变量分布差异很大，因此，工况划分是很多工业分析课题的前置条件。工况切分有几种常见情况：①有明确标志位。对于工业设备本体，工况类型通常有明确的机理与规则，例如，发电机组的启停、升降负荷等，这时候可以根据设计机理规则进行划分，这时候需要注意时序离群点的处理（对个别点异常造成的单点工况变化做修正）；②根据设备运行规律进行切分。根据设备的工作原理进行划分，例如，采煤机往复式切割面运动、轨梁轧制过程等，这时候需要选择稳定的算法确保工况分界面的合理性；③多变量时序分割或聚类的工况切分。数据分析对一段时间上的工况（而不是一个时间点上的工况）进行聚类。对这种没有明确机理或机理规则不够细的情形，可以采用数据驱动的方式去分割。

下面重点讨论时序分割/聚类这种情况，通常有如下3类策略。

1）一次性分割，例如，风力发电机组中，根据风速、有功功率、叶轮转速、桨距角等变量，采用Autoplait算法进行工况分割，结果示例如图6-4所示，顶部子图是多个原始的时序曲线，底部10个子框代表算法计算出的10类工况，时间条表示该工况的起止时间。

2）分组分割的策略，首先根据业务语义，形成若干变量组（一个组里可以包含1个或多个指标，一个指标也可以出现在多个组中）。对于每个变量组，做时序分割，然后对这些分割段进行聚类，最后对多个组的类别进行组合。整体过程示意图如图6-5所示。在单变量时序分割中，可以采用PELT算法按照均值或方差变化分成若干段，也可以采用SAX、PAA、PLA等时序来表征算法，算法详情可参阅《工业大数据分析算法实战》一书的第4章。

3）聚类合并策略，对每个时刻点的向量$X(t)$进行聚类，标记t时刻对应的类别是

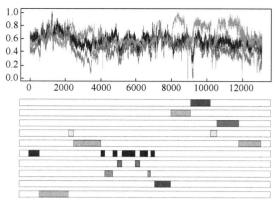

图 6-4　Autoplait 分割示例

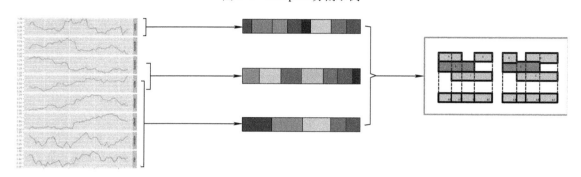

图 6-5　分组分割策略

$c(t)$，根据类别时序进行自然分割。

但需要注意，纯数据驱动获得的结果和业务语义可能不一致，数据驱动的工况分割算法通常用来做探索性建模，在部署版本的模型中，工况划分最好采用规则模型。时序分割算法通常基于统计量（例如，PELT 算法根据均值、方差的变化进行切分）、局部结构（例如，PLA 用分段线性模型去逼近原序列）或局部动力学模型（例如，AR 模型）的稳定性进行显性分割，或者建立全局的生成式概率模型（例如，Autoplait 用两层 HMM 模型）进行隐形分割（体现在隐含的状态类别变量上），这些假设与领域问题的契合度需要数据分析师的评估研判，因此，在数据分析项目中，常采用通用算法做探索性分割，对于分割结果做业务语义上的探讨，并进行一定的修正。部署版本的模型采用规则模型。

6.3.2　变量的离散化

和工况切分类似，如果从数据分布或领域知识，了解到系统某些变量的给定水平上表现类似（例如，风电机组在低风速区间几乎不发电）。为了避免机器学习算法在可忽略的"噪声"上下功夫，可以在分类或回归模型前，对一些数值型的预测变量离散化，包括单变量分仓、多变量聚类等算法。

6.3.3　移除没有业务意义的高相关特征量

有些变量和目标量强相关，但从业务上没有预测意义，这些变量在建模中要从特征变量中拿掉。例如,在抽油井结蜡程度预测中,距离上次清防蜡的天数是一个特征变量,该变量本用来表征蜡沉积累计时长,但因为过去清防蜡作业有相对稳定的周期(1个月或3个月)。业务想通过历史数据学习实现视情维修(而不是固定周期清防蜡)。因此在建模中,特征变量中不应该考虑距离上次清防蜡的天数,否则其他变量都不显著。

6.3.4 特征变量组合

因为测量频度、测量条件等原因,个别时刻上有的特征量缺乏有效值。一种简单处理办法就是采用特征变量全部有效的数据集去训练模型,但这样做可能损失模型准确度。在样本充足时可以按照特征变量出现的组合情况分别训练模型,这样可以充分利用特征变量的信息。例如,在抽油井工况诊断中,一旦抽油井做了大修/清防蜡/措施之后,井的特征发生了本质变化,之前的产液量、基准功图等特征变量不能用于后续风险计算。如图6-6所示,产液量趋势通常根据过去5天产液量计算,而基准功图通常需要在大修/清防蜡/措施后的8~10天提取,这2个特征量的有效期不同。不同时间区间,有效特征变量组合不同,可能对应不同的分析模型。有些时候,关键特征缺失,机器学习模型不应该产生预测结果,要对这些情形有明确说明,否则业务用户会认为是模型的异常。

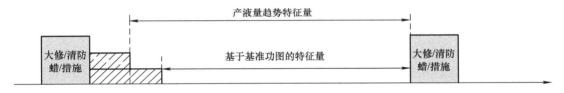

图6-6 不同特征量的有效期

6.3.5 类别变量的完备度

有时候只有部分样本有标签,用这些部分标记样本训练出来的模型中类别变量可能不完备,在应用时候,可能会遇到新的类别值。例如,在抽油井工况研判问题中,采用人工功图研判结果作为标签,但人工功图测量频度是若干个月,在训练模型时,只能选择有人工功图的部分样本做训练集。在模型应用时候,因为有的类别特征量的枚举值在训练集中没有出现过,随机森林等算法会报异常。针对这种情况,在训练时,最好引入缺失值的处理机制,在应用时将训练时没有出现过的值当做缺失值。

6.4 工业分析建模问题

6.4.1 基准模型

在很多故障诊断中,故障样本通常不够充分,这时候通常需要建立一个基准模型,预测正常情形下的系统行为。主要有3类常见的基准模型。

1)动力学结构模型:根据"业务理解"阶段的系统动力学模型,建立模型输出与输入和过去状态的关系模型。当实际测量结果与基准模型预测结果的残差偏大时,通常意味着系统异常。

2）系统"不变量"模型：系统的不变的结构值指的是系统在不同干扰、环境变量影响下的稳定的变量关系。典型的不变结构包括设备特征曲线（例如，阀门开度与流量、压差的关系曲线）、稳态系统多变量间的协方差矩阵、系统的时序结构、冗余关系。当这些结构被打破时，通常系统出现了故障或大的模式变化。

在轨道车辆悬挂系统诊断[4]中，一级减震、二级减震的振动幅度受轨道平整度（未测因素）、行驶速度、载荷、减震系统健康状态的共同影响，但减震比相对振动幅度受轨道的影响小很多，同一侧车轮前后的振动一致性也不受轨道影响，因此可以建立减震比、前后一致性与行驶速度、载荷的模型（无故障状态下），当预测值与实测值差异较大时，就可以判断为故障状态。

3）理想情形下的系统行为，例如，大修后的压缩机的时序曲线可以作为参考曲线（健康状态下），清防蜡后的抽油井功图可以作为后续功图异常研判的参考。

6.4.2 大量测点的稳定过程建模

很多工业系统存在大量的测点，这些测点间存在一定的冗余，但没有构成机理上的守恒关系。例如，长输管道中存在大量的压力测点、温度测点和少量的流量测点，很难完整建立起流量守恒关系，以及各个管段压降与流量的定量关系模型。热电厂锅炉也存在类似问题，存在很多不同点位的温度、压力测点，它们之间的关系仅仅是上下游的关系，没有特别深入的机理。这时候可以用时序自相关与互相关去查看变量间的关系，建立 ARIMA 模型，或者用 PCA 获取主成分去建模。对于特别稳定的过程，也可以将差分作为目标量。

但需要注意，这样的模型可以用来做迭代预测（通常利用的近期的状态量作为特征变量），也可以做异常预警（Hoteling $-T^2$、Q 分析），但没有强外推能力。不要过度追求通过"系统辨识"建立系统的动力学模型，因为在输入平稳的情况下，系统的动态行为没有被充分激发。

6.4.3 基于朴素道理的深度网络结构参数优化

深度学习算法需要的样本量通常比较大，而工业中的样本量通常有限，这让很多工业人对深度学习模型望而生畏。但只要掌握这些算法背后的朴素道理与假设，在很多场景还是可以灵活应用的。

CNN 背后的假设是特征具有层次结构，例如，动物图像识别中，初始层检测边缘特征，中间层构建鼻子、耳朵、眼睛等特征，最后层再用这些特征组合去区分狗与猫。如果关键特征不能通过逐层构建而来，则 CNN 的学习能力将大大降低。例如，在功图诊断中，一个关键特征是载荷差（在同样位移下，上边缘载荷与下边缘载荷的差）。将功图看做一个图像，如图 6-7a 所示，用普通正方形卷积核，CNN 初始层位可以发现功图的边缘，但需要经过中间多个卷积核层，才可能实现上边缘与下边缘的差。因而，CNN 分类准确度只能做到 84%（即使引入 Transformer 自注意力机制，准确度也只能提升到 86%）。这时候，直接用行卷积核（卷积核宽度等于整个图片的宽度）或列卷积核，准确度就可以达到 91%。

图神经网络（Graph Neural Network，GNN）本质是将有结构关系的节点链接起来，类别结果（节点、边或图的类别）是节点属性、边属性或图整体结构的非线性函数。在功图识别中，也可以用节点结构去提取载荷差，如图 6-7b 所示，功图中的每个点作为 GNN 的节点，每个点只和左右 2 个近邻点和同位移的对应点有边关联关系，这样简单构建的 GCN （Graph Convolution Network）也能获得 87% 左右的准确度。

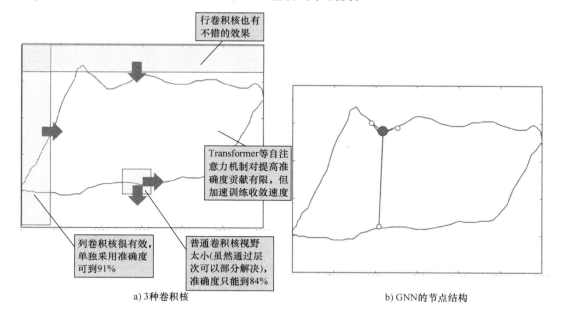

图 6-7 功图分类的深度学习算法

Park[19] 将 GNN 巧妙地应用到风场的风功率预测上。一个风场的风电机组是 GNN 的节点，给定风向，边表示上下风向的相邻风电机组（也就是说，不同风向，图的边不同）。根据流场动力学，下游风电机组的风速是上游风电机组的风速、二者在风向上距离 d_{ij} 和风法线方向上距离 r_{ij} 的非线性函数，这样的非线性函数可以用神经网络来表达。为了加速收敛，将非线性函数的近似表达式作为一个深度神经网络的层，Park 将这样的 GNN 称为 Physics - induced GNN（PGNN），如图 6-8 所示。

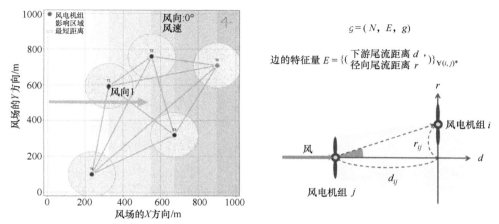

图 6-8 PGNN 用于风场的风功率预测

GNN 也可以和"业务理解"阶段的系统动力学模型结合,将变量作为节点,动力学关系作为边,用于建立目标变量的系统动力学模型。Wu 等人[20]将系统动力学模型(见图 6-9)作为图结构,在田纳西—伊斯曼(Tennessee Eastman,TE)仿真平台应用试验进行了验证。

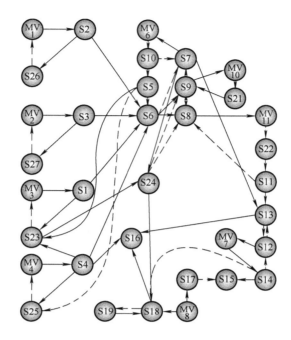

图 6-9　TE 仿真的系统动力学模型

6.4.4　时序分类问题

时间序列分类常用于设备异常类型识别、工况状态识别等场景,根据分类对象,可以分为 2 种情况:①连续序列的点分类问题,即判断每个时间点的类型,如基于设备状态监测数据判断设备是否处于正常状态;②短序列分类问题,即判断时间序列的类型,如图 6-10 所示。例如,工业中根据检测数据判断设备状态,根据批次生产过程数据(如每支钢轨的轧制过程、生物发酵过程)判断产品质量等级。

除了转化为回归问题(类型的似然度),处理连续序列的点分类问题还有 3 种思路:①通过滑动窗口提取长序列的特征,形成数据集,将连续序列的点分类问题转化为经典分类问题,即基于滑动窗口进行特征加工,如图 6-11a 所示;②通过滑动窗口将长序列切成若干个短序列,将连续序列的点分类问题转化为短序列分类问题;③建立刻画时序结构的模型(如 HMM、状态空间、LSTM 等),在时序模型的参数空间或预测结果空间上进行分类,如图 6-11b 所示。

处理短序列分类问题通常采用时序再表征、聚类或特征提取等方法,将原始的时间序列转化为特征向量,再应用通用的分类算法建模。在特征再表征章节,jmotif 包提供了将时序转化为字符串序列的函数,这样可以加工 TF – IDF 特征,用于时序分类。另外,形状也可以作为决策树算法的分支变量,Lexiang Ye 等学者提出了 shapelet decision tree[1],Shapelet 能

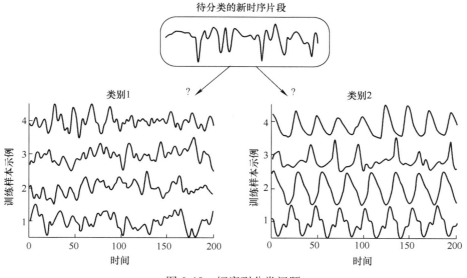

图 6-10 短序列分类问题

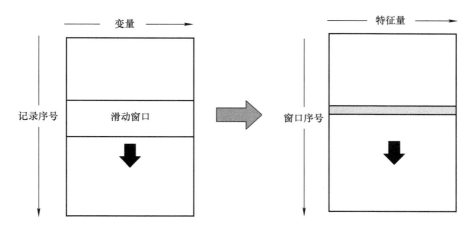

a) 基于滑动窗口进行特征加工

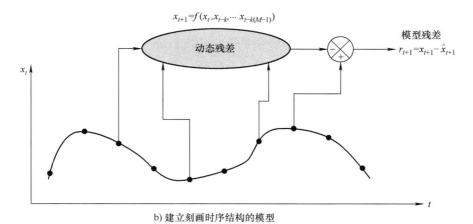

b) 建立刻画时序结构的模型

图 6-11 时序点分类的处理方法

够表征某个类别的 phase-independent 的子序列,也就是说,Shapelet 在序列中的位置不重要,重要的是有没有出现。在具体的实现过程中,通常采用 Shapelet transformation 生成特征向量,并将其作为经典的分类算法的输入。根据信息增益对给定的备选 Shapelet 进行排序,将给定的 k 个 Shapelet 与每个样本的距离作为特征向量,再采用经典分析算法完成对特征向量的后续处理。

在短序列分类上,DTW 距离与 KNN 分类器被证明是一个比较好的组合[2]。用不同的分类算法和不同的特征空间,代表性工作有 COTE (Collective Of Transformation-based Ensembles) 算法和其改进算法 HIVE-COTE。COTE[3]集成了 35 个分类算法,并且采用不同的时序表征算法。在 COTE 算法基础上,HIVE-COTE 采用了层次概率投票,并增加了 2 个分类算法和 2 个表征特征。R 语言算法包 tsclassification[4]实现了经典时序分析算法综述论文[5]中的大部分函数。

6.4.5 非监督学习问题

很多工业分析问题由于缺乏足够的标签,落到了非监督学习问题范畴。非监督学习问题的一个重要依赖是业务理解与业务规则。很多数据分析师会消极等待业务领域专家的支撑。其实有很多信息可以帮助数据分析师:①根据领域理解获得的基准类别比例(例如,故障的报警频度),可以指导非监督学习模型参数的调整。②沿用"主动学习"的思路,主动挑出易混淆的样本,请业务专家标记,在工作量可控的前提下,让业务专家提供更有价值的输入。

6.4.6 优化问题

业务上的"优化"比技术在范畴上要广得多。任何可以改进当前运作的技术方法在业务上都可以称为"优化"。技术上的优化是在一定约束(线性、非线性,甚至动态系统约束)下,极大化目标函数的方法。

经典运筹优化问题是解决线性、非线性静态约束下的优化问题,常用线性规划、整数规划技巧在《工业大数据分析算法实战》一书[3]中有详细介绍,非线性优化有遗传算法等启发式近优算法。对于动力学模型为线性系统的优化系统,最优控制有很多算法。

但对于复杂的非线性动力学系统,数值求逆很难,且最佳控制策略通常不唯一,很难有解析解,通常有几种常用方法:

1) 如果控制策略为类别变量,对于长期稳定过程(例如,汽化炉参数优化[4]),通过时序分割将平稳过程切分为若干模态,通过关联规则学习,学习较好的控制策略。

2) 如果通过机器学习能够建立控制参数与结果的代理动力学模型,通过非线性规划(或智能优化算法),可以获取最优控制参数的数值解。

3) 如果仿真模型相对精准,可以采用强化学习算法解决连续控制问题。采用动力学模型建立仿真环境,最优控制节点与之交互。最优控制有两个神经网络:一个是策略神经网络,用来确定当前状态下采取哪个动作;另一个是值函数神经网络,用来估计当前状态的价值函数。

6.4.7 评价型问题

数据驱动的方式可以在如下 3 个方面提升当前的评价体系。

1) 因为数据,很多微观过程可以更客观计算出来,让评价指标体系更加丰富。例如,在产线操作人员的评价上,当前主要根据产量结果进行评价,但这样的评价方法是不"公平"的,因为产量不仅仅受操作人员的影响,还受机台故障、物料供应及时性等其他因素的影响。采用机台的日志分析,可以准确统计出产线操作人员的对异常的响应与处置速度,进一步完善了当前的评价体系。通过"微观"过程数据分析,丰富了现有评价维度。

2) 另外,有些机器数据分析可以改变评价数据的来源。例如,通过焊接机器人的电流检测数据,可以切分出焊接、移位、换件、待机、故障、停机等典型操作与状态,可以自动总结出设备的运行时长,更加客观评价设备的 OEE,消除人工填报的工作量和随意性,让后续产线排产、扩容优化更加客观。

3) 最后,基于历史评价结果数据,可以把该评价规则或操作过程学习出来。例如,从抽油井历史转轮计划(低产井的挑选结果),可以学习到低产井筛选的准则。从黄金批次的记录,归纳出这些批次背后的控制参数规律。

但本质上,这些数据分析课题要么是基于既有规则的计算过程,或者是从评价结果归纳出评价规则,没有涉及评价规则的创新。例如,在化工过程质量评价中,需要综合长久平稳性与当下产品性能,数据分析可以用来计算过程平稳性,但目前即没有明确的综合评价规则,也没有大量的专家标定做闭环反馈。这样的评价型课题属于群决策的题目,不属于数据分析课题的范畴。一种可行的推进方式是采用如图 6-12 所示的自主学习方式,专家参与闭环评价,数据分析有针对性挑选待评价的样本。

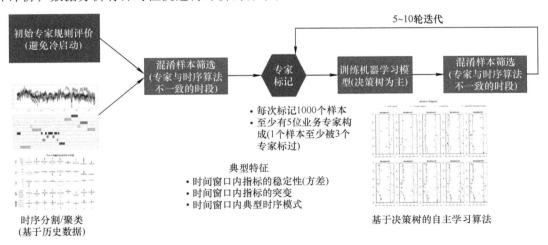

图 6-12 基于自主学习的评价模型构建

6.4.8 浅机理、高维度的诊断型问题

在很多经营、设备和质量诊断问题中,可获得的数据是大量浅层次的维度信息,真实的驱动量没有在数据中。例如,在集团企业的经营分析中,总营收下降的最终原因很多,可能

是区域公司管理的问题，可能是不同产品的质量问题，可能是客户群体的营销策略问题，也可能是宏观经济环境的问题，但这些"根因"元素没有直接的数据支撑。诊断分析课题可以用的数据是大量历史的生产、经营和销售数据，业务上的真实需求也不是直接找到根因，而是找出总营收下降的可能方向（地区、产品类型、客户类型等不同维度），以支撑进一步的根因分析。在工业生产质量分析中，也存在类似问题，一个产品经过很多工艺段，一个工艺段由多个机台构成，质量不良到底是机台参数波动、工艺路径（包括不同工艺段的机台组合、等待时间等）还是原材料批次的问题，这样的问题可以基于 MES 系统的数据进行方向性分析，据此再进行更深入数据的收集（例如机台日志复制）和分析。

这类课题包括两个层面的问题：①某个维度是否值得进一步探索；②在该维度下，哪些类别值得进一步探索。这两个问题都不是监督学习的范畴，但依靠一些常识性假设或启发式规则可以进行分析。但对这样的假设或规则要客观看待，不要绝对化。以营收下降的地区维度分析为例，表 6-3 中给出了很多有用的分析假设，每条假设都有一定道理，但没有任何一条规则能够覆盖所有情形。

表 6-3 溯源分析性课题背后的假设与做法

假设/启发式规则	示例（或反例）	技术做法
下降额度最高的地区	地区 A、B、C 三个地区占总营收的 90%，这 3 个地区是探索分析的首选方向，而不是其他二十几个地区	同比/环比/与计划比的下降额度
下降率最高的地区	地区 A 下降 10%，其他区域的波动都在 5% 之内。但需要谨慎地区 A 对总体的贡献份额	计算同比下降率、环比下降率、时序下降率（例如，最近几个月的下降率）
下降率显著的地区	地区 A 本月下降了 5%，但历史上该地区的波动方差就是 10%，本月下降 5% 也许不是"意外"事件；但如果连续 3 个月下降，这个地区可能是值得深入的方向	统计显著性（当月下降额/率在历史分布上偏离 0 的显著度） SPC 统计分析
类似区域的对比	区域 A、B、C 三个区域过去很类似，但本月区域 A 与其他区域不同 如果最近 A、B、C 都下降，可能"区域"不是一个值得深入探索的维度	聚类分析 信息熵的分析（检查一致性）

此类问题需要注意 3 个问题：①数据分析的定位是帮助业务专家缩小范围，而不是确定"根因"，如果业务上需要做根因分析，就要在"业务理解"阶段把根因分解清楚，数据分析师很难像领域专家那样，把数据分析、假设提出、假设检验自如地穿插起来。②避免去解决类似"电梯超重诊断"的伪命题。电梯超重的本质是累计总和超标，"先来优先"共识就可以解决这个问题，没有必要追溯到乘客的其他属性（例如，分析不同身高/性别/区域人的"合理"重量范围）。③业务认知不足的问题，不要指望数据分析去解决。经常有企业总觉得当前的人工评价不够科学，期望通过数据驱动的方式进行科学评价，但如果连基本的假设或启发式规则都没有，技术也做不了太多。认知与管理上的欠缺不能指望数据分析来弥补。

6.5 机理模型与统计模型的结合方法

工业是一个重机理的领域，工业数据分析离不开机理模型。另外，在很多情况下没有足够的标记数据做模型训练，此外，单纯数据驱动的模型可能不符合自然规律的约束条件。因此，工业数据分析中通常需要将机理模型或机理知识融入到统计学习模型中。一种常用做法是将这样的机理或知识融在特征提取中，这样方式是用统计学习的语言来表达机理，严重依赖于数据分析师的经验与能力，也不容易跨领域协同；另外一种方式是将先验知识（机理模型或机理知识）作为一个独立的过程（独立于统计学习模型与数据集），与统计学习模型融合[8]，如图 6-13 所示。这种方法更容易扩展（特别是和深度学习算法结合），但融入的深度有限。本节讨论综合讨论这两种机理模型与统计模型结合的方法。

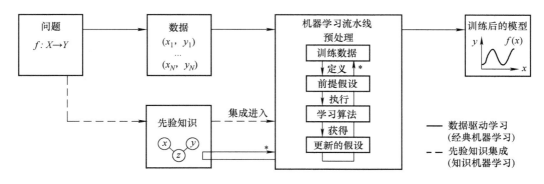

图 6-13　先验知识模型与统计学习模型集成的模式[8]

6.5.1 机理模型的范畴：定性与定量机理

提到机理模型，很多人想到的是非线性方程组、常微分方程、偏微分方程等数学模型，其实这是片面的。所以本节还是把概念范畴做一些简要辨析。

从字面上讲，机理模型就是描述过程机制或原理的模型。不仅仅包括定量的数学模型，也应该包括定性机理模型（例如，描述变量间的驱动关系）。定性机理模型和专家规则通常都是用非数学语言刻画的，但定性机理模型描述的是变量间的驱动关系，而很多专家规则描述的是研判逻辑或处理逻辑。把通过数值计算获得宏观结果的仿真模型也归为机理模型。把用微分代数方程组描述的机理模型暂称为"数学模型"。因此，本节将机理模型分为 3 类，数学模型、仿真模型和定性机理模型。

机理是分层次的。以锅炉管道结垢为例，从微观层面上看[8]，水中的钙镁等盐类经过受热、分解、蒸发浓缩等过程，在受热面上生成一层固态附着物，如图 6-14a 所示，这样的机理对于降低结垢工艺与药剂的研发有帮助；结垢成份及其特性的机理，如图 6-14b 所示，对于结垢厚度检测装置或除垢工艺有帮助；结垢后锅炉状态变化的定性机理，如图 6-14c 所示，对于开发锅炉状态维修模型有帮助。从上面的讨论可以看出，微观层面的因果关系在宏观层面无法直接使用，应该从待解问题的工程可解性角度选择合适的颗粒度。

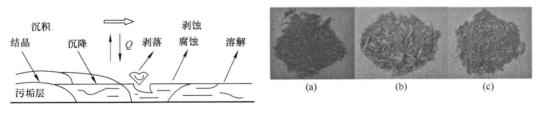
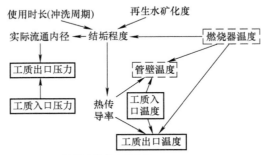

图 6-14　不同层面的结垢机理模型

6.5.2　统计模型与数学模型的 4 种融合范式

统计模型与数学模型的融合有如图 6-15 所示的 4 种方式：

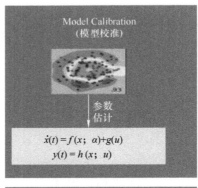

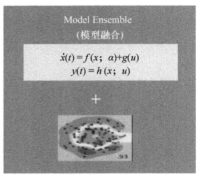

图 6-15　统计模型与数学模型融合

1）分析模型为机理模型做模型校准，提供参数的点估计或分布估计，如 Kalman 滤波。

2）分析模型为机理模型做后期处理或补充。例如，利用统计方法对天气预报模型（Weather Research and Forecasting Model，WRF）的结果进行修正；或者利用统计方法综合多个机理模型，提高预测的稳定性。机理模型由于存在未建模因素、参数不精准等原因造成准确度低。机理模型的系统辨析需要有效激励输入，但实际的工业系统为了安全和寿命，会限制激励信号的形式。这造成了机理模型与物理过程存在一定偏差。分析模型虽然是数据自适应，但在参数维度高的时候对训练数据集要求过高，泛化能力差。通常做法是用分析模型去拟合机理模型的残差[10]。

3）机理模型的部分结果作为分析模型的特征。例如，在风机结冰预测中，计算出风机的理论功率、理论转速等，并将其作为统计分析模型的重要特征。更进一步，就是把机理模型作为深度学习模型结构的一部分。如果使用传统的深度学习，即使训练数据满足所有的物理规律，训练好的深度网络仍然可能违反物理规律限定，例如，惯性矩阵非正定，外插无约束。深度拉格朗日网络（Deep Lagrangian Networks，DeLaN）[11]和哈密尔顿神经网络（Hamiltonian Neural Networks，HNNs）将力学系统作为先验知识成为深度网络模型的一部分，保证了关键物理量的合法性，比传统的前馈神经网络训练速度更快，预测结果更物理，对新的径迹预测也更健壮。

4）分析模型与机理模型做集成。例如，在空气质量预测中，WRF – CHEM、CMAQ（The Community Multiscale Air Quality Modeling System）等机理模型可以及时捕获空气质量的全局动态演化过程，而统计模型可以对空气质量的局部稳态周期模式有较高准确度的刻画。模型集成可以有效融合两类模型各自的优势。

除了严格意义上的融合，对于计算量大的机理模型，分析模型还可以替代机理模型。例如，物理神经网络（Physics – informed Neural Networks，PINN）[12]用来替代复杂的有限元计算，在训练时，将微分方程或偏微分方程作为深度学习模型损失函数的一部分。物理神经网络已经被广泛用于解决方程求解、参数反演、模型发现、控制与优化等问题。对于基于复杂的动力学仿真的优化，强化学习可以用来学习最佳控制策略，强化学习也可以用来求解大规模组合优化问题[13]。

6.5.3 统计模型与仿真模型的 2 种融合模式

仿真模型通常用来做模拟分析（What – if Analysis），用来做设计验证与预案设计。按照时空尺度，仿真模型可以分为如下 4 种类型：①系统层级的仿真，包括机械、电子、电力、液压、热力学、控制系统等仿真，覆盖了元件级、组件级、部件级、套件级以及机组级等不同工业系统级别。②连续介质理论的 CAE（Computer Aided Engineering）模拟，包括有限元 FEM（Finite Element Method）、计算流体力学 CFD（Computational Fluid Dynamics）、电磁仿真以及多物理场耦合仿真等。③非连续介质理论或者介观尺度的模拟方法，涉及微观组织的演变以及缺陷、断裂和损伤等各类问题。④离散事件仿真，主要仿真活动过程等离散事件下的系统性能。第③类因为涉及微观尺度，通常缺乏大量测量数据的支撑，所以目前工业大数据和第①、②、④类仿真结合比较多。

如果仿真模型结果和实际运行状态相比有一定的可信度，仿真模型将有可能用来指导工业系统的运行控制与运维管理。这时候,仿真模型与统计模型有两种典型融合方式。

1)仿真作为统计模型的训练验证平台(见图6-16)。现实世界中数据的场景覆盖度有限,故障样本数量更有限,这对统计学习模型训练通常是不够的。这时候可以发挥仿真模型场景覆盖全面的优势,模拟在工业现场出现不了或极少出现的场景(例如,重大故障、极端工况)。另外真实历史数据集缺乏"严格意义上的真实值标签"(Ground Truth),无法客观评价各种算法的处理效果。仿真模型为统计模型生成训练数据,统计模型基于这些数据进行训练与验证,可以验证统计模型的技术可行性与性能。用仿真去训练一个基础统计模型,根据实际现场数据做迁移学习。反过来,用强化学习,根据统计学习的结果调整仿真参数,让仿真更有针对性。很多动力学问题的逆问题(根据当前状态和目标状态,求解最佳控制策略)比较复杂,很多时候不存在唯一解,直接求解难度大。基于仿真实验,利用强化学习等策略去学习最佳控制策略。

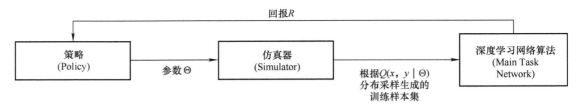

图6-16 仿真作为统计模型的训练验证平台

这里需要注意,统计模型的输入数据要素要保持和工业现场相同。仿真模型输出大量状态变量,但现实世界可测量的只是其中的一部分。统计模型学习的也不是整个系统机理生成式模型,而是解决某个具体问题(例如,故障诊断)的模型。

2)机器学习作为仿真加速器。很多仿真模型计算时间长,不能支撑在线生产决策或控制。可以基于离线仿真结果库,利用统计学习的回归分析算法(神经网络、随机森林等),训练得到一个回归预测模型。在线时利用回归模型进行预测计算,快速得到一个相对可信的估算值。深度学习在这方面也有不少研究,前面介绍的PINN、DeLaN、HNNs等模型明确将机理或守恒关系构建为深度学习模型的损失函数或模型结构,深度学习模型训练和仿真是独立的两个过程,需要大量额外存储。还有一种方式,就是深度学习模型训练伴随仿真计算,不需要额外存储中间结果数据,ModelingToolkit.jl、Modelica等系统仿真语言通常要求系统模型为微分代数方程(Differential - Algebraic Equation, DAE)形式,如果神经网络可以表达为DAE形式,就可以实现训练与仿真的伴随执行,目前主要神经网络模型包括CTESN(Continuous Time Echo State Networks,连续时间的回声状态网络)[14]、隐性深度学习(Deep Implicit Layers)[15]等。回声状态网络使用大规模随机稀疏网络(存储池)作为信息处理媒介,将输入信号从低维输入空间映射到高维度状态空间,在高维状态空间采用线性回归方法对网络的非随机连接权重进行训练。回声状态网络的优点是训练简单,可以作为递归神经网络的简化方法。而CTESN可以近似为DAE形式,和仿真软件引擎有良好的融合接口。参考文献[14]将CTESN作为代理模型开发JuliaSim软件,训练后CTESN模型可以替代仿真模型做快速推演预测。目前的深度学习是用多层显式(explicit)非线性结构$y = f(x)$来实现强大的拟合能力,但其本质仍是寻找复杂系统的不变点。因此,隐性深度学习尝试用隐性

(implicit)联合函数分布 $g(x,y)=0$ 来表达系统的不变关系,以期望以形式简洁、内存需求量小的模型实现复杂系统不变点的表达。主要有 DEQ(Deep Equilibrium Model)、Neural ODE(Ordinary Differential Equation)[15]、Differentiable Optimization,一旦表达为 DAE 形式,就很容易结合 Modelica 等系统仿真引擎去训练深度学习模型。参考文献[16]对物理信息神经网络的应用有不错的总结。

6.5.4 统计模型与经验性机理模型的融合

模型的精髓在于对物理世界的合理简化。很多复杂系统并不存在用数学语言表达的机理模型(或者需要做很强假设才有数学表达式),这时候定性机理模型也许是一种很好的模型形式。工业中数据类别通常严重不均衡,单纯数据驱动的统计方法也很难奏效。这时候,经验性机理模型(定性的领域知识或定量的专家规则)与统计模型的融合是一种自然的需求。

表 3-13 中列出了很多定性的变量驱动关系图,可以有效表达领域知识,并且与数据驱动保持着自然的融合方式,很适合故障排查等推理研判场景。定性机理模型一方面可以用于经典机器学习模型输入变量的选择,甚至特征变量的自动生成。另外机理模型的图结构和图神经网络也可以有较好的结合[20]。

很多工业场景需要高可信的模型,这样才能有效降低人工研判工作量。例如,在抽油井工况研判中,只要相关数据完备(数据准备假设应用软件可以解决),研判能力不是瓶颈,挑战在于抽油井数量多,人工研判工作量大。如果工况研判模型不能给出高可信的结果,现场分析专家仍需要对每个样本做判断(虽然有优先级排序),这样的统计模型不能有效提高现场工作效率。统计学习模型可能可以取得较高准确度,但一个缺点是不能明确给出哪些样本无需专家二次研判。

很多领域存在一些可信的专家规则,如果可以将这些专家规则作为统计模型训练的强控制条件,如图 6-17 所示,将符合专家规则的样本挑选出来,进一步训练细化模型,这些样本就无需专家二次研判,可以降低人工研判量;对于不符合专家规则样本,也训练一个补充模型,模型的预测结果作为二次研判的参考。可以采用迭代优化的方式,将补充模型的逻辑显性化,不断扩大专家规则的覆盖范围,持续降低人工研判工作量。

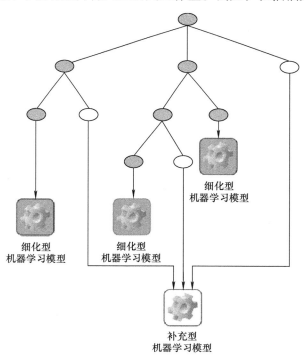

图 6-17 专家规则控制下的模型预测方法

参 考 文 献

[1] 马克斯·库恩, 谢尔·约翰逊. 应用预测建模 [M]. 林荟, 邱怡轩, 马恩驰, 等译. 北京: 机械工业出版社, 2016.

[2] MCCORMICK K, ABBOTT D, BROWN M S, et al. IBM SPSS Modeler Cookbook [M]. Packt Publishing, 2013.

[3] 田春华. 工业大数据分析算法实战 [M]. 北京: 机械工业出版社, 2022.

[4] 田春华, 李闯, 刘家扬. 工业大数据分析实践 [M]. 北京: 电子工业出版社, 2021.

[5] CARLENS H. State of Competitive Machine Learning in 2022 [EB/OL]. https: //mlcontests. com/state – of – competitive – machine – learning – 2022.

[6] PARK J, PARKJ. Physics – induced graph neural network: An application to wind – farm power estimation [J]. Energy, 2019, 187: 115883.

[7] JIA M, LIU Y, XU D, et al. Topology – Informed Graph Convolutional Network for Fault Diagnosis [C] //2022 IEEE 11th Data Driven Control and Learning Systems Conference (DDCLS). IEEE, 2022: 595 – 599.

[8] VON RUEDEN L, et al. Informed Machine Learning – A Taxonomy and Survey of Integrating Prior Knowledge into Learning Systems [J]. IEEE Transactions on Knowledge and Data Engineering, 2023, 35 (1): 614 – 633.

[9] 仪记敏. 锦91块注汽锅炉炉管结垢对传热性能影响规律数值计算 [D]. 大庆: 东北石油大学, 2017.

[10] REINHART R F, SHAREEF Z, STEIL J J. Hybrid analytical and data – driven modeling for feed – forward robot control [J]. Sensors, 2017, 17 (2): 311.

[11] LUTTER M, RITTER C, PETERS J. Deep Lagrangian Networks: Using physics as model prior for deep learning [C] //7th International Conference on Learning Representations (ICLR), 2019: 1 – 17.

[12] RAISSI M, PERDIKARIS P, KARNIADAKIS G E. Physics – informed Neural Networks: A deep learning framework for solving forward and inverse problems involving nonlinear partial differential equations [J]. Journal of Computational physics, 2019, 378: 686 – 707.

[13] 李凯文, 张涛, 王锐, 等. 基于深度强化学习的组合优化研究进展 [J]. 自动化学报, 2021, 47 (11): 2521 – 2537.

[14] RACKAUCKAS C, ANANTHARAMAN R, EDELMAN A A, et al. Composing modeling and simulation with machine learning in Julia [C] //Proceedings of the 14thInternational Modelica Conference, 2021: 97 – 107.

[15] BAI S, KOLTER J Z, KOLTUN V. Deep equilibrium models [C] // Proceedings of the 33rd International Conference on Neural Information Processing Systems, 2019: 690 – 701.

[16] 李硕, 刘天源, 黄锋, 等. 工业互联网中数字孪生系统的机理+数据融合建模方法 [J]. 信息通信技术与政策, 2022 (10): 52 – 61.

[17] SETTLES B. Active Learning [M]. Williston, VT: Morgan & Claypool, 2012.

[18] 赵越. 用于核电站故障诊断和规程改进的DUCG理论及应用研究 [D]. 北京: 清华大学, 2017.

[19] PARK J, PARK J. Physics – induced graph neural network: An application to wind – farm power estimation [J]. Energy, 2019, 187 (Nov. 15): 115883. 1 – 115883. 15.

[20] WU D, ZHAO J. Process topology convolutional network model for chemical process fault diagnosis [J]. Process Safety and Environmental Protection, 2021, 150: 93 – 109.

第7章 模型评价与部署

模型评价和部署是 CRISP – DM 的最后两步，主要是一些文档内容和工作规范，故将二者合并在一章讨论。

7.1 模型评价的内容

"建模阶段"已经从数据和技术的角度对分析模型进行了充分的检验，但该阶段的模型评价与业务校验通常由数据分析师主导进行。在模型评价阶段，尝试跳出数据分析师的视野，以业务分析师和业务专家为主，从业务的角度审视了模型的业务可用性（Actionable），明确模型的适用范围，设计分析模型与业务流程的融合方式，如图 7-1 所示，包括了技术评价、业务评价，并形成下一步工作规划建议（如何与业务结合），本阶段的输出是模型评价报告。

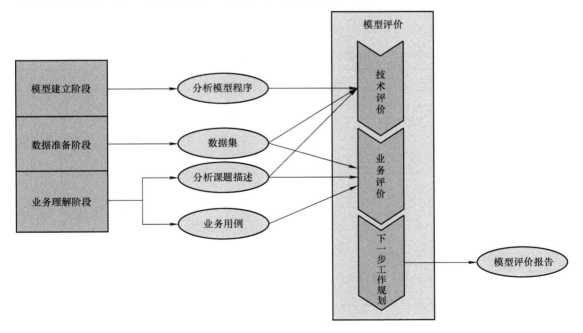

图 7-1 "模型评价"阶段的工作流程

即使采用已有的成熟模型,本阶段也很重要。任何模型都有一定的适用前提,有些前提在模型开发时没有被意识到。因此,模型是否适用于业务场景,需要进行严谨地测试和验证。需要补充说明,除了 CRISP-DM 方法中模型发布前的模型评价,实际项目分析中也有模型部署后的模型评价(集中在业务适配性、实际业务价值),但考虑到二者内容接近,这里不再单独区分。"模型评价"阶段的主要工作内容如表 7-1 所示。

表 7-1 "模型评价"阶段的工作内容概览

目的	对模型进行客观的评价,进一步明确其性能指标和适用范围
完成标准	按照技术规范,完整完成模型的检验工作
内容维度	评价方案制定、评价结果解读
典型活动	评价方案制定、评价过程执行、评价结果整理
方法	技术评价方法 业务评价方法
交付物	模型评估报告

7.2 技术评价

基于历史数据的技术评价包括:

1)性能评价,从业务用户的角度独立检验模型的技术性能指标,特别是模型在极端情况下的性能指标;对于监督学习模型,技术评价开展相对直接。但对于非监督学习模型,因为没有标记样本做参考,需要业务专家的深度参与。

有监督学习和无监督学习的指标评价体系见表 7-2。通常分为训练集、验证集、测试集进行评价。详细内容请参阅《应用预测建模》[1]、《工业大数据分析算法实战》[2]。

表 7-2 有监督学习和无监督学习的指标评价体系

类型	指标
分类(二分类)	混淆矩阵 |	P(预测)	N(预测) | |---|---|---| | P(实际) | TP(真实1,预测1) | FN(真实1,预测0) | | N(实际) | FP(真实0,预测1) | TN(真实0,预测0) | $Accuracy = \dfrac{TP + TN}{TP + TN + FP + FN}$ $Precision = 1 - 误报率 = \dfrac{TP}{TP + FP}$ $Sensitivity = Recall = 1 - 漏报率 = TPR(真阳率)= \dfrac{TP}{TP + FN}$ $Specificity = 1 - FPR(假阳率)= \dfrac{TN}{TN + FP}$ $F_\beta \text{ score} = \dfrac{(1+\beta^2) * Precision * Recall}{\beta^2 * Precision + Recall}$,当 $\beta = 1$ 时,为 F_1 score,最大为 1 ROC 曲线(x 轴 FPR,y 轴 TPR),曲线下面积为 AUC,越大越好,最大为 1,该指标适用于样本不均衡问题 Kappa 指标:多类别的一致性综合评价

(续)

类型	指标
回归	MAE（Mean Absolute Error），也称为 L1 范数损失 MSE（Mean Squared Error），也称为 L2 范数损失 RMSE（Root Mean Squared Error） R^2（决定系数）反映因变量的全部变异能通过回归关系被自变量解释的比例，为去量纲化指标，越大越好，最大为 1 MAPE（Mean Absolute Proportion Error），去量纲化指标
聚类	外部指标包括 Jaccard 系数、FM 指数、Rand 指数等 内部指标包括 DB 指数、Dunn 指数等

2）工程化评价，从应用场景角度看数据分析模型的完备度，从应用系统的角度思考基于数据模型的应用与现有应用的数据关系，以及数据的可得性，另外评价模型运行性能。

3）模型的可维护性，评价模型技术文档的全面性，评价模型的可扩展性。

在存在较为可信仿真模型的前提下，可以用搭建一个离线的"模拟研发环境"，去测试分析模型的强壮性和处理性能，为持续运营提供培训环境（在实际运行中，如何进行日常的性能监控？对于异常如何有效排查？对于新更新的算法逻辑，如何保证其性能）。

7.3 业务评价

对照"业务理解"阶段总结的典型决策场景，业务评价需要覆盖两类业务场景：①典型业务场景，覆盖不同业务颗粒度（组织、产品、时间等）、业务角度的数据集划分、多种评价指标（从业务语义的角度），并做差异性分析；②极端情形，包括数据缺失/异常、新场景（例如，新型号产品预测）、最差情形分析和数据攻击（安全性要求高的情形）。

企业生产与管理是以工艺流程或业务流程为驱动的活动，经典信息化大多围绕流程（或改造后的流程）进行数据采集/整合和流转，以提升业务效率；数据驱动的大数据方法尝试从全要素、全过程和多维度的新视角再次审视其中蕴涵的业务价值。但数据分析的结果若不能落实到企业流程中（现有的或新创建的），分析模型会游离在企业现有运作系统外，很难实现价值落地。因此，业务评价主要包括如下 3 个方面：

1）可用性。分析模型是否可以融入当前或改造后的业务或生产流程，结果是否可信，是否满足时效性要求。

2）可消费性。分析模型结果是否可被现场人员掌握。

3）可维护性。分析模型与运维人员在技能上是否是匹配的。

在可能的情形下，最好能在实际工业运行场景中进行检验，分为以下两个步骤：

1）制定验证方案，包括验证地点、时段选择、验证目标及异常情形设置。

2）验证效果的评价，包括可行性评价、改进建议及业务价值评价。

实际工业运行场景的挑战在于缺乏真实的标签。实际工业运行中很难专门为了分析项目准备大量的标签，更难做控制对比试验。通常采用实际业务中的记录作为基准进行对比。例如，低产井识别算法在实际工业场景评价中，见表7-3，通常选择1~2个月，把算法预测结果与人工排的转轮计划对比，二者不一致的视为算法错（当然也可以组织专家研讨进一步确定对错），所以，对于实际场景的评价结果保持一定的谨慎态度。

表7-3 有监督和无监督学习模型的业务评价（示例）

分析模型	业务目标	性能指标	测试基准	测试方法	备注
抽油井运行事件抽取模型（无监督）：从日常备注字段，解析出运行事件和起止日期，并按照之前约定的分类层次体系进行组织，写入数据库	1）关键词提取正确、可信 2）节省了地质员的时间	与专家的一致度（专家间的一致度）	与地质专家手工分析结果比	可以选择100口井的3个转轮的备注，请5位地质专家（同一个转轮有2个标记，每人负责120个）人工归纳（记录一下人工需要的时间），和算法做比对	1）运行事件分类体系是地质专家确认过的，测试中可以进一步优化 2）看看是否存在因为"缩写""拼音错别字"而没有提取出的事件
低产井的识别（有监督）：判断当前日是否处于低产阶段，作为下一轮的待注汽井。模型后面根据业务规则过滤掉不可注井	1）可以及时识别低产井 2）算法要有鲁棒性，可以应对数据缺失、数据波动等日常情形	低产日的准确率和召回率	与地质员的转轮计划对比，但需要过滤掉：1）长期不可注汽的轮次（类似生产天数大于1年）2）不可注井和集团注汽井 3）计量问题的井	选择一个区块的6月份，按照周度量低产井有多大比例落在真正的转轮井中	对于缺失严重，本算法可能不会识别出低产井

业务评估阶段的沟通，数据分析师需要注意OT与DT的思维模式的差异。OT通常由先验知识或直觉做出推断，而DT是数据统计思维。对于不一致的地方，采用先具体案例分析再一般性规则讨论的方式通常比较有效。

在不一致原因分析时，数据分析师可以采用3个阶段进行分析：①针对具体案例，查看分析模型的研判逻辑，如果不是分析模型的问题，尝试猜测业务专家的研判逻辑，识别出业务专家逻辑与模型逻辑的差异点；②针对该差异点，针对当前案例进行深入分析，找出可能的解决方法；③将该解决方案应用到所有的样本，统计其可信度，查看是否存在"负"作用，形成一个结论或待讨论的观点。在与业务专家沟通时，可以从②开始，并展示③结果。

例如，在低产井识别课题上，业务人员提出"某井日产液量大于10吨，为什么低产概率那么高？"，数据分析师可以按上述3个步骤进行分析：①从决策树模型，可以看出该井低产概率的主要原因是生产阶段累计天数过大（一般为90天左右），业务人员异议背后的假设是："日产液量"比"生产阶段累计天数"更重要；②查看该井过去转轮的日产液量和累计天数。该井历史15个转轮中存在5次在高产液量下转轮，个别日产液量甚至高达30多吨，这个证据可以充分拒绝日产液量更重要的假设，但并没有证明模型逻辑在所有样本上是合理的；③进行全样本（所有井的所有转轮）的统计分析，发现最后一天的日产液量大于10 吨记录占 15%，这些井 94% 以上是因为生产阶段累计天数过长，还有 6% 的样本不符合该规律，但样本量太少，不适合进一步细化。通过这样的分析，业务专家很容易接受低产井预测模型的结果，有助于提升业务专家对数据分析模型的信任，另外，对于数据分析师来说，这个交流是深入了解业务专家经验的难得机会，为后续模型提升奠定了基础。

7.4 下一步工作规划

基于技术评价和业务评价，可以判断出当前分析模型在多大程度上达到了"分析场景定义"阶段时确定的业务目标，规划应用的业务流程。另外，也把测试中发现的改进建议反馈给数据分析师。

7.5 模型部署的内容

在 CRISP-DM 方法中，模型部署是分析项目的最后一步，其实也是模型运维或运营的起点。因此，这个阶段除了模型的打包部署到指定的数据分析平台外，还需要把模型运维机制设计出来（包括模型监控指标和日常运维方式），最后，要对分析课题的过程进行总结，以支撑后续提升与改进工作。整体工作流程如图 7-2 所示。

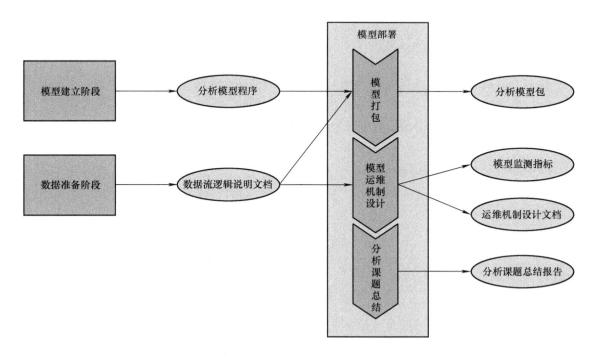

图 7-2 "模型部署"阶段的工作流程

模型部署阶段的主要工作内容见表 7-4。

表 7-4　"模型部署"阶段的工作内容概览

目的	完成模型部署，并为日常运维做好准备
完成标准	完成模型部署，并能正常运行 完成模型运维机制的设计
内容维度	模型部署、模型运维
典型活动	在线逻辑的校核与修改、模型部署与测试、运维机制设计、分析课题总结
方法	离线批量处理到在线增量处理任务的转化方法 运维机制设计的文档规范
交付物	分析模型包 运维机制设计文档 分析课题总结报告

7.6　部署包的设计

"数据准备"阶段的数据处理流仅仅是逻辑上的设计，因为在模型建立与模型评估之前，很多数据处理逻辑（例如，滑动时间窗口的长度）没有细化，特征变量也无法完全确定，因而数据处理类型、时间窗口长度、计算复杂度都无法确定。到了"模型部署"阶段，这些信息都明确了，但相对于基于历史数据的批量分析，部署阶段通常采用在线增量分析（流计算、批计算、微批计算），前后执行（以下简称为批次）间存在依赖。在将数据分析流到实际的物理运行环境的部署中（例如，将分析模型部署到多个不同的水电站），需要考虑模型打包的问题。如果被其他应用集成或调用，还要有数据接口的设计思考。

7.6.1　分析任务的逻辑审查

基于"数据准备"阶段的数据流图，对即将部署的分析模型进行逻辑审查。"模型建立"阶段虽然对运行时有一些设计与考虑，但在部署前，需要从使用者和运维人员的角度去审视数据处理过程，甚至重构处理数据处理任务代码。分析任务的逻辑审查包括如下 3 个方面。

1. 分析任务的批次间依赖性

离线批量逻辑转化为在线增量模式有如表 7-5 所示的 3 种类型，不同类型面临的挑战不同。

表 7-5　不同类型离线批量逻辑转化在线增量模式中的挑战

情形	例子	在线模型改写中的注意事项
单记录计算	根据电流和电压，计算电机功率	在线与离线没有太大差别
固定长度历史数据的计算	将秒级风速加工出 10min 数据 过去 7 天的日产液量下降率	需要注意窗口内有效记录的数量可能不同 异常值/滤波的处理逻辑差异
不固定长度历史数据的计算	大风持续时长 距离上次清防蜡的天数	需要引入等价的状态量 需要注意数据间断的影响

在固定长度窗口的改写中，需要注意窗口内有效记录数量在不同批次可能不同，例如，如果过去7天的日产液量记录少于3条，斜率计算的可信度较低。需要明确不能处理或没有结果的情况（例如，有效产液量少于3天不计算当日的产液量下降率）。另外，有限窗口内异常值和滤波的处理方法与离线不同，离线处理中很多时候不自觉利用到更久甚至未来的信息，而在线处理中只能利用过去有限长度窗口内的信息。离线与在线逻辑本质上是"有界"（bounded）与"无界"（unbounded）数据、时间的区别，有界数据处理时可以用将来时间点的信息，而无界数据处理中，数据是不断到来的，每个时间点只能利用现在和过去的信息，不能利用未来的信息。

很多处理逻辑是不固定长度的长依赖，例如，"汽轮机机械启停机过程中同转速下通频值的差异"计算规则，需要识别启动、停机的时段，并且启动、停机时间差异也是不确定的。这时候改写需要引入等价的状态变量。

从离线批量处理变成固定窗口在线处理，可以把一些长依赖的计算转化为基于状态变量和有限窗口的函数。长依赖的变换可以表达为：在当前时刻 t，待加工的变量 y_t 是另外一个或一组变量 u 所有的历史记录的函数 h，即

$$y_t = h(u_t, u_{t-1}, \cdots, u_0)$$

等价的有限窗口的函数，通常需要引入状态量 x_t 表征过去积累的信息，y_t 是状态量 x_t 和有限长度 k 输入变量 u 的函数，即

$$x_t = f(x_{t-1}; u_t, u_{t-1}, \cdots, u_{t-k})$$
$$y_t = g(x_t; u_t, u_{t-1}, \cdots, u_{t-k})$$

将离线逻辑改成在线逻辑关键在于构建合适的状态量，去有效地表征过去的信息。状态量有如表7-6所示的3种情况：①累计量，例如，大风持续时长，当前的累计量可以作为状态量传给下一次计算。②跃变型，通常是类别变量或低频更新的参数，例如，磨煤机的负荷状态可以作为状态变量供下次在线迭代计算。抽油机有泵调整时候，会在机采数据表中插入一条记录，在下次更新之前可以一直沿用该参数。③事件型（或者 Interval 变量），例如，修井措施任务的起止时间，它在选择基准功图、修井效果后评估中是重要的参考量。

表7-6 状态量的类型

类型	例子	作用
累计量	大风持续时长 距离上次清防蜡的天数	当前累计量可以作为状态量传给下一次计算
跃变型	磨煤机的工况类型 采油井油嘴大小	类别变量或低频更新的参数，在某个时间点发生变化，并且在下次更新之前可以一直沿用该状态
事件型	修井措施任务（起止日期）	事件型变量通常作为其他计算的参考信息（例如评价修井前后的采油井性能），事件型状态由事件类型、起止日期等信息

2. 前后序分析任务间的数据新鲜度

在增量数据处理流设计时，需要关注输入数据源的更新时刻。例如，稠油生产分析模型运行时通常只能拿到昨日的生产日报，稠油井转轮首日可能会出现"信息冲突"，根据昨日生产日报提取，目前仍然处于上一个转轮，这和转轮计划表不一致。

另外,输出变量(特别是状态变量)也有有效期。例如,基准功图是抽油机在大修、清防蜡等重大措施后且等待生产稳定(通常需要 3 天)后,从若干天内提取比较稳定的功图,其有效期是该次重大措施后第 10 天到下次重大措施。基于基准功图的二次特征变量也只有在这个有效期内才有意义。输入/输出数据的有效性示例见表 7-7。

表 7-7 输入/输出数据的有效性示例

变量	输入数据的更新时刻	输出有效期
基准功图	重大措施计划信息通常可以提前获得 自动功图更新频度为小时级别	如果当日有大修、清防蜡等措施,把当前基准功图的有效结束期填补上 如果是重大措施后的 10 天后且自动功图样本量足够,开始新的参考功图计算,并将其有效开始日期填写为今天
抽油井的生产阶段	产液量数据是 1 天前的产液量	一直有效,直到备注中有新的备注阶段信息

根据变量的新鲜度和有效期,可以审查一些处理算法是否存在问题。从这个视角,同样可以识别数据间断的影响。

最后,相对于离线批量数据,因为颗粒度、输入数据的时效性不同,增量数据的分析任务相对比较多,运维的复杂度偏高,需要集成数据处理管道管理软件工具的支撑。在编程习惯上,离线处理和在线处理也有很大不同。离线数据中特别强调采用数据框(data frame)操作(这样效率高,代码整洁);而增量模型中可以采用循环,因为每次计算数据量不大,数据框操作在效率提升上不显著,另外循环有利于代码调试与维护。数据框合并(merge)时,离线处理不用制定字段名,但在线处理代码最好指定字段名(避免数据源的字段名改变造成合并错误)。在定时任务的代码中,尽量采用数据时间,而不是物理时间(或者服务器时间),避免运行环境时区设置、运行任务延迟的影响。例如,获取最近 3 天的产液量数据,是根据定时任务传给的"逻辑时间"去取,而不是根据当前服务器的"物理时间"去取。

3. 核心计算逻辑的触发条件

对于不定长计算,在引入状态变量后,向前取数窗口长度通常可以固定,这样可以评估每次运行输入数据的大小,进行计算资源和计算方式的规划。但即使这样,很多核心计算仍需要满足一定的条件才能触发。很多很明确简洁的业务规则,在转化为计算逻辑时,有很多细化逻辑需要考虑,下面以一个实际例子进行展示。

示例:清防蜡效果后评估的触发条件

为了提高抽油性能,抽油井不定期进行清防蜡作业。基于生产数据,可以对清防蜡效果进行后评估,即对比清防蜡前后性能指标(泵效、系统效率、用电率等指标)的变化,形成清防蜡作业管理的闭环,提高委外作业管理水平。抽油井性能指标可以根据日产液量数据、工作制度、电参数等信息计算得出。为简洁起见,本节假设每日的抽油井性能指标已经存在(但个别数值可能为空)。

原始业务需求可用"对比清防蜡作业前后 3 个月性能指标的变化"一句话概括,这个业务需求在业务理解和数据理解阶段进行了必要的细化:

1）在业务理解阶段，明确了清防蜡作业后 3 天内处于排液/排蜡阶段，产液量虚高，不应该纳入评价周期。

2）在数据理解阶段，澄清了清防蜡效果评估时长不是固定的，应该根据前后两次清防蜡周期（两个间隔的最小值）和井事件动态决定。数据探索发现：相邻清防蜡间隔从 20 多天到半年不等。清防蜡作业可能与其他事件交叉影响（例如，停井），因此，清防蜡效果评估周期不是严格的"两次相邻清防蜡的间隔"，而是"清防蜡与最近一次井事件的间隔"。

3）考虑到业务意义与交流方便，评估周期采用周、2 周、1 个月、2 个月、3 个月等 5 档。1 周内的间隔过短，计算结果波动大，因而不进行评价。间隔过长也没有太大意义，因此最多选择 3 个月。

4）因为数据缺失，有效数据的天数可能比评估周期短。在选择周期时，尽量选择前后有效数据数量接近的周期。若有效数据量不足，应放弃评价。

在数据准备和模型建立阶段，上面细化的业务逻辑对多年的离线数据进行了探索分析，进一步细化更多边界条件，明确了参数阈值（例如，有效数据的天数），形成了一个强壮的算法。

这样的算法模型在转化为在线增量运行时，除了 7.6.1 节所述的状态量外，还有一些新的边界条件需要考虑。清防蜡作业周期不固定，未来的清防蜡作业时间很难提前准确得知，因此，在线清防蜡后评估任务仍然按日批量运行，每日获取近期的清防蜡记录，对于符合条件的进行自动评价。

为讨论清晰起见，下面暂时不考虑清防蜡之外的其他事件（如果有其他事件，对应的周期将缩短，不影响计算逻辑）和上面已经讨论的边界条件。在线逻辑如图 7-3 所示，虚线表示任务执行日期（通常是逻辑上的），三角形表示清防蜡事件，假设最近一次的历史清防蜡任务为第 k 次，前一次为第 $k-1$ 次，第 $k-1$ 次与第 k 次清防蜡的时间间隔是 P_{k-1}，第 k 次到当前时间的间隔是 D_k。

为了避免重复计算，需要引入状态量标记某次清防蜡作业是否已经完成效果后评估。在图 7-3 中，有填充色的三角形表示已经完成了后评估，没有填充的表示还未进行后评估。

在增量运行时，第 $k+1$ 次清防蜡在当前时刻通常是未知的（这与离线计算时不同），如果机械按照前面的业务逻辑，则只有 $D_k \geq P_{k-1}$ 时，才有必要进行后评估计算。但还有 2 种特殊情况需要考虑：

1）如果在当日，恰好开始了第 $k+1$ 次清防蜡作业，即 $D_k = P_k$，这时候即使 $D_k < P_{k-1}$，也要进行第 k 次清防蜡效果后评估任务，如图 7-3b 所示。

2）因为各种原因（例如，日报数据延迟补录到数据库、抽油井性能指标任务异常后补充运行），第 $k-1$ 次清防蜡效果后评估没有进行，当前运行周期仍需要触发补充计算，如图 7-3c 所示。当然，为避免每次任务执行读取数据量过大，也需要设置一个最大允许的补充运行时间范围阈值参数，例如，3 年前的清防蜡作业没有必要做后补充运行。

7.6.2 数据异常的影响分析与应对措施

对于数值异常，分析模型中应该有完备的解决办法。本节仅仅讨论数据流的异常，即由于源数据系统或前序分析任务的问题，每个分析任务可能存在输入数据的间断、重复或迟到

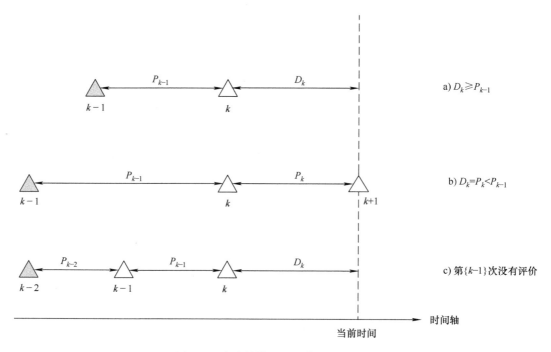

图 7-3　清防蜡效果后评估的触发逻辑

等各种异常问题，需要对这些异常的影响进行分析，以便制定有针对的措施。

1. 数据间断的影响

数据间断对于不同类型状态量的影响见表 7-8。数据间断可以通过增加时间窗口长度解决，但这种处理办法存在逻辑漏洞。最好还是先进行逻辑层面的推演分析，在分析任务代码内处理掉。对于关键变量，还需要设计专门的运维机制去保证（例如，提示数据补录或人工审核）。

表 7-8　数据间断对不同类型状态量的影响

类型	数据缺失的影响	应对措施
累计量	影响计算结果的准确性，可能会影响后续统计指标，如果作为后续模型任务的特征量，可能会影响模型的输出	数据后续补充后，依次更新累计量
跃变型	会严重影响后续分析的结果	对于关键变量的缺失，数据处理算法需要谨慎处理，需要专门的运维机制
事件型	影响事件的起止日期，可能会影响后续分析的结果	等待数据补充后后续修正，或者代码中采用处理策略

以稠油吞吐生产为例，稠油吞吐分为很多轮次，如图 7-4 所示，每个轮次经过注汽、焖井、开采 3 个阶段，不同轮次各个阶段的持续时间不同，阶段信息可以从生产日报的备注信息中提取。这里需要计算每天该井所处的轮次和生产阶段。在数据不存在间断的情形下，每日的轮次和阶段作为状态变量没有问题。如果采用跃变型状态变量（即每日所处的转次），

当存在如图 7-4 所示的两个轮次衔接处的多天数据缺失时，因为没有看到第 $k+1$ 轮的注汽和焖井阶段，会误认为当前开采还是原来的第 k 轮。这样的轮次错误，对后续的轮次总产液量统计、低产井概率预测模型都有很大影响。

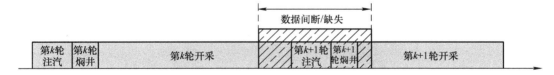

图 7-4 数据缺失的影响

对于这样的间断，可以将最近一次数据日期也作为状态量，这样下次计算时候，可以判断是否存在较大的数据间断（例如，如果上次稠油生产阶段状态是一个月之前计算，这时候计算当前阶段状态就要特别小心）。针对本问题，也可以通过引入其他参考信息表作为辅助，例如，稠油生产转轮周期表可以给出每轮的起止日期（虽然这个表存在少量数据质量问题），当日报存在缺失时，可以参考稠油生产转轮周期表进行判断。

2. 数据重复的影响

单个批次内数据重复，数据分析算法一般都会处理。但对于跨批次的数据重复，通常没有直接的历史处理记录，可能会重复处理。有时候为了滑动窗口计算逻辑，会多取一些数据，例如，计算最近 5 日的产液量趋势，可能每天会向前去 6~7 天数据（以避免个别天数据缺失）。这时候需要在分析任务代码中做处理。

对于事件性变量，通常需要做起止时间区间合并。例如，关于修井措施任务起止日期的计算，根据当前数据集批次整理措施记录，如果当前记录起止日期在既有的起止日期区间内，则忽略当前记录，如果当前记录是既有记录终止日期的后续连续天，则更新既有任务记录的终止日期，否则生成一条新的修井措施记录。数据重复对不同类型状态量的影响见表 7-9。

表 7-9 数据重复对不同类型状态量的影响

类型	数据重复的影响	措施
累计量	计算结果的准确性，可能会影响后续统计指标的数量，如果作为后续模型任务的特征量，可能会影响模型的输出	需要严格控制滑动窗口，并且记录窗口内数据样本的处理标记
跃变型	没有影响	无
事件型	没有影响，但避免在数据库中插入重复记录	无

3. 数据迟到的影响

对于延迟到达的数据，一种简单的策略是补充运行分析任务，从这些数据最早的时刻开始，将当前分析任务和后续依赖任务全部重新运行一遍。

4. 应对措施

主要的应对措施包括：

1）代码的白箱审查机制：针对分析模型代码：①进行上节的逻辑审查，②对前面讨论的典型异常进行影响分析推演。通常由分析模型开发者进行，这是分析任务稳定的根本。

2）构建模拟测试环境：①基于历史数据，可以人为创造各种异常情况，并与"理想情形"对比，看分析任务流可否很好处理各种异常；②形成分析任务流的测试例，这样当有大的代码更新后，可以做自动检查；③这种模拟环境，也可以辅助生产环境中 Bug 的重现。

3）形成业务人员容易理解的异常处理机制：包括异常值识别方法和处理方法、有效值不够时的处理方法，以及在什么情况下分析任务没有输出。

4）提出分析任务的运维需求：①明确关键数据质量监控点；②列出在什么情况下，需要什么样的人工干预操作。

7.6.3 分析模型打包

分析模型包的内容包括：①模型文件、代码和数据模型；②模型的运行环境说明、执行模式（批处理、流处理）、执行周期等配置信息，通常采用 docker 等容器化机制；③分析模型逻辑的说明文件，包括模型的输入、输出、运行周期和异常处理机制等信息的说明。另外，还需要考虑与智能应用的关系，对于很多运行边缘端的模型，分析模型包与智能应用通常打包在一起部署分发。

为支持跨平台协作（例如，SAS 训练的模型部署在 SPSS Modeler 上运行），业界制定了开放的机器学习模型标准，主要有预测模型标记语言（Predictive Model Markup Language，PMML）、可移动的分析模型格式（Portable Format for Analytics，PFA）、开放神经网络交换（Open Neural Network eXchange，ONNX）3 种公开标准，特点对比见表 7-10，其中，PMML 和 ONNX 使用相对广泛。需要注意，非压缩性 PMML、PFA 有时候模型文件可能比较大。

表 7-10 3 种公开标准的特点对比

开放协议	组织	支持的语言与平台	内容是否可读	是否压缩	开发环境支持包
PMML	DMG	R、Python、Spark	是（XML 格式）	否	R 语言的 pmml、r2pmml 包，Python 有 sklearn2pmml、SPSS Modeler 等商用软件可支持
PFA	DMG	PFA-enabled runtime	是（JSON）	否	R 语言有 aurelius 包，Python 有 Titus 包
ONNX	SIG LFAI	TF、CNTK、Core ML、MXNet、ML.NET	否（二进制）	是	R 语言有 ONNX 包实现接口，Python 有 onnxruntime 包

7.7 模型运维机制设计

除了组织机制（角色设置、职责分工与技能要求等）外，模型运维机制设计内容主要有 3 个方面：①日常运维方法：分析任务与数据质量的监控机制，异常预警机制和事后追溯分析（数据血缘、分析任务依赖关系）方法设计；②模型更新方法：模型如何能够定期更新，更新后的模型通过什么样审核机制保证其可靠性，经过审核的模型如何更新到生产环境；③异常补救措施：例如，数据中断的影响分析和补救方法。

在监控机制中，没有过多强调数据质量监控，而更多重视分析任务运行和数据更新频度，是因为分析模型在"模型评价"阶段经过了逻辑正确性和鲁棒性的检测，在模型运维阶段，更多做与分析任务计算性能、数据更新频度等指标相关的监控。当然，对于源数据（物联网采集数据、人工填报或人工汇总数据）还是需要做数据质量监控的，因为这些数据是从物理世界来的。另外，为了分清职责，跨组织界面上的数据质量监控也是需要的。对于关键数据，业务约束（例如，下一个转轮周期的开始时间不能早于当前转轮的结束日期）检查也是数据质量检查项之一。

在这个阶段，可以充分理解到在模型建立阶段提倡的"极简化"原则的必要性。如果模型算法尽量简单，用尽量少的可靠性高的数据源，模型运维机制设计就变得相对简单且可靠。日常运维中需要关注数据漂移（Data Drift）现象，即数据样本的统计特征随着时间发生改变。当数据漂移发生时，可以利用增量学习（Incremental Learning）算法更新模型，使模型符合当前的数据分布，如果分布差异很大，可能需要重新建模。

要意识到数据分析任务不同步的业务影响。例如，在抽油井转轮优化中，抽油井的转轮计划通常是提前1周发布的，所以日数据同步时，可以得到当日每口井的生产阶段（注蒸汽、焖井还是生产），例如，11月1日同步可以获得11月1日开始的新转轮周期的井；而生产日报是每日填补的，日数据同步时获取的是前一天的生产日报，即11月1日同步时获得是10月31日的日报数据。转轮计划与生产数据聚合时候会出现时间差，即11月1日开始转轮的井没有当前转轮的日报信息。在一个新转轮周期的首日，生产日报数据（滞后物理时间1天，因为一天生产结束后才有当日的产量数据）仍是前一个周期的，算法代码如果没有很好的边界处理，很容易用上一个转轮周期结束日特征量来做低产井概率预测。

在日常运维上，常见的支撑信息是以数据处理流程图为中心，将定时任务列表、数据表和关键处理算法关联起来。例如，抽油井转轮计划优化的数据处理流程如图7-5所示，方框为数据分析任务，椭圆形为数据表。

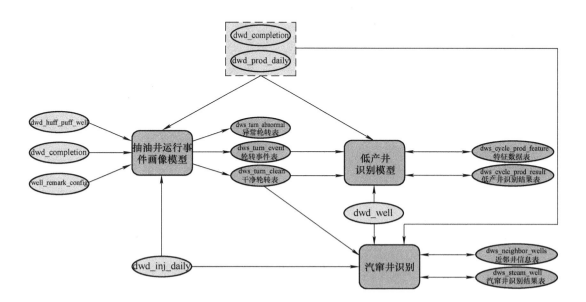

图7-5 分析模型与数据表之间的关系

以低产井识别模型为例，算法说明文档如下：

低产井识别模型说明文档

描述

低产井识别模型,根据不同小层、井型的历史生产数据,利用机器学习(决策树),对生产趋势与历史统计数据进行分析,建立相应的低产井识别模型。日常生产过程中,定期调用低产井识别模型按小层和井型对生产数据及相应的衍生特征数据进行研判,输出低产识别结果,形成相对精准的待转轮列表,为稠油注采分析决策提供支持。

低产井识别模型训练,需对生产数据进行预处理,包括完整轮转生产数据的筛选、长期缺失产液量的轮转数据过滤、产液量数据修正、特征提取、生产数据打标签等过程,然后分小层和井型分别训练、保存模型。

低产井识别定期识别,同样需要生产数据修正、特征加工等过程。加工好的生产特征数据通过调用对应小层和井型的低产识别模型进行研判,输出低产概率。为提升低产识别结果的准确性,低产井研判结果采用近3日低产概率的加权值。

运行环境

依赖包	版本要求
Python	3.8 或以上
Pandas	1.2.0 或以上
其他包这里忽略	—

输入:模型定时从对应数据表按设定规则取数

名称	类型	简介	取用的字段
dws_turn_clean	Table	清洗后的轮转表	A11
dwd_prod_daily	Table	生产日报表	WELL_ID, PROD_DATE, LIQ_PROD_DAILY, WH_TEMP
其他表这里忽略	—		

输出:结果写入至对应的数据表中

名称	类型	简介
dws_cycle_prod_feature	Table	特征数据表
dws_cycle_prod_result	Table	低产识别结果表
其他表这里忽略	—	—

参数

参数名称	类型	取值范围	默认值	描述
days_forward	Int	>=30	30	模型每次运行,取距当前 days_forward 天的特征数据、生产数据,为保证生产数据特征计算的正确性,需不低于 30 天。为保证效率,取值不宜过大

数据清洗

生产日报表（dwd_prod_daily）的清洗主要包括以下几个方面的处理：

对生产日报中的产液量 LIQ_PROD_DAILY 进行修正，将轮转第一天的产液量修改为空值，将数值为 0 的产液量修改为空值；

根据轮转周期表，筛选出完整转轮（即轮转结束时间不为空）对应的生产日报数据；

考虑到长周期转轮存在复注的情况，通过轮转起止时间计算轮转周期，筛选出周期在 45～200 天的转轮对应的生产日报数据；

根据井事件提取结果，根据事件类型（EVENT_TYPE）过滤掉存在大的故障的轮转数据；

对每个轮转产液量缺失率进行统计，过滤掉长期缺失产液量的轮转数据。

模型训练

对生产日报数据进行清洗，如上所述；

提取特征，主要包含：起始产液量、持续开采天数、过去 3～5 天的平均产液量、过去 3～5 天的相对产液量与该转轮起始产液量的比例、过去 5 天产液量的斜率；

生产数据打标签，将完整转轮的最后 10 天认为是真正的低产阶段；

预处理完成后的标签数据，同小层和井型的生产数据按轮转数 7∶3 进行训练集、测试集划分；

使用不同小层和井型划分好的训练集、测试集，对决策树模型进行训练，为避免模型过拟合，对模型进行砍枝，主要从最大树深、最小节点样本数、最小叶子样本数、最小节点不纯度和分裂产生的不纯度最小减少量等参数进行调整；

模型效果主要通过召回率和误报率进行评估。

基于类似如图 7-5 的数据处理流程图，可以提前推演数据中断的业务影响。例如，如果生产日报出现 1 周左右的数据中断，转轮周期可能出现错乱。在补充日报数据后，应该优先运行生产运行画像模型，及时纠正转轮事件记录，再运行低产井识别模型等其他模型。

7.8 分析课题总结

无论是生产项目还是科研项目，分析课题总结都是项目总结的一个重要组成部分，主要内容见表 7-11。除了项目管理要求的内容外，还应包括：①模型的实施过程文档，按照 CRISP–DM 的工作项进行组织，记录模型研发中的关键业务逻辑和技术点，以便后续的模型运维与更新。②分析任务流文档，记录部署后的分析任务流，以便日常运维与后续更新。③数据说明文档，关键数据表的说明以及数据表间的转化关系，通过数据血缘管理实现逻辑的跟踪。④模型说明文档，包括算法参数描述、边界处理方法、运行环境要求等，另外也要把遗留问题、可能改进点及建模中隐含的假设也记录下来，方便后续的改进提升。

表 7-11 分析课题总结文档

文档类型	目的	主要内容
实施过程文档	后续的改进提升（数据分析师）	按照 CRISP-DM 的工作项进行组织，记录模型研发中的关键业务逻辑和技术点 后续改进项
分析任务流文档	运维与故障排查（运维人员和数据分析师）	类似图 5-5 所示的数据处理流图（按照实际部署内容更新） 不同定时任务的执行周期和执行时刻 关键数据的新鲜度和有效期
数据说明文档	故障排查（运维人员和数据分析师）	关键数据表的说明 数据表间的转化关系（结合分析处理流图）
模型说明文档	故障深入排查与算法改进（数据分析师）	算法的描述、依赖环境、输入/输出、配置参数、主要处理逻辑、训练数据要求（对于监督学习）、例外情形说明

参 考 文 献

[1] 马克斯·库恩，谢尔·约翰逊. 应用预测建模 [M]. 林荟，邱怡轩，马恩驰，等译. 北京：机械工业出版社，2016.
[2] 田春华. 工业大数据分析算法实战 [M]. 北京：机械工业出版社，2022.
[3] 张楠. 基于示功图分析的抽油机故障诊断系统 [D]. 大连：大连理工大学，2009.

第8章 机器学习融合的设计模式

1993 年，Erich Gamma 等人首次提出了面向对象软件开发的设计模式概念[1]。在软件工程领域，设计模式是对软件设计中普遍存在的各种问题提出的一系列解决方案。这些设计模式代表了面向对象软件开发的最佳实践，使得软件编码向工程化迈出重要一步。

在工业领域中，随着人工智能技术的推广运用，工业数据分析应用的开发也在发生变化。以机器学习为代表的当代智能技术为数据分析提供了更多手段，但也存在技术门槛、使用条件等诸多问题。如何将原有工业应用的技术路线与数据驱动人工智能技术相结合，充分发挥智能技术的优势，是工业领域面临的一项重要挑战。这一问题涉及对工业场景、机理知识、业务流程、统计分析、人工智能算法等多种知识的运用。在实际开发中，很难要求开发人员完整掌握上述庞杂的知识体系。本章试图参照面向对象的软件设计模式，为传统工业数据分析与机器学习融合的开发方法总结出一系列可复用的最佳实践。

本章尝试结合工业实际开发案例和软件工程、人工智能等相关理论，提出若干面向工业智能化应用场景的机器学习融合设计模式，将跨越工业领域知识与人工智能技术的实践经验以体系化的形式组织起来，供智能化工业应用软件的开发人员参考。

8.1 机器学习融合设计模式的来源和分类

与软件工程中面向对象的设计模式类似，机器学习融合的设计模式同样从实践中产生，并反过来指导实际应用的开发。本章对机器学习融合设计模式的总结遵从图 8-1 所示的逻辑。首先，为铺垫设计模式的问题基础，需要建立起对工业智能应用案例的全面认识，即从案例中提炼出规范化的完整需求描述，其中包括业务需求、领域知识和对业务数据的观察发现等。只有对需求有完整、正确的理解，才能够进一步抽象出普适性问题，这是总结机器学习融合设计模式的前提。其次，就本章关注的范围对典型技术路线进行分类和总结，形成机器学习融合设计模式的基本体系和结构化描述。其中包括对机器学习融合设计模式适用的场景、基本原理、评价方法和局限性等的说明，由此完整地阐述设计模式产生的依据、权衡因素和决策思路等，以指导工业智能应用开发者在实际应用中合理地运用这些设计模式。

本章聚焦于原有工业数据分析传统方法与数据驱动的机器学习方法相结合的技术路线研究，具体包括 3 个类别，即业务逻辑与机器学习融合、机理知识与机器学习融合、运筹优化

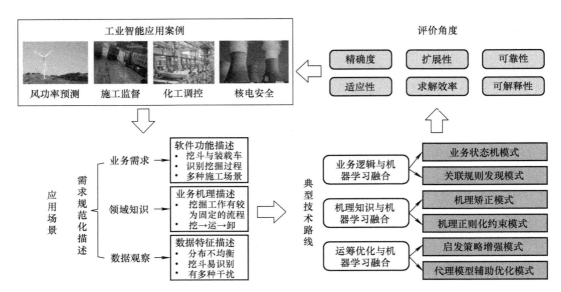

图 8-1 机器学习融合设计模式的来源和分类

与机器学习融合 3 类。在这 3 类中，本章选取具有代表性的 6 个机器学习融合设计模式，基于实践经验总结、前沿技术现状调研，通过设计模式的结构化信息描述对这些典型的可复用技术路线进行说明。

参照面向对象设计模式采用的统一描述结构，本章将通过表 8-1 所列的几项条目阐述几种典型的机器学习融合设计模式。

表 8-1 机器学习融合设计模式的描述结构

名称	内容
动机	在此回答"该设计模式的出发点是什么""用来应对什么挑战"等问题。在机器学习融合设计模式中，动机主要强调单独运用传统方法或者数据驱动方法面临的挑战，以及该设计模式所发挥的作用
适用场景	在此回答"该设计模式在什么场景下使用""有哪些前提或者适用范围"等问题。尽管设计模式是面向一类问题提出的，具有一定的普适性，但考虑到应用场景的复杂性，需要对设计模式的使用前提有更具体的说明。明确设计模式的适用范围与提出该设计模式同样重要，否则不合时宜的误用很可能带来负面的效果
工作原理	在此回答"该设计模式生效的原理是什么"。在机器学习融合设计模式中，工作原理主要有两种角度：一类是用来辅助的传统方法如何发挥作用，即机器学习模型被优化的原理；另一类是用来辅助的机器学习方法如何发挥作用，即机器学习解决的具体问题是什么。工作原理的侧重点在机器学习技术的运用和改进上
实现	在此回答"实现该设计模式的核心技术方案是什么""实现中需要考虑哪些要点"等问题。这部分内容主要通过流程图等阐述该设计模式的技术实现要点。为保持足够的普适性，此处强调的是主线实现逻辑，具体实现方案会根据场景需要有所不同

(续)

名称	内容
评价	在此回答"如何评价该设计模式取得的效果"。在一些设计模式中，评价部分会给出具体的量化指标。而另一些情况下，量化指标根据具体场景的差异有所不同，此时评价部分强调的是评价设计模式的角度。设计模式的评价是判断其是否发挥了预期作用的依据，实际应用中需要进一步同业务需求相结合，构造具有业务语义的评价方法
风险和局限	在此回答"该设计模式存在哪些不足""可能带来哪些风险"等问题。这里主要探讨实现该设计模式的技术复杂度带来的风险和局限，包括求解空间过大、计算效率局限等。这些因素会严重影响运用该设计模式所投入的成本和带来的收益
参考案例	在此介绍体现该设计模式价值的典型案例。案例来源于工业应用的实际研发经验和工业领域的前沿科研成果。在参考案例中强调问题与设计模式的适配性，以及设计模式取得的效果。案例的具体实现方案不属于本书的核心内容，故在此处省略

机器学习融合设计模式的初衷就是用来解决传统方法或者机器学习方法不能独立解决的复杂问题。通过上述的结构化描述，读者可以建立起一些体系化的认识，将对原本较为复杂的技术路线集合转变为可以分类、对比、扩展的独立单元，为设计模式的提炼、运用和发展提供了基础。

8.2 业务逻辑与机器学习融合

业务逻辑是工业应用的核心内容，包括生产流程、目标、规则等方面。业务逻辑与机器学习融合大体有两个角度：一是业务逻辑帮机器学习模型限定了搜索空间（这里称为业务状态机模式）；二是机器学习模型为业务逻辑提供参考依据（通常以关联规则发现的方式进行）。下面就这两个角度阐述两种业务逻辑与机器学习融合的设计模式。

8.2.1 业务状态机模式

1. 动机

机器学习模型是从有限的数据中学习得到，数据变化（或者称为分布外，out of distribution）会导致模型的推理能力下降。在开放环境中，这种数据变化在所难免，造成机器学习模型误判。怎样提高机器学习模型在开放环境中的适应性是一个极具挑战的议题。一个简单直接的思路，就是在模型推理的过程中引入更多的业务信息，以业务情景作为推理的上下文。业务状态机模式就是这样一种技术路线，其中，业务逻辑或者专家规则所代表的上下文被具象为可编程实现的状态机。机器学习模型借助上下文信息，抵抗开放环境带来的干扰，从而提高推理的准确性。

2. 适用场景

在智能模型的需求描述中，一方面应包括对机器学习模型的预期，另一方面还应该包括模型处理对象的相关业务逻辑。在工业生产中，工况的变化、生产步骤的切换等都可能成为模型推理的上下文。但上下文是否对模型推理有助益，要具体看模型的功能在多大程度上受到上下文的影响。这种影响有两种形态：一种是直观易懂的显式影响，如模型推理结果的合理范围会根据生产环节发生变化；另一种则是不易发现的隐式影响，如在不同工况下模型推理效果存在差异，这种差异往往来自于工况提供的训练样本量、问题复杂性的不同。对于显式影响的上下文，业务状态的定义依据较为清楚，运用业务状态机模式会起到较好的推理辅助效果。而产生隐式影响的上下文，业务状态难以刻画，不容易直接用于辅助模型推理。

3. 工作原理

开放环境意味着模型的输入 x 并不像训练时那样"单纯"，而是存在一些意料之外的干扰，造成 x 本身的扰动或者条件概率分布 $p(y|x)$ 发生变化。引入离散化的业务状态上下文，相当于对条件概率分布做了细分，即

$$p(y|x) = \begin{cases} p_1(y|x), state_1 \\ \vdots \\ p_k(y|x), state_k \end{cases}$$

如此一来，在每个状态下，机器学习模型负责解决一个局部问题，而不是把所有局部问题当成一个整体来解决。这种方法的优势在于，将数据层面上辨析较为困难的情况通过明确的业务状态进行分解，避免了个别高难度样本影响了其他低难度样本的推理稳定性。

4. 实现

业务状态机模式核心包括两部分内容：一是业务状态的识别；二是基于业务状态完成模型推理。一种实现框架如图 8-2 所示。

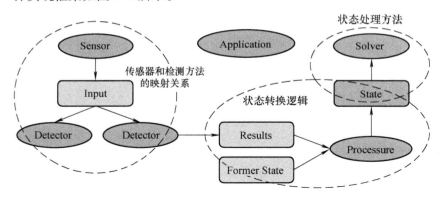

图 8-2 业务状态机模式实现框架

图 8-2 中假定数据来源于传感器，而机器学习模型用来完成某种检测任务。业务状态机由业务专家和机器学习工程师共同设计并实现。业务状态的转移由机器学习模型推理结果和当前所处状态决定，通过业务状态机完成转移。在应用运行的过程中，业务状态被持续维护，就可以将该业务状态用来辅助模型推理。这种辅助可以体现为对模型推理结果的后加工，即根据当下的业务状态对模型推理结果进行变换或者纠正。例如，当模型推理得到了一个不属于当下业务状态可能发生的情况，则可以忽略该推理结果，这对于开放环境的模型推理有着重要的意义。另外，还可以在模型构建阶段引入业务状态，大体有两个角度：其一，将状态也作为模型输入的一部分，这就要求将状态数据融入到数据集中；其二，将不同状态看成独立的问题，每种状态单独处理，这样做的好处是可以将包括机器学习、统计学习、专家规则在内的多种技术综合运用，取长补短。

5. 评价

业务状态机的主要作用在于控制推理的范围，提升推理的鲁棒性。故在评价该技术方案时，应当考虑业务状态机的合理性、完备性，主要通过实际用例进行评估，达到尽可能高的业务覆盖度。同时，应评估机器学习模型的表现，由此计算业务状态机各个状态下的准确率。在评估中，尤其注意引入开放环境下不可预知的干扰因素，考察技术方案抵御模型误判的能力。

6. 风险和局限

业务状态机模式的关键在于对业务过程的理解，即业务状态机的构建。尤其对于较为复杂的业务过程，业务状态机难以做到完备。在开发中，需要选取大量不同场景、不同业务支线以验证业务状态机是否足够准确。另外，随着业务逻辑演变，业务状态机也可能需要变化，其更新迭代面临着较高的复杂度。

7. 参考案例：挖掘机工作过程的视觉识别

这里以一个挖掘机工作过程的识别应用为例。该案例的目标是利用机器学习视觉分析手段识别挖掘机完成了多少次挖掘和装卸工作，即"数斗"，以此作为挖掘机租赁计费的依据。在一定量的训练数据支持下，基于 YOLO 等物体检测模型可以较好地识别出挖斗、卡车等物体。在原有方案中，开发人员预先设定完成一次挖掘工作的统计量规则，如"先出现 2 次竖斗，然后是 2 次平斗，再接 2 次竖斗"。根据物体检测模型的识别结果判断是否符合统计量规则，进而完成"数斗"。

然而，挖掘机的工作环境是极为丰富和不确定的，比如施工环境、物料的差异，以及随机出现的设备、人员、建筑等，都可能对视觉分析算法造成干扰。如图 8-3 所示，挖掘机的内饰和施工人员没有在训练集中出现过，在物体检测模型识别时就被误认为是卡车。这时，基于统计量规则的方法极易受到干扰，意外出现的物体被误判为挖斗或者卡车，进而触发统计量规则，导致"数斗"错误。

a)

b)

图 8-3 挖掘机内饰和施工人员引发的误判

遵从业务状态机模式，将挖掘机的工作过程可转化为多个业务状态构成的状态转移图，如图 8-4 所示。

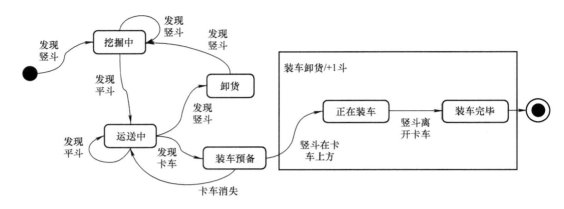

图 8-4 挖掘机工作过程的业务状态机

从起点状态开始，当物体检测模型发现竖斗时，状态转移到"挖掘中"，直到出现平斗，进入到"运送中"，以此类推。在某一个状态下，仅对引发状态转移的物体检测结果做出反应，其他识别结果则不做反应。相比没有状态拆分的情况下，同等的模型误判带来的影响被极大地降低了。如图 8-3 所示的两个误判的例子，只有处于"运送中"状态时，卡车误判才会产生状态转移，在其他状态下该误判均不产生干扰。在实际应用中，有效提升了开放环境模型推理的鲁棒性，在测试集上"数斗"准确率从 94.7% 上升为 98%。

8.2.2 关联规则发现模式

1. 动机

以深度学习为代表的新一代人工智能技术在互联网行业得到极为广泛的应用。但是，由于深度学习这个"黑盒子"的弱可解释性，在工业领域中落地面临极大困难。如何在使用深度学习技术的同时提供足够的可解释性，是工业智能应用软件开发面临的一个重大挑战。关联规则发现模式正是用来解决这一挑战的一种策略，它在使用机器学习模型完成批量推理的同时，提取推理结果表现出来的量化数值规则，为模型的推理行为提供了解释依据。

2. 适用场景

当模型输入和输出的数值因果关系与业务逻辑关联较为紧密，则需要考虑关联规则发现模式。一方面，可以通过业务逻辑对模型进行可解释性分析，判断模型正确性。另一方面，也可以通过预测模型为业务规则的制定提供参考依据。

3. 工作原理

在数据挖掘领域，关联规则（Association Rule，AR）学习是发现大型数据库中变量之间重要关系的一种流行的方法。同时，它也被看作一种机器学习的可解释性分析方法。在关联规则学习中，定义 $A = \{a_1, a_2, \cdots, a_n\} \in \mathbb{R}$ 为一组特征，定义 S，$T \subset A$，且是 A 的两个不相交子集，即 $S \cap T = \emptyset$。本节主要讨论连续情况下的关联规则，也称为定量关联规则（Quantitative Association Rule，QAR）。每一条 QAR 可以定义为 $X \Rightarrow Y$，其中 $X \in S$ 称为前因变量，$Y \in T$ 称为结果变量。X 和 Y 都由一个区间 $[l, u]$ 表示，其中 $[l, u] \in \mathbb{R}$。这种表达方式直观地表达了特征在数值上可能存在的因果关系。通过关联规则学习算法分析数值范围在样本集合中出现的频率，最终确定满足要求的 QAR 集合。

4. 实现

关联规则学习算法的代表之一就是先验算法（Apriori Algorithm），其流程图如图 8-5 所示。在关联式规则学习中，将反复出现的数值或数值关系定义为频繁项。先验算法采用自底向上的处理方法，即从最小的频繁项集开始，每次只扩展一个备选项（该步骤被称为生成备选项集），并且对备选项集进行数据检验，看是否符合频繁项集要求。当不再产生符合条件的频繁项集时，根据当前频繁项集得到 QAR，算法终止。

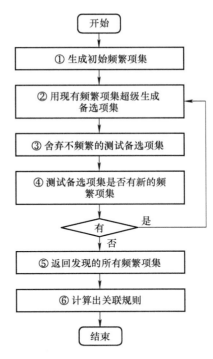

图 8-5 先验算法的流程图

5. 评价

量化关联规则的评价有如下指标：

1）支持度（Support）：该规则（或者变量）涉及样本量在样本总量中出现的比例，代表了出现频率。

2）置信度（Confidence）：该规则支持度与前因变量支持度的比例。

3）提升度（Gain 或 Lift）：该规则置信度除以结果变量的支持度。

在衡量关联规则时，应同时考虑 3 个指标的情况。支持度足够大是评判频繁集的条件。置信度是对因果关系出现比例的评价。提升度能够较好地刻画前因变量和结果变量的相关性，大于 1 时越大正相关性越高，小于 1 时越小负相关性越高，等于 1 时不具有相关性。

6. 风险和局限

关联规则发现模式只能处理变量较为有限、规则空间相对小的情形。例如，先验算法在每次对数据库进行扫描之前总是尝试加载尽可能多的备选集，这使得生成备选集的过程生成了大量子集。更严重的是，自底而上的子集遍历过程导致寻找任意最大子集的效率极低。另外，得到的关联规则与机器学习模型的行为并非完全一致，需要结合业务实际，根据置信度、提升度等指标合理运用关联规则。

7. 参考案例：用电需求预测

研究者[2]在西班牙电力能源消耗的时序预测模型上完成了基于先验算法的量化关联规则发现。该场景中利用过去 168 个时刻的数据预测未来 24 个时刻的电力能源消耗数据，时刻间隔为 10min。结果如图 8-6 所示。

其中，X_{t-k} 代表作为预测模型输入的第 $t-k$ 个时刻的变量，$\hat{X}_{t+k}$ 代表预测模型输出的第 $t+k$ 个时刻的变量。上述结果被进一步可视化为热力图，如图 8-7 所示。

h	Rule	Support	Confidence	Gain
1	IF $X_{t-1} \in [19144, 28171] \Rightarrow \hat{X}_{t+1} \in [19017.01, 28913.1]$	0.44	0.99	0.49
2	IF $X_{t-2} \in [24681, 31386] \Rightarrow \hat{X}_{t+2} \in [23969.40, 32495.10]$	0.44	0.94	0.43
3	IF $X_{t-1} \in [23712, 31206] \Rightarrow \hat{X}_{t+3} \in [23061.80, 31713.90]$	0.48	0.94	0.38
4	IF $X_t \in [24278, 29659] \Rightarrow \hat{X}_{t+4} \in [22952.34, 31432.35]$	0.50	0.91	0.40
5	IF $X_{t-7} \in [21853, 34799]$ AND $X_{t+5} \in [24217, 31889] \Rightarrow \hat{X}_{t+5} \in [23578.02, 33340.73]$	0.49	0.91	0.34
6	IF $X_{t-137} \in [24123, 34045]$ AND $X_t \in [24228, 33258] \Rightarrow \hat{X}_{t+6} \in [23522.44, 34127.99]$	0.55	0.94	0.29
7	IF $X_{t-1} \in [19479, 29894] \Rightarrow \hat{X}_{t+7} \in [20182.95, 319619.64]$	0.55	0.94	0.32
8	IF $X_{t-139} \in [20047, 35442]$ AND $X_{t-3} \in [26766, 35500] \Rightarrow \hat{X}_{t+8} \in [25700.28, 35917.49]$	0.53	0.93	0.29
9	IF $X_{t-132} \in [29726, 35683] \Rightarrow \hat{X}_{t+9} \in [27901.31, 36201.71]$	0.38	0.82	0.37
10	IF $X_{t-1} \in [17833, 27315] \Rightarrow \hat{X}_{t+10} \in [19250.12, 28036.68]$	0.49	0.85	0.30
11	IF $X_{t-1} \in [17314, 27711] \Rightarrow \hat{X}_{t+11} \in [19441.25, 29911.07]$	0.41	0.91	0.40
12	IF $X_{t-131} \in [19310, 28828]$ AND $X_{t-2} \in [17828, 29448] \Rightarrow \hat{X}_{t+12} \in [19542.52, 27435.63]$	0.43	0.90	0.35
13	IF $X_{t-126} \in [26008, 39504]$ AND $X_{t+13} \in [2699, 36825] \Rightarrow \hat{X}_{t+13} \in [26766.36, 36299.52]$	0.41	0.91	0.40
14	IF $X_{t-128} \in [26085, 36854] \Rightarrow \hat{X}_{t+14} \in [25842.66, 37906.29]$	0.59	0.86	0.26
15	IF $X_{t-138} \in [27742, 35781] \Rightarrow \hat{X}_{t+15} \in [24720.23, 35510.30]$	0.41	0.90	0.29
16	IF $X_{t-133} \in [29348, 35433] \Rightarrow \hat{X}_{t+16} \in [25145.03, 35422.21]$	0.38	0.94	0.36
17	IF $X_{t-133} \in [23483, 39795]$ AND $X_{t-13} \in [25760, 42015] \Rightarrow \hat{X}_{t+17} \in [26774.85, 40080.67]$	0.36	0.92	0.42
18	IF $X_{t-17} \in [29939, 37660] \Rightarrow \hat{X}_{t+18} \in [28619.09, 39431.19]$	0.48	0.85	0.26
19	IF $X_{t-128} \in [18910, 29497] \Rightarrow \hat{X}_{t+19} \in [19705.19, 29289.99]$	0.51	0.82	0.30
20	IF $X_{t-1} \in [17314, 26914] \Rightarrow \hat{X}_{t+20} \in [18925.39, 29780.93]$	0.31	0.87	0.32
21	IF $X_{t-117} \in [17690, 27283] \Rightarrow \hat{X}_{t+21} \in [18672.80, 29454.99]$	0.45	0.87	0.20
22	IF $X_{t-127} \in [24899, 34971] \Rightarrow \hat{X}_{t+22} \in [23731.33, 35017.20]$	0.55	0.90	0.20
23	IF $X_{t-121} \in [30108, 38394] \Rightarrow \hat{X}_{t+23} \in [27811.31, 38833.49]$	0.40	0.89	0.33
24	IF $X_{t-121} \in [27204, 37072] \Rightarrow \hat{X}_{t+24} \in [26002.81, 37814.75]$	0.50	0.88	0.22

图 8-6　关联规则发现案例（截取了支持度 >0.3、置信度 >0.8 的部分）

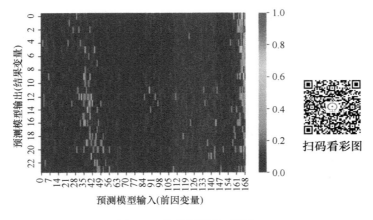

图 8-7　关联规则的可视化

其中，横轴为预测模型的输入，168 个时刻的变量值，纵轴为预测的输出，24 个变量值。每个点的颜色代表了以横轴对应变量作为前因变量、纵轴对应变量作为结果变量的频率。图中较为显著的因果范围发生在 35~49 和 161~168 附近，这两个时刻范围的变量对于预测后续用电量有较大的参考意义。通过关联规则发现，可以对机器学习模型的预测做可解释性分析。同时，通过对比从真实数据和模型预测结果两个来源发现的关联规则，可以明确指出机器学习模型的缺点并有针对性地做出调整。

8.3　机理知识与机器学习融合

工业应用利用了大量机理知识，包括物理、化学、力学等多种学科。有研究者支出，机理方法和数据驱动方法所解决的问题可以大体分为 3 类[3]：第一类是小数据量、强机理的问题场景，工业机理模型主要用来解决这一类问题，如工业仿真软件中的物理引擎；第二类是大数据量、弱机理的问题场景，这一类问题可以完全依靠数据驱动技术解决，如基于视觉的安全规范检测；第三类是机理和数据都有一些应用条件，但仅依靠机理或者仅依靠数据都不足以独立解决的问题，如结合气象机理模型与机器学习模型的风功率预测，如图 8-8 所示。

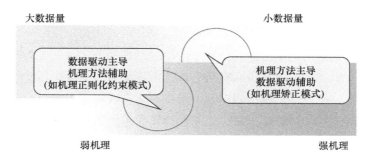

图 8-8　机理方法与数据驱动方法融合

在实际应用中，最后这种情形所占的比例更高。而其中又可以根据机理方法主导数据驱动辅助或者数据驱动主导机理方法辅助这两类方法。以下即从这两个角度阐述两种机理知识与机器学习融合的设计模式，分别是机理矫正模式和机理正则化约束模式。

8.3.1　机理矫正模式

1. 动机

工业应用场景中，能量守恒、质量守恒、化学反应方程等机理知识常被用于指导生产、预估产量等。但是，机理模型涉及的因素有限，通常不会将完整的环境、物料、设备等信息考虑在内，使得机理模型往往难以准确地反应实际生产数据。在机理模型中引入更多变量自然是一种改进方法，然而，"实际场景中到底有哪些影响因素？""这些因素又如何建模？"是极难回答的问题。数据驱动的机器学习技术提供了另一种选项，这种机理与机器学习融合的手段有两方面的动机：一方面，通过对实际生产数据的学习，机器学习模型能够直接刻画未知因素的干扰，不受机理复杂性的影响；另一方面，机器学习对数据量、数据样本的丰富程度有一定的要求，且具有不确定性，使用机器学习完全替代机理模型存在较大的技术难度。在机理模型的基础上，通过机器学习加以矫正，往往可以得到更加准确、可靠的结果。

2. 适用场景

运用机理矫正模式的一个重要前提是，机理模型应当已经能够在很大程度上解决实际生产面临的主要问题。在机理矫正模式中，机器学习模型主要用来刻画噪声、不确定因素等带来的次要干扰。

如果机理模型表现得非常不可靠，在量级、趋势层面上不能与实际数据吻合，则说明有一些影响极为显著的关键因素。在这种情况下，就不能以现有的机理模型作为技术方案的核心部分。

3. 工作原理

机理模型是对物理现象的建模，可以看作一个函数 $y = f(x)$。机理模型有较强的假设，与真实情况存在差异，即实际生产数据 $\hat{y} = f(x) + \varepsilon$，其中 ε 代表没有在机理模型中考虑到的噪声干扰以及机理本身存在的偏差。所以，用于矫正机理的机器学习模型，对于回归问题来说，其预测目标可以通过 $\varepsilon = \hat{y} - f(x)$ 来定义，输入则应该包括 x 以及依据专家经验可能带来噪声干扰的其他变量。机器学习模型可表示为 $\varepsilon = M(x,z)$，其中 z 代表没有在机理模型中考虑的因素。

4. 实现

运用机理矫正模式的前提是已经具备初步可用的机理模型，这一工作需要领域专家手动构造。在此基础上，定义用于矫正机理模型的机器学习模型，主要包括特征表征结构和目标损失函数两部分内容。机器学习模型根据业务需要自动在线构造，即以在线学习的方式不断优化矫正模型，当矫正效果达到要求时，则采用校正后输出替代原有的机理预期输出。基本实现逻辑如图8-9所示。

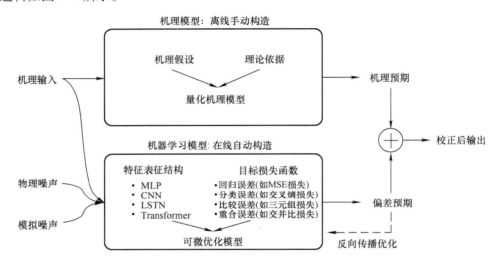

图 8-9 机理矫正模式的实现逻辑

机理矫正模式的重点在于如何对机理模型偏差建模。一种广泛采用的思路是按照机理模型的问题定义等价的机器学习模型，即输入遵从机理模型，同时选择适合机理问题的典型机器学习模型结构，以机理模型相对实际数据的偏差作为学习目标。当需要考虑机理模型之外的因素时，可以选择将这些因素与原有机理模型输入融合，作为矫正模型的输入，也可以对外部因素单独建模。选择哪种方式取决于开发者对机理模型偏差的认识，典型情况见表8-2。

表 8-2 典型的机理模型偏差矫正路线

偏差来源	矫正输入	机器学习模型
偏差由周期性噪声引入	噪声源	构建噪声模拟模型
偏差来自机理模型自身	原始数据	构建机理等价模型
偏差来源不确定	潜在噪声源，原始数据	构建机理等价模型

损失函数是矫正模型的重要组成部分，其选择要根据业务目标确定。如数值回归任务采用回归误差或者比较误差，分类任务采用交叉熵等分类误差，结构化输出则考虑采用交并比

（IoU）等重合误差。其中，回归问题和结构化输出问题的偏差即数值差，较为直观。分类问题则较为复杂，通常需要机理模型给出置信度估计，然后通过学习校准映射（Calibration Map）实现对机理输出的后处理操作[4]。

5. 评价

机理矫正模式的主要作用是改善机理模型的准确性。在评价该技术方案时，主要考虑的是矫正后的输出结果是否与实际情况更加相符。在观察模型在测试集上的整体表现的同时，还需要具体观察失败案例的情形，看是否存在严重违背机理模型的情况，这可能给模型的实际应用带来较高风险。

6. 风险和局限

在运用机理矫正模型时，应当保证机理模型的主导地位，避免在机理失效时运用机理矫正模型。例如，应当从用于构造机理矫正模型的数据集中排除机理模型不能正常工作的情形，如停机检修、更换物料等业务操作造成的机理失效。否则，这些非正常工作情形会误导数据驱动的机理矫正模型，影响正常工作状态下的机理矫正。

7. 参考案例：氧化铝蒸发过程建模

这里以流程工业中的氧化铝蒸发过程作为案例说明如何运用机理矫正模式[5]。拜耳法氧化铝蒸发工艺，由七效五闪逆流蒸发系统构成，其具体流程结构如图 8-10 所示，由 7 个逆流降膜蒸发器、7 个分离器、6 个闪蒸器（其中一个为原液闪蒸器）和部分冷凝水罐构成。

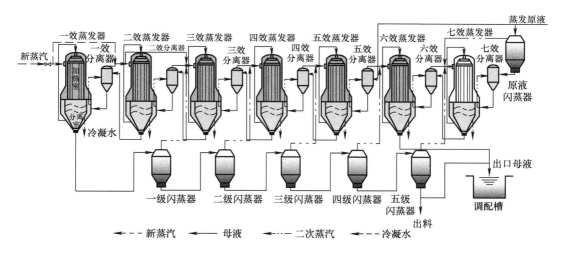

图 8-10 拜耳法氧化铝生产原理图

氧化铝蒸发过程是一个多输入多输出的长流程复杂系统，根据对实地的调研和工艺流程的分析，通常基于能量和物质守恒等机理，以各设备的进入和流出物料为变量，建立蒸发过程的动态模型，进而预测出口碱液浓度。但机理模型能够考虑的因素有限，并不能准确描述实际生产情况，如图 8-12 中的实验结果所示。考虑到化学反应中存在典型的时间序列特征，我们将可能影响生产效果的变量按照其产生时刻构建了一个基于 LSTM 的时序矫正模型。该模型预测结果与机理模型进行求和，根据最终结果的偏差指导时序模型更新，方案如

图 8-11 所示。

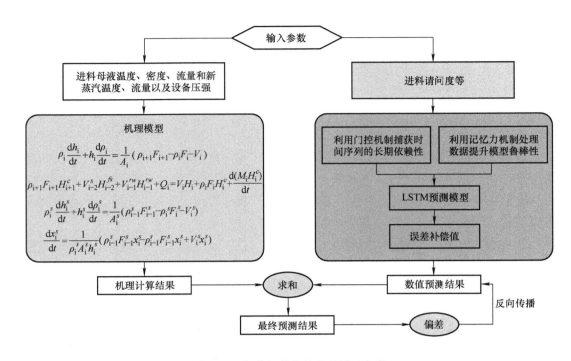

图 8-11 氧化铝蒸发的机理矫正方案

可以看出基于该方案得到的整体模型在数据波动变化小的时候能够十分贴近真实值,这反映了在工况没有出现异常情况模型能够对出口碱液浓度做出很好的预测,相比单纯机理模型取得了明显提升。对比效果如图 8-12 所示。

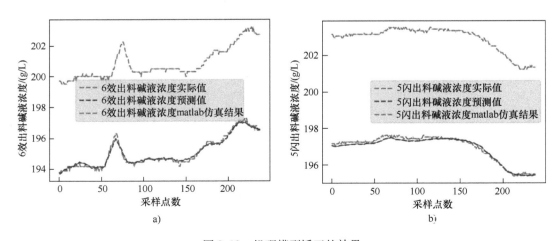

图 8-12 机理模型矫正的效果

8.3.2 机理正则化约束模式

1. 动机

受问题复杂性、训练样本量、样本丰富程度的制约，机器学习模型在实际落地中经常面临稳定性差、噪声干扰敏感等挑战。正则化是解决这一问题的主要手段之一。在工业场景中，物理定律、化学反应原理等机理知识可以作为正则化的依据，在训练中约束机器学习模型学习的自由度，让模型的推理结果大体符合机理预期，进而提升鲁棒性、可解释性和计算效率。

2. 适用场景

在工业场景中，由于许多物理变量之间的关系在不同的空间和时间尺度上变化，生产问题往往表现出高度的复杂性，使得完全由数据驱动的机器学习模型可能无法直接从数据中捕捉到背后的物理关系，尤其是当提供有限的观测数据时。所以，运用机理正则化约束建模模式的前提就是背后的机理较为明确，且能够量化。

3. 工作原理

机器学习模型的训练过程，就是不断从参数空间中搜索到更加符合实际数据的参数。将量化的机理知识纳入到机器学习模型的损失函数，在学习过程中就可以引导模型向符合机理知识的方向更新，从而大大减小参数空间的搜索范围，也因此能够减少机器学习模型对数据量的依赖，提高机器学习模型在假设空间中进行参数优化求解的效率，如图8-13所示。

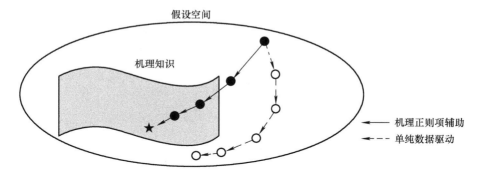

图8-13 机理正则化约束的作用

4. 实现

机理正则化约束有多种实现手段，一个代表性的研究流派致力于设计专门的神经网络架构，隐式嵌入与给定预测任务相关的先验知识和归纳偏差。目前主流的神经网络大都具备这种特点。如卷积神经网络（CNN）[6]，以模拟视觉神经元的固定大小的感受野（Receptive Field）作为先验知识。对于更加普适的物理机理，研究者提出了物理信息神经网络（Physics-informed neural networks，PINN）[7]，通过引入纳维—斯托克斯方程（Navier–Stokes equation）、龙格—库塔法（Runge–Kutta methods）等非线性偏微分方程，控制神经网络在观测数据上体现出来的物理定律，如对称性、不变性或守恒原理等。类似地，研究者提出哈密顿神经网络（Hamiltonian Neural Networks，HNN）[8]，以无监督的方式使得神经网络遵从哈密顿力学的守恒定律，从而更好地刻画复杂系统随时间的演变。作为增加机理约束的一个主要手段,有大量研究工作探讨如何在机器学习模型的损失函数上增加机理正则项,通过反向传播引导神经网络遵从机理规律的引导。如参考文献[9]提供了基于物理知识辅助的损失函数的实现指南,其典型的公式如下所示:

$$\text{Loss} = \text{Loss}_{\text{task}} + \lambda \times \text{Reg}_{\text{mechanism}}$$

需要注意的是,机理知识约束的影响程度要适度。如果机理知识影响过强,会限制机器学习模型的学习能力。以损失函数的形式加入机理知识约束的情况下,可以通过正则项的权重 λ 对约束程度加以调节,并通过交叉验证确定权重大小。另外,机理正则化约束在原有机器学习目标的基础上增加了一个新的目标,对机器学习模型的拟合能力有了更高的要求。在构建当中,权衡拟合能力与约束强度具有较大的难度。

5. 评价

机理正则化约束建模模式的主要作用是通过引入机理正则化手段增加机器学习模型的稳定性、可解释性和计算效率。在评价该技术方案时,除了考察模型的正确性,还应当针对噪声数据验证模型的鲁棒性。例如,在测试数据上加入随机噪声,观察模型预测结果的波动情况。如果模型对噪声敏感,说明机理正则化约束并没有发挥应有的作用,需要调节强度或者替换为其他机理约束方案。

6. 风险和局限

基于机理知识的正则化只能起到一定的调节作用,如果机器学习模型本身的拟合能力较差,正则化也不会取得提升的效果。在使用机理正则化约束建模模式时,应优先突破机器学习模型本身的能力,仅通过机理正则化约束提升模型的稳定性和可解释性。

7. 参考案例:高阻抗故障检测

这里以高阻抗故障(High Impedance Faults,HIF)检测为例,说明机理正则化约束建模设计模式。HIF 是一种非线性、随机事件,过电流继电器或熔断器通常无法察觉,所以也是破坏性野火的主要原因之一,威胁着依赖供电网络的工业生产和公共设施的安全。通过单纯的数据驱动手段进行识别 HIF,需要在时域、频域或时频域等各种特征上进行监督学习。然而,这种方式需要一定量的标注数据,对噪声和低谐波率场景鲁棒性差,同时也存在违反电网物理规则的风险。

研究者通过自编码器对电网中各个节点在各个滑动窗口中的电压进行基于编码和解码的重建学习,利用在正常情况下采集的训练集上得到的重建误差计算阈值,通过计算测试数据的重建置信度判定 HIF 是否发生[10]。为了提高方法的鲁棒性,研究者采用了基于机理知识的正则化手段,利用椭圆曲线对正常情况下电压和电流随时间变化的轨迹进行建模。当 HIF 发生时,在靠近 HIF 的节点上,电压和电流的椭圆变化轨迹会发生更为显著的形变,但大体都接近椭圆,如图 8-14 所示。通过历史数据可计算出该椭圆轨迹的量化形式,进而在损失函数中引入基于椭圆轨迹的正则项。损失函数的计算公式如下:

$$L = L_{\text{AE}} + \lambda \times L_{\text{ellip}}$$

其中,L_{AE} 是自编码器损失函数,L_{ellip} 是椭圆轨迹正则项,λ 是正则化权重。考虑到电网中拓扑变化给椭圆轨迹带来的影响,λ 被设置为一个相对较小的值。

在该案例中,机理正则化起到的作用如图 8-15 所示。带有机理正则项的方法能够在置信度取值上将 HIF 事件和其他异常事件区分开,从而达到更准确的检测效果。

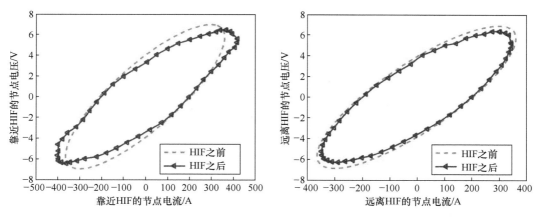

图 8-14 HIF 对电压和电流变化轨迹带来的影响

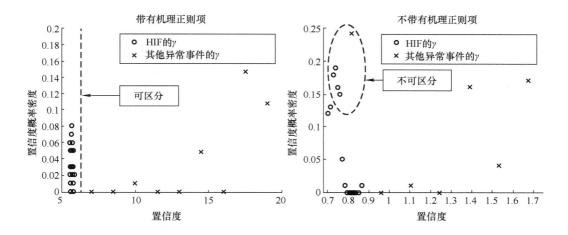

图 8-15 机理正则项对 HIF 和其他异常事件置信度的区分作用

8.4 运筹优化与机器学习融合

运筹优化在很多工业应用场景中发挥着关键作用,也有着较为成熟的技术体系。机器学习技术如何能够促进运筹优化技术的运用,是一个研究热点。我们分别从优化算法改进和优化对象选择两个角度介绍两种运筹优化与机器学习融合的设计模式。

8.4.1 启发策略增强模式

1. 动机

启发式算法是求解复杂运筹优化问题的常用算法。如被广泛使用的遗传算法,其本质是一种局部搜索求解算法,这类局部搜索算法想要取得较好的有实际应用价值的解,往往依赖于重复使用不同的随机初始化来进行多次重复的搜索,取出其中最好的搜索结果作为最后的使用解。由于局部搜索算法需要被多次重复运行的特点,这类算法的配置和运行效率往往是非常重要的，但是由于遗传算法的配置十分复杂，在各个启发式组件都有多种候选的启发式方法可以选择，不同的启发式算法组合的实际搜索效率依赖于不同的问题结构，在进行遗传算法配置的过程中严重依赖于开发人员的经验。因此开发一种简单而高效的自适应搜索过程的遗传算法的需求是十分迫切的。机器学习技术为解决这一问题提供了一种新思路。启发策略增强模式就是利用强化学习手段，在优化过程中不断改良启发式策略，以提高求解效率。

2. 适用场景

遗传算法在解决空间复杂度较高的问题时，难以高效获取较优解。通过强化学习不断尝试不同的启发策略，会逐渐学到启发策略的最优组合，使得求解效率持续提升，加快问题求解速度。

3. 工作原理

强化学习中，智能体（Agent）根据当前状态（state），选择有利的动作（action），并从环境（Environment）得到反馈（reward），在这一过程中不断学习针对不同状态该采取的动作。该过程如图 8-16 所示。

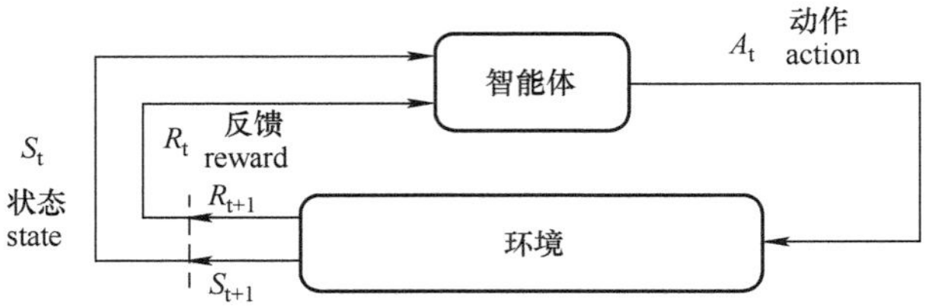

图 8-16　强化学习示意

而遗传算法中，种群的不断重组、更迭，涉及多种启发式规则的选择。通常这种启发式规则是确定的。但在复杂的优化求解问题中，到底哪些启发式规则更有效，以及是否随着种群的迭代启发式规则的效果会发生变化，这些在传统的遗传算法中未被充分考虑。基于强化学习思想，当前的种群作为状态，启发式规则作为动作，种群重组、变异后的评价作为反馈，就形成了一个迭代优化的回路，促使遗传算法的启发式机制不断优化。

4. 实现

具体实现方案如图 8-17 所示。首先，要确定遗传算法各个步骤的可选启发式规则，作为强化学习的可选动作。其次，要通过图神经网络等方法将遗传算法的种群编码为特征向量，以此作为状态表征，供强化学习使用。最后，在遗传算法的实现流程中嵌入强化学习的动作选择代码，并在得到种群迭代的反馈后，调用强化学习的反馈程序，完成强化学习智能体的更新。

值得注意的是，强化学习本身的训练难度较大，可能会导致在相当长的时间内不能在遗传算法中发挥出有益的作用。这时，可以考虑构造仿真数据，对强化学习模型进行预训练。随着强化学习智能体的不断成熟，其选择启发式规则的能力会逐渐强大。

5. 评价

启发策略增强模式的主要目标是提升遗传算法的效率。所以，其评价要点在于算法的执行效率。从迭代更新效果来看，应当关注随着迭代次数得到的种群评估效果情况。这也是能够反映出强化学习实际作用的评价方法。不过，由于强化学习本身的更新需要消耗时间，对于相对简单的问题，可能在时间角度上启发策略增强模式并没有优势。

6. 风险和局限

强化学习模型本身具有较高的训练难度。正如前面的分析，该模式适合复杂的优化问题

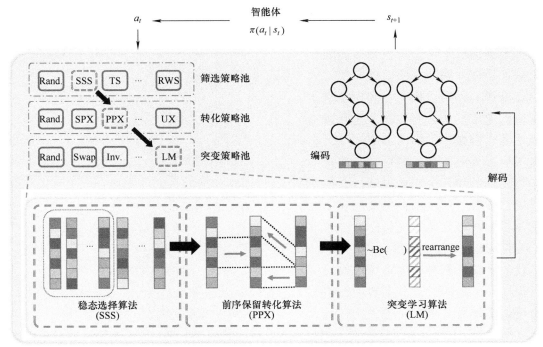

图 8-17 基于强化学习的遗传算法

求解,即强化学习带来的收益远超强化学习智能体本身的训练成本。在实际应用中,还需要长期优化智能体,以不断适应业务场景变化。对于简单问题或者要求在短周期内完成的临时应用来说,该模式并不适用。

7. 参考案例:飞机制造装配调度优化

这里以飞机制造装配调度问题为例,介绍启发策略增强模式的实际运用。飞机制造装配工艺复杂,涉及大量人力、设备、物料的调度。如图 8-18 所示,飞机制造装配调度是典型

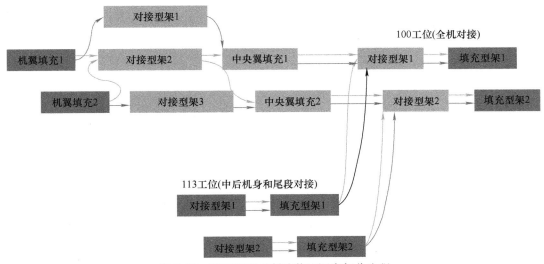

图 8-18 某型号飞机制造装配调度部分流程

的资源约束项目调度问题，通常以最小化完成时间为目标。该优化问题受到装配工序依赖关系、工位限制、专职人员等制约，约束条件可达上千组，求解复杂度极高。

该案例选取了一个飞机制造装配中的局部调度问题，按照前述实现方案进行求解。利用强化学习实现策略自适应的遗传算法，能够显著提升遗传算法的求解效率。如图 8-19 所示，横轴为遗传算法的迭代轮次，纵轴为求解得到的装配任务完成时间，虚线是传统遗传算法的效果，实线是基于强化学习增强启发策略的遗传算法效果。启发策略增强的遗传算法不到 10 个迭代就达到了原有遗传算法达到的最优值，并且在 30 个迭代后收敛，相比传统遗传算法将装配任务完成时间

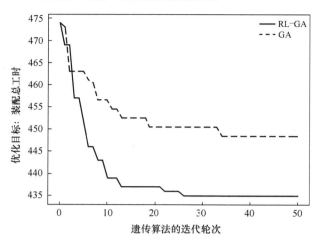

图 8-19 强化学习优化的自适应遗传算法在飞机制造数据上的结果

从 450 个时间单位压缩到 435 个时间单位，在求解的效果和求解的效率上均超过了原有遗传算法。

8.4.2 代理模型辅助优化模式

1. 动机

工业场景中有大量通过运筹优化手段解决的问题，这类问题面临的主要挑战是建模难度大和求解效率低。为解决求解效率问题，基于机器学习的低开销代理模型被提出来。代理模型能够在局部范围内进行数据驱动的模型训练和推理，通过代替部分优化环节显著降低问题求解的复杂度。

2. 适用场景

对于具有分层特征的优化问题，如果局部优化能够转变为机器学习模型可以解决的问题，则可以考虑代理模型辅助优化模式。典型问题如鲁棒性优化，即优化模型中存在不确定参数的问题。鲁棒优化方法大多采用嵌套双循环结构，即通过外部优化搜寻候选解，在内部优化中进行鲁棒评估。这种双重优化通常需要在每次外部优化时进行几千次的内部优化评估，有着极高的计算复杂性。而通过机器学习的代理模型估计自变量的不确定性，进而支持高效选择有利样本。

3. 工作原理

在大多数工业场景里，鲁棒性评估通常需要判断候选解在所有不确定情况下的表现，而高准确度的原始模型计算会降低优化效率。因此，需要引入代理模型对优化问题进行简化，降低局部问题求解的复杂度，最终提高优化算法的整体效率[11-13]。

对于如下所示的不确定优化问题：

$$\min_{x} f(x,p)$$

式中，x 为决策变量；p 为不确定参数；$f(\cdot)$ 为目标函数。以最差情况分析的不确定处理策

略为例,在该问题的求解过程中,对于进化算法搜索到的每一个候选解 x_0,都需要评估在不确定参数 p 所有情况下,该候选解所对应的最差目标函数值,即鲁棒性指标 η 表示为

$$\eta(x_0) = \max_p f(x_0,p)$$

因此,式中的不确定优化问题可转换为如下所示的鲁棒优化问题:

$$\min_x \max_p f(x,p)$$

该问题为一个嵌套优化问题,外部为最小化问题,旨在搜索到最优的决策变量,内部为最大化问题,旨在评估该决策变量的鲁棒性指标。考虑到外部优化中的每一个候选解都需要进行鲁棒性评估,因此,该嵌套问题的计算成本非常昂贵。可将内部优化过程采用代理模型进行简化,即当外部优化搜索到候选解时,代理模型可直接预测出该候选解的最差情况目标函数值,对其鲁棒性进行评估。如此一来,通过迭代优化和更新代理模型,最终可以找到既满足鲁棒性要求,同时接近原模型的解,显著降低计算成本。

4. 实现

代理模型辅助优化模式的核心包括两部分内容:一是代理模型的构建;二是代理模型的更新[14]。对于鲁棒优化而言,当外部优化搜索到候选解时,代理模型可辅助评估其鲁棒性指标,并返回给外部优化进行选择,其实现流程如图 8-20 所示。

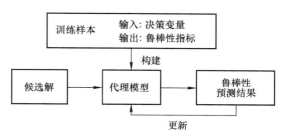

图 8-20 代理模型辅助优化模式实现流程

首先,通过试验设计方法对决策变量进行合理抽样,并基于真实的原始模型计算目标响应量,从而获得决策变量和鲁棒性指标的训练集。接下来,选择一个合适的代理模型结构,这可能取决于数据的性质、问题的复杂性和可用的计算资源。一旦模型结构确定,使用训练集对代理模型进行训练,并通过调整模型参数来最小化预测误差。

其次,对于每一个外部优化搜索到的候选解,利用代理模型进行鲁棒性指标预测,该预测值将返回到外部优化的候选解选择过程中,帮助外部优化搜索到更优的候选解。

最后,针对代理的更新,在每次迭代中,首先根据当前代理模型的预测结果和预测置信区间,识别出需要改进的区域。然后,针对这些区域通过实验、模拟或进一步的数据收集,对代理模型进行再训练[15],调整其参数和结构,以提高预测准确度,逐步减少预测误差,提高模型的准确性和可靠性,从而更好地辅助优化过程。

5. 评价

代理模型的主要作用在于减少优化过程的计算成本,以提高优化效率,但仍需要保证一定的预测准确度。在评估该技术方案时,应当与使用原始模型的预测结果进行比较,检验其预测误差,并且通过蒙特卡洛实验来验证采用代理模型所得解的鲁棒性。

6. 风险和局限

代理模型辅助优化模式的关键在于代理模型的构建,尤其是针对复杂度高的优化问题,构建准确的代理模型以实现较好的预测效果是具有一定难度的。在实际问题中,需要基于真实模型采集足够的样本以保证代理模型的准确度,并且在使用代理模型的过程中,也需要面

对模型更新带来的计算复杂度问题。

7. 参考案例：锌电解分时供电优化

这里以锌电解分时供电优化问题为例。其能耗占湿法锌冶金总能耗80%。该案例的目标是基于分时电价政策，通过调整不同时段的电流密度、Zn^{2+} 和 H^+ 浓度使电费最小[16]，其电解反应为

$$2ZnSO_4 + 2H_2O \xrightarrow{电解} 2Zn\downarrow + 2H_2SO_4 + O_2\uparrow$$

电解的生产环境中充满了不确定性，这种不确定性可能存在于检验测量中，由于测量工具、测量方法或者人为因素的影响，可能会导致一定的误差，从而使测量结果在一定范围内波动。此外，环境条件的改变，如温度、湿度、压力等，也会使系统的参数发生一定的变化。并且，原料成分如离子浓度的波动也是不确定性存在的一大主因。为衡量以上不确定信息对锌电解分时供电的影响，这里将建立具有区间不确定参数的锌电解过程数学模型，在优化候选解的同时利用代理模型评估候选解的鲁棒性，以高效获取不确定信息影响最小的最优解。具体流程如图8-21所示。

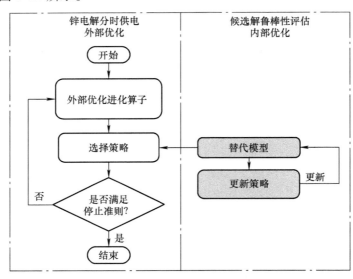

图8-21 基于代理模型辅助的锌电解过程优化流程图

这里根据电化学反应机理和历史数据，建立了锌电解过程模型。由于部分过程机理知识未知，并且如上所述，存在着各个外界因素影响，所以将部分模型参数以不确定性区间的形式表示，以保证准确性。为综合考虑候选方案的最优性以及应对不确定信息的鲁棒性，将该优化问题转化为嵌套结构，在外部优化中搜索候选解，在内部优化中对候选解的鲁棒性进行评估，完成寻找到鲁棒解的任务。然而，嵌套优化结构具有计算成本昂贵的特征，例如，采用基于最差情况分析建立的评估函数对候选解进行鲁棒性评估，则需要对外部优化中的每个候选解都进行最差情况的求解，这将造成极大的计算损耗。因此，引入代理模型以替代鲁棒性评估过程，减少了内部优化中的函数评估次数。

从表8-3中可以看出，采用代理模型后，目标函数的评估次数相较原有嵌套优化模型节省了35%，这表明替代模型辅助优化模式可大幅提高了优化效率，降低了鲁棒优化问题求解的复杂度。

表 8-3 鲁棒优化过程目标函数评估次数比较结果

	原有嵌套优化模型	Kriging 代理模型辅助
评估次数	168326	109485

参 考 文 献

[1] GAMMA E, HELM R, JOHNSON R, et al. Design patterns: Abstraction and reuse of object-oriented design [C] //Berlin: Springer, ECOOP'93—Object-Oriented Programming: 7th European Conference Kaiserslautern, 1993: 406-431.

[2] TRONCOSO-GARCÍA A R, Martínez-Ballesteros M, Martínez-Álvarez F, et al. A new approach based on association rules to add explainability to time series forecasting models [J]. Information Fusion, 2023, 94: 169-180.

[3] KARNIADAKIS G E, KEVREKIDIS I G, Lu L, et al. Physics-informed machine learning [J]. Nature Reviews Physics, 2021, 3 (6): 422-440.

[4] SILVA FILHO T, SONG H, PERELLO-NIETO M, et al. Classifier calibration: a survey on how to assess and improve predicted class probabilities [J]. Machine Learning, 2023: 1-50.

[5] 赵灼, 韩洁, 郑宇瑄, 等. 基于 LSTM 误差补偿的氧化铝蒸发过程建模 [C] //第 34 届中国过程控制会议论文集, 2023: 1.

[6] LECUN Y, BENGIO Y. Convolutional networks for images, speech, and time series [J]. The handbook of brain theory and neural networks, 1995, 3361 (10): 1995.

[7] RAISSI M, PERDIKARIS P, KARNIADAKIS G E. Physics-informed neural networks: A deep learning framework for solving forward and inverse problems involving nonlinear partial differential equations [J]. Journal of Computational physics, 2019, 378: 686-707.

[8] GREYDANUS S, DZAMBA M, YOSINSKI J. Hamiltonian neural networks [J]. Advances in neural information processing systems, 2019, 32.

[9] EBERT-UPHOFF I, LAGERQUIST R, HILBURN K, et al. CIRA Guide to Custom Loss Functions for Neural Networks in Environmental Sciences—Version 1 [Z]. arXiv preprint arXiv: 2106.09757, 2021.

[10] LI W, DEKA D. Physics-informed learning for high impedance faults detection [C] //2021 IEEE Madrid PowerTech. IEEE, 2021: 1-6.

[11] ZHOU H, ZHOU Q, LIU C, et al. A kriging metamodel-assisted robust optimization method based on a reverse model [J]. Engineering Optimization, 2018, 50 (2): 253-272.

[12] ZHOU Q, JIANG P, SHAO X, et al. An on-line Kriging metamodel assisted robust optimization approach under interval uncertainty [J]. Engineering Computations. 2017, 34 (2): 420-446.

[13] ZHAN D, XING H. A Fast Kriging-Assisted Evolutionary Algorithm Based on Incremental Learning [J]. IEEE Transactions on Evolutionary Computation, 2021, 25 (5): 941-955.

[14] HAN J, YANG C, LIM C C, et al. Stackelberg game approach for robust optimization with fuzzy variables [J]. IEEE Transactions on Fuzzy Systems, 2020, 30 (1): 258-269.

[15] XU H, ZHANG W, ZHOU N, et al. An active learning Kriging model with adaptive parameters for reliability analysis [J]. Engineering with Computers, 2023, 39 (5): 3251-3268.

[16] ZHANG H C, HAN J, ZHOU X J, et al. Robust optimization with interval uncertainties using hybrid state transition algorithm [J]. Electronics, 2023, 12 (14): 3035.

第9章 风功率曲线分析

本章以风力发电机组(以下简称风电机组)风功率曲线拟合和异常点识别两个分析场景为例,展示行业数据分析中的业务理解、数据理解与建模过程,并阐述很多建模算法结果需要业务规则修正。

风功率曲线描述了风速与有功功率的关系,一个理想的风功率曲线如图9-1所示。它是风力发电机组的一个重要技术曲线,是风电功率预测、风力机状态监测、理论发电量评估等风电数据分析的基础。例如,可以查看一台风机不同时段(如季节、不同生命阶段、技改前后)、同一个风场不同机位、不同风场间的异同,找出背后的规律。另外,结合风功率曲线分析,也可以进行控制策略优化、风速仪异常识别(结冰或偏差)、技改效果评估等工作。

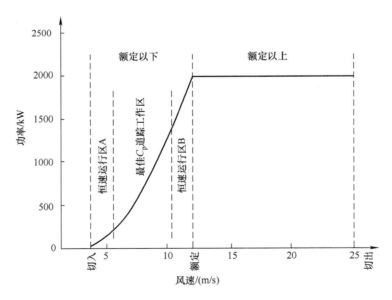

图 9-1 风功率曲线示意图

典型的风力发电机组功率曲线有3个重要的特征速度:①切入风速,过了这个风速,风力发电机组才开始发电;②额定风速,达到这个风速,发动机开始在额定功率运行;③切出风速（V_s），超过这个风速，风机需要停机，以防过速损坏。不同风电机组的控制策略有所不同，图9-1展示了一种典型的控制策略。额定风速以下运行区，控制器控制风机最大化的捕获风能提高发电量。恒速运行区A：风机自启动到转速达到最小并网转速，则进入恒速工作区A，控制器控制风机并网，并随着风速的增加控制机组的输出功率增大，直到达到最佳C_p曲线。最佳C_p追踪工作区：控制器控制风机运行于最佳C_p曲线之上，动态调整风力发电机组的输出功率实现最大风能捕获。恒速运行区B：此时风力发电机组的发电机转速已经达到额定转速，但是输出功率尚未达到额定值，随着风能的增加调节机组输出功率增大，直到输出功率到达额定值，如此可以有效地防止在几组达到额定之前由于大阵风的影响而出现机组超速的现象。额定风速以上运行区，控制器控制风机卸掉多余的机械能，维持机组工作在额定点附近。

理论风功率曲线是由制造商按照假设理想的气象和地形条件提供的。但在实际运行中，由于风机的位置、空气密度、风速分布、风向、风机惯性、控制问题以及测量中的不确定性，实际功率曲线可能与理论功率曲线有很大的不同。实测数据绘制的风速—功率曲线与理论功率曲线的不一致可以分为很多类，如图9-2所示，存在停机（类别1）、降功率运行（类别2）、离散离群点（类别3与4）等情况，如何通过各种技术手段进行过滤，获得真实的风功率曲线。

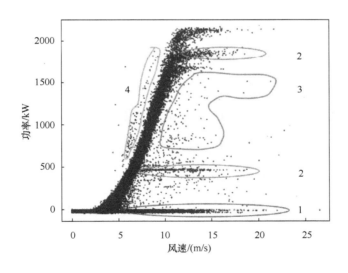

图9-2 风功率曲线的典型类型

9.1 业务理解

基于行业标准（如IEC 61400-12-1、GB 18451.2—2003）、报告和论文等文献调研，将风功率曲线的影响因素总结为图9-3，包括了风况特征、工况（风机故障、启停机、限功率、大偏航等）、环境要素、控制系统、设计与安装等5类因素。

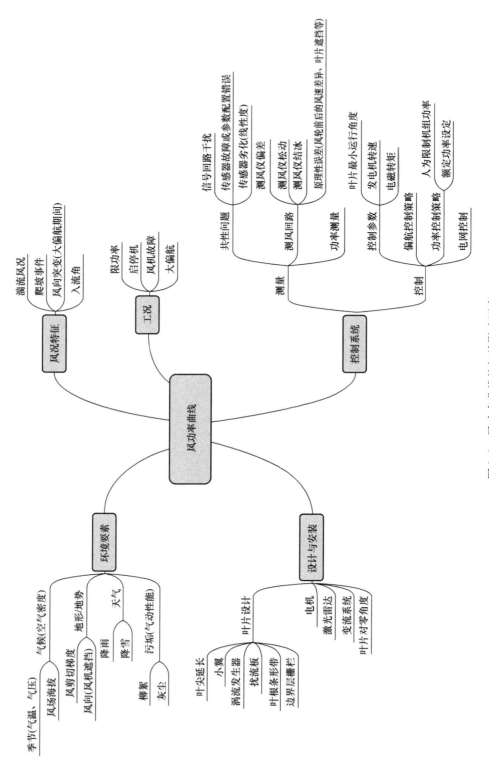

图 9-3 风功率曲线的相关影响因素

风力发电机组从风能中吸收的功率 P 的理论公式为

$$P = \frac{1}{2}\rho A(v \cdot \sin\varphi)^3 C_\text{p} = \frac{B}{2TR}A(v \cdot \sin\varphi)^3 C_\text{p}$$

式中，ρ 为空气密度；A 为叶片扫掠面积；v 是风速；φ 是叶轮平面与风向的夹角（对风偏差，如图 9-4 所示）；C_p 是功率系数；B 为气压；T 为开氏绝对空气温度；R 为气体常数。

由此可以看出，空气密度、机组偏航对风偏差、风速仪测量误差、叶片对零偏差、风剪切梯度、湍流强度等都会影响机组功率。

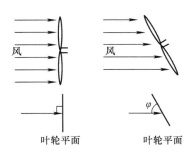

图 9-4 叶轮平面与风向的夹角 φ

9.1.1 环境要素

空气密度 ρ 与气温、气压有直接关系，同一台风电机组在 3 月份、7 月份的风功率曲线对比如图 9-5 所示[1]。空气密度波动较大的风电场应按季节进行功率曲线的统计与考核。

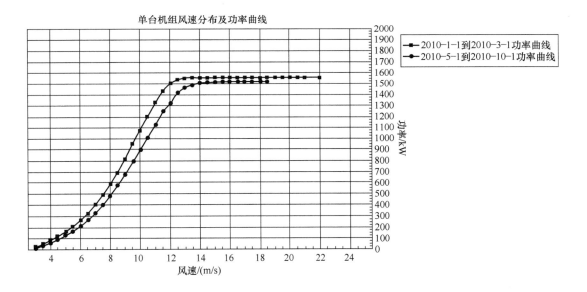

图 9-5 某台风电机组的风功率曲线

受地形影响，相同高度、不同地域的风剪切梯度不同，当轮毂高度的风速测量值大于叶轮整体平均风速时，机组的实际功率曲线偏低，如图 9-6 所示。

另外，机组排布位置也会影响机组的功率曲线，如图 9-7 所示。例如，山地、峡谷、丘陵等地势及上风向机组的尾流对机组发电表现都有影响。

进一步，地形不仅仅包括风机所处的地势和位置，还应包括风向上其他遮挡物[2]。如果考虑不同风速下风的平稳程度或瞬态过程，如图 9-8 所示，问题会变得很复杂，远远超过日常监测数据分析或常规机理分析能够解决的，也许只有专门的实验才能揭示其奥秘。

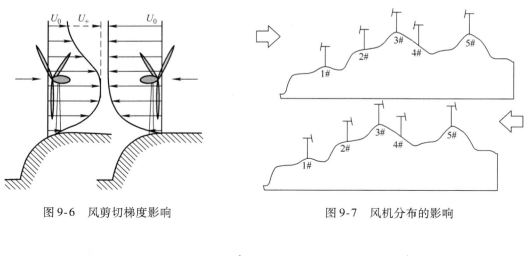

图 9-6 风剪切梯度影响　　　　图 9-7 风机分布的影响

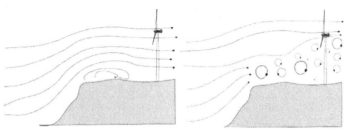

图 9-8 风平稳度的影响

叶片清洁度也会影响气动性能影响。在叶片清洁度的环境影响因素中，结冰、降雨、降雪等天气信息比较容易获得，但柳絮、沙尘等污垢因素通常缺乏数据支撑。因此，宏观层面统计分析有一定的价值。

9.1.2 风况要素

湍流风况会延缓机组的满发风速，即湍流越高机组功率曲线中显示的满发风速越高。除此以外，高湍流风况也会造成机组功率曲线无法满发。

在风功率曲线加工时，通常需要过滤掉高湍流、爬坡事件期间和大偏航时段。但更为复杂的是，控制系统的处理策略也会交叉影响（例如，风机偏航策略会延迟偏航动作）。

9.1.3 控制系统的要素

对于很多非风电专业的数据分析师，很容易忽略不同风机、不同时期控制策略与控制参数差异性的影响。例如，

1) 控制参数的个性化调整：针对不满发（夏季空气密度低或高湍流造成的）等，可以调整机组的额定功率参数（例如，将额定功率由 1500kW 提高到 1570kW），这样可以提高发电机的发电性能（但需要避免超过发电机或变流器额度功率）。

2) 人工干预或未知因素的影响：人为地限制机组功率、水冷变流系统电机侧功率单元

损坏等问题造成的机组额定风速之后的无法满发问题。

3）特定的设计规律：大型风电机组为了避免频繁偏航调向的交变载荷对结构疲劳强度的影响，通常在控制系统设计时，设定大于15°时，风电机组进行偏航对风。例如，Repower厂家的控制系统偏航参数设置，在风速小于6m/s时，对风偏差不超过±16°，风机组不进行偏航，机头与风向的偏差角度在16°与25°之间，且时间超过120s，风电机组才执行对风偏航；当风速大于7m/s时，风向相对较为稳定，对风的偏差角度超过±8°，且时间超过60s，风电机组执行对风偏航。

4）不同厂家的SCADA对原始数据的处理方法也不同，有时候会屏蔽掉一些异常现象。测量回路的问题对于数据分析来说也是很大的挑战。对于很多细微的问题，只有靠测量回路的校对工作去发现和更改。原理性测量误差（例如，风轮前后的风速差异）有很多补偿手段（例如，把叶片遮挡期间的数据过滤掉），但这样的数据分析通常需要专家经验驱动。

9.1.4 设计与安装要素

为了提高发电效率，风机技术也有很多新的创新，例如，叶片、电机、测风技术，这些信息通常可以明确给出，一般不会对数据分析带来潜在风险。但风机安装缺陷（例如，叶片对零问题）这些隐性因素造成的问题，单纯数据分析也许可以发现异常表征，但无法给出根因研判。

9.2 风功率曲线拟合——数据理解

本示例采用一个Kaggle竞赛平台数据集[3]，是土耳其一台在役风机2018年的SCADA数据（采样周期为10min），有5万多条记录，包括5个字段，见表9-1。

表9-1 Kaggle数据集描述

列名	描述
Ts	日期/时间（以10min为间隔）
ActivePower	有功功率（kW）：风机的发电功率
Wind Speed	风速（m/s）：机轮毂高度处的风速
Theoretical_Power_Curve	理论功率（kW）：风机制造商给出的该风速下的理论功率值（根据10min平均风速）
Wind Direction	风向（°）：风机轮毂高度处的风向

这个10min数据是由秒级SCADA数据加工而来的，实际运行中SCADA数据原始采样周期通常为秒级，有100~500个字段（根据机型不同），基于10min平均数据进行分析也是风电行业常用一种做法。因为，通常不会存在数据缺失等质量问题，简单的统计也证实了这一点。

9.2.1 功率曲线预览

实际功率曲线和理论功率曲线的对比如图9-9所示，可以看到与理论功率相比，实际功率分布很散，有很多明显的离群点。在数据预处理阶段，需要进行离群点的过滤。

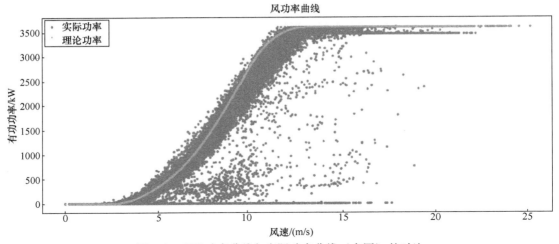

图 9-9　理论功率曲线与实际功率曲线（点图）的对比

9.2.2　多变量关系

4 个变量的分布与两两关系如图 9-10 所示。对角线上显示的是该变量的概率密度图，可以看出，所有的变量都呈现双峰分布。

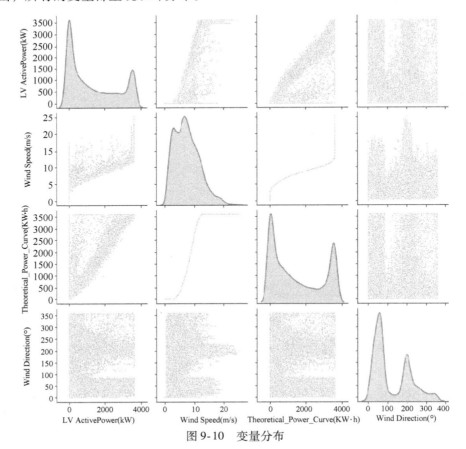

图 9-10　变量分布

9.3 风功率曲线拟合——数据准备

从上面数据探索可以看出，风功率曲线存在很多离群点（或异常值）。风机运行在开放环境下，引起上述离群点的原因有很多，包括地形、气象场、叶片故障、风机其他正常操作（偏航对风、降功率运行）等。在建模前，最好能做一定的预处理，以降低离群点对风功率曲线拟合的影响（否则，需要回归算法本身具有鲁棒性）。

除了人工标注方法（严重依赖于人工经验，并且很难重复），离群点的自动过滤有两种常用方法：①专家规则：根据各个影响机制的分析，总结出研判规则，在历史时序上进行过滤；②统计分析：将风速/功率数据划分为多个独立的小区间，针对每个区间的有功功率/风速的分布进行统计，采用分位数、方差或IQR准则进行过滤，这也是IEC 61400标准中推荐的方法。两种方法各有优缺点，第一种方法覆盖全面，但前提是影响机制分析质量高，并且通常需要在秒级数据上进行（10min平均数据已经消除了很多动态过程），第二种方法自适应度高，但仅仅适用于正常情形的风功率曲线拟合。本节采用IEC 61400标准中推荐的统计路线。可以采用有功功率或风速中的一个变量做分仓，另外一个变量做过滤条件。

9.3.1 对风速做分仓

参考IEC 61400标准，以0.5m/s为间隔对风速分仓，2m/s以下（切入风速之前）和18m/s以上的各归为一类。对于每个分仓，采用IQR准则，计算有功功率的上下限。消除后的风功率曲线如图9-11所示。可以看出，风速分仓中的满发阶段的上下限过宽，造成部分限功率运行点没有被滤掉。可以进一步采用策略去处理。

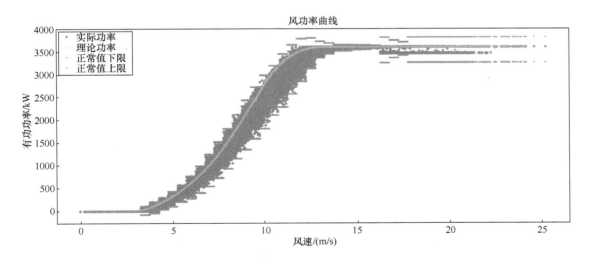

图9-11 风速分仓并消除离群点后的风功率曲线

9.3.2 对有功功率做分仓

在 20kW 和 3400kW 间,以 50kW 为步长分仓,用一个字典(Dict)变量存放不同仓位的数据框。从图 9-12 可以看出,理论功率曲线下部的离群点被消除了很多。

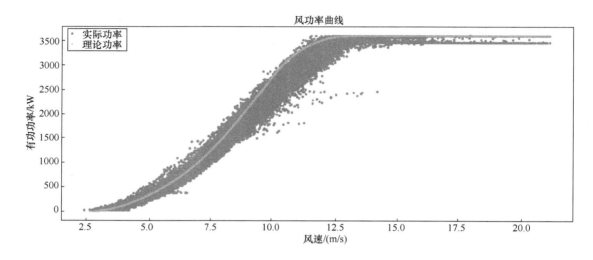

图 9-12　功率分仓并消除离群点后的风功率曲线

对比过滤前后的统计分布,如图 9-13 所示,有功功率分布显著提升(因为低功率异常点被滤除),风速均值略微提升(因为滤除的点大部分是低风速),风向分布没有发生变化。

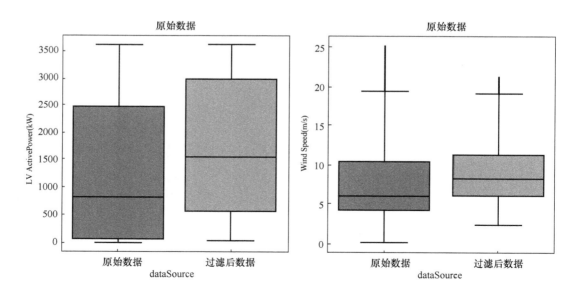

图 9-13　功率分仓并消除离群点前后的变量分布

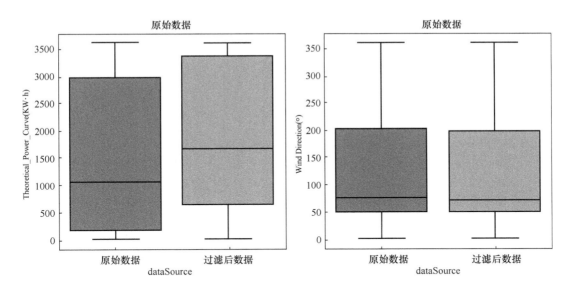

图 9-13 功率分仓并消除离群点前后的变量分布（续）

9.3.3 改进方向

上面是基础算法，有很多改进空间：

1）风速分仓中的满发阶段的上下限过宽，可以采用定制化的阈值，也可以用其他策略，例如，方差、MAD（绝对偏差中位数）准则。

2）用理论功率为基准进行异常值过滤，虽然有些"作弊"嫌疑（因为用数据拟合的动机就是怀疑实际曲线和理论曲线不同），但可以用理论权限去过滤一些极端数值点。

3）可以将风速分仓、功率分仓结合起来。

4）分季节去处理，因为不同季节空气密度不同，风功率曲线存在差异。

9.4 风功率曲线拟合——回归模型

本节采用 KNN、决策树、GBDT、随机森林、极度随机树（Extremely Randomized Trees）等 5 个算法做曲线拟合。将风速和风向作为特征变量，预测有功功率。下面是适用于不同机器学习算法的公共代码。

```
ftrain = ['LV ActivePower (kW)', 'Wind Speed (m/s)', 'Wind Direction (°)']
inputDF = df


def Definedata():
    # define dataset
    data2 = inputDF[ftrain]
```

```python
    X = data2.drop(columns = ['LV ActivePower (kW)']).values
    y = data2['LV ActivePower (kW)'].values
    #lab_enc = preprocessing.LabelEncoder()
    #y = lab_enc.fit_transform(y0)
    return X, y
def Models(models):

    model = models
    X, y = Definedata()
    X_train, X_test, y_train, y_test = train_test_split(X, y, test_size = 0.33, random_state = 25)
    model.fit(X_train,y_train)
    y_pred = model.predict(X_test)
    y_total = model.predict(X)

    print("\t\t 模型预测指标")
    print('平均绝对误差(MAE)   : ', metrics.mean_absolute_error(y_test, y_pred))
    print('均方误差(MSE)      : ', metrics.mean_squared_error(y_test, y_pred))
    print('均方根误差(RMSE)   : ', np.sqrt(metrics.mean_squared_error(y_test, y_pred)))
    print('训练集准确度        : ', model.score(X_train,y_train))
    print('测试集准确度        : ', model.score(X_test,y_test))
    return y_total, y

def Featureimportances(models):
    model = models
    model.fit(X_train,y_train)
    importances = model.feature_importances
    features = df_test.columns[:9]
    imp = pd.DataFrame({'Features': ftest, 'Importance': importances})
    imp['Sum Importance'] = imp['Importance'].cumsum()
    imp = imp.sort_values(by = 'Importance')
    return imp

def Graph_prediction(y_actual, y_predicted):
    matplotlib.rc("font",family = 'Songti SC')
    y = y_actual
    y_total = y_predicted
    TP = df['Theoretical_Power_Curve (KWh)']
    number = len(df['Wind Speed (m/s)'])
```

```
aa=[x for x in df['Wind Speed (m/s)']]
plt.figure(figsize=(25,10))
plt.plot(aa, y[:number], 'o', label='真实值')
plt.plot(aa, y_total[:number], 'x', label='预测值')
plt.plot(aa, TP[:number], '.', label='理论值')

plt.xlabel('风速 (m/s)', size=15)
plt.ylabel('风功率 (kW)', size=15)
plt.title('风力发电机发电量预测')
plt.legend(fontsize=15)
plt.show()
```

这样采用不同的算法就可以输出指标结果和图形。例如，采用 KNN 算法的代码如下所示。

```
y_predicted, y_actual = Models(KNeighborsRegressor())
Graph_prediction(y_actual, y_predicted)
```

5 种算法的平均绝对误差（Mean Absolute Error，MAE）、均方误差（Mean Square Error，MSE）、均方根误差（Root Mean Square Error，RMSE）、训练集准确度、测试集准确度见表 9-2。

表 9-2 5 种算法的预测指标

	MAE	MSE	RMSE	训练集准确度	测试集准确度
KNN	86.53	16250.18	127.48	99.35%	98.96%
决策树（CART）	101.51	23246.65	152.47	100%	98.51%
GBDT	76.53	12772.70	113.02	99.52%	99.18%
随机森林	78.38	13534.73	116.34	99.89%	99.13%
极端随机树	82.78	15390.60	124.06	100%	99.01%

5 个算法的预测结果曲线如图 9-14 所示。绿色曲线是理论功率曲线，蓝色的点是真实值，橘黄色的点是模型预测值，可以看出：①对于风功率曲线拟合这样简单的问题，5 类回归算法均能取得很好的效果；②同一个风速下，各个算法预测值比原始值的波动性更窄，模型起到"滤波"的作用，其中 GBDT 算法的结果最窄；③在 7.5~12.5m/s 风速段，实际的功率比理论功率要低一些。

在风功率曲线拟合上，除了本节中的非线性模型外，还有很多其他方法。特别是参数化模型方法，可以可以很容易比对不同机组、统一机组不同时期的差异。这方面的工作可以参考文献 [4，5]。参考文献 [4] 将风功率拟合方法归纳为如图 9-15 所示的 4 类。也可以尝试用深度学习[6]做风功率曲线拟合。

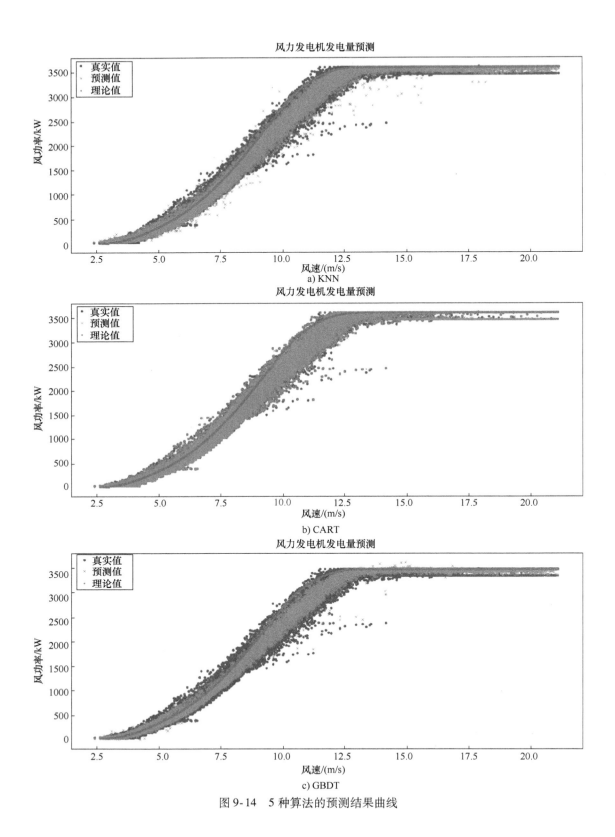

图 9-14 5 种算法的预测结果曲线

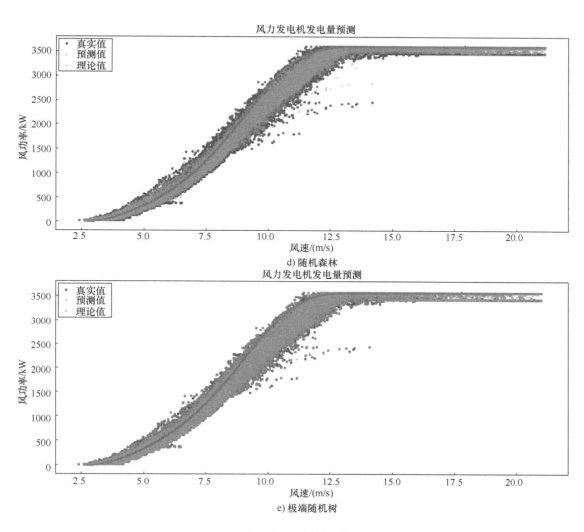

d) 随机森林

e) 极端随机树

图 9-14　5 种算法的预测结果曲线（续）

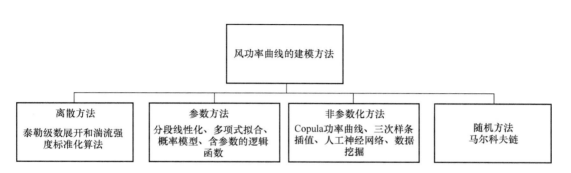

图 9-15　风功率曲线的建模方法

9.5 风功率曲线异常点识别——数据理解

9.5.1 数据说明

本节的数据集从风机实际生产过程中收集，原始数据中都包含大量异常数据点，需根据提供的数据集建立无监督聚类模型，识别出 SCADA 数据中的异常数据。

该数据集包括了 2 类数据：

1）12 台风电机组的设计参数信息，所有机组的额定功率均为 2MW，不同机组的切入风速、切出风速、叶轮转速区间如表 9-3 所示。

表 9-3　风电机组的设计参数

	风轮直径 /m	叶轮转速区间 /(rad/s)	切入风速 /(m/s)	切出风速 /(m/s)
5 号风电机组	100.5	[5.5, 19]	3	22
11 号风电机组	115	[5, 14]	2.5	19
12 号风电机组	104.8	[5.5, 17]	3	22
其他	99	[8.33, 16.8]	3	25

2）12 台风电机组约 300 天的 10min 状态监测数据（不同风机的时段有所不同），记录数量接近 50 万条。状态监测数据各个字段说明见表 9-4。

12 台风电机组的风功率曲线如图 9-16 所示，风功率曲线中存在多个限功率运行的区域，也存在不少异常点，7 号、10 号存在 2 个风功率曲线分支。本分析题目的目标：将风功率曲线中异常点识别并过滤掉。

表 9-4　状态监测数据的各个字段说明

字段	含义
Time	时间戳
WindSpeed	风速
Power	功率
RotorSpeed	风轮转速
WindNumber	风机编号

这是一个典型非监督学习问题，不存在任何事前的标记。典型的做法有①将理论功率曲线做参考，但本数据集不存在厂家的理论功率曲线，可以采用风功率曲线拟合的方式获取每台机组的实际功率曲线；②采用密度聚类等算法，针对主要的簇进行功率曲线拟合；③可以图像识别算法进行边缘检测和图像分割，然后进行曲线拟合。

9.5.2 单台风机的曲线

以 1 号风电机组为例，它有 4 万余条记录（从 2017 年 11 月 1 日到 2018 年 9 月 9 日）。风机的时序曲线、功率分布直方图如图 9-17 所示，可以看出大部分时间，风电机组在低功率状态下运行。

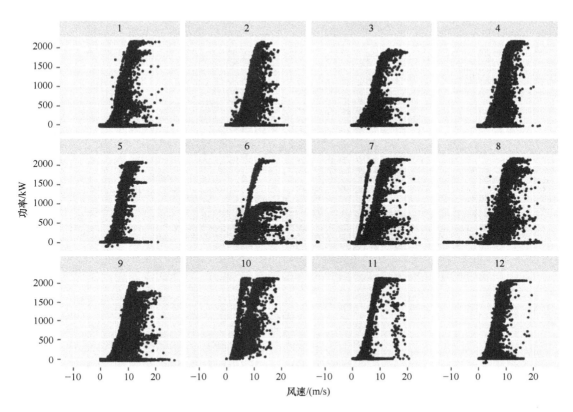

图 9-16 全部机组的风功率曲线

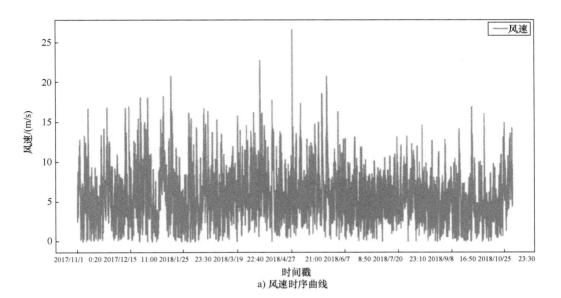

a) 风速时序曲线

图 9-17 风电机组#1 的单指标曲线

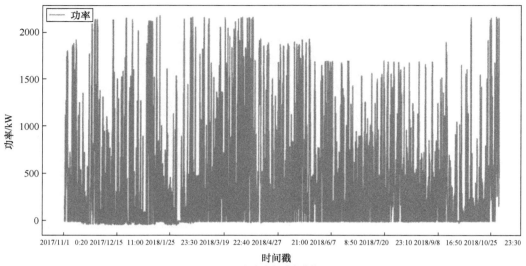

b) 有功功率时序曲线

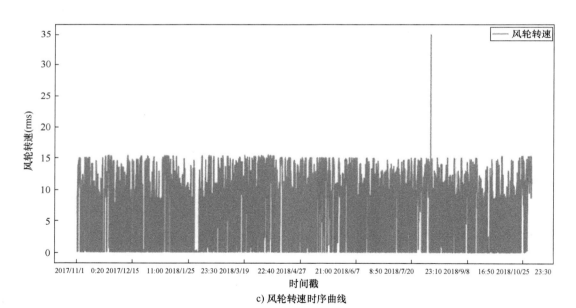

c) 风轮转速时序曲线

图 9-17 风电机组#1 的单指标曲线（续）

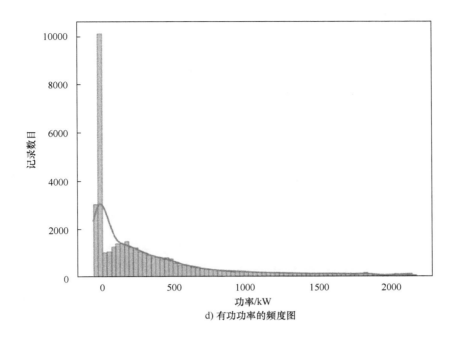

d) 有功功率的频度图

图 9-17　风电机组#1 的单指标曲线（续）

1 号风电机组的风轮转速与功率、风速与风轮转速的关系图如图 9-18 所示。

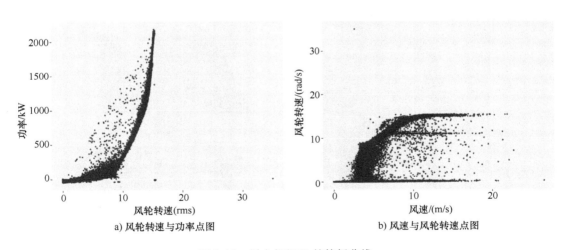

a) 风轮转速与功率点图　　　　　　　　　b) 风速与风轮转速点图

图 9-18　风电机组#1 的特征曲线

9.5.3　全部机组的风功率曲线

12 台机组的风功率曲线如图 9-19 所示，不同颜色代表不同的风电机组，机组间存在显著差异，并且大量的点散落在理论功率曲线之外。

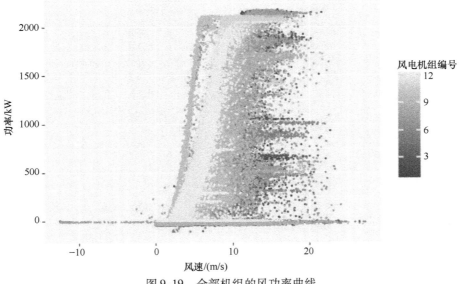

图 9-19 全部机组的风功率曲线

9.5.4 基于设计参数的异常值过滤

根据设计参数可以把明显不符合机理的点过滤掉：①风速、功率、风轮转速为负的点；②风速小于切入风速，功率大于0；③风速大于切入风速，功率小于等于0；④风速大于切出风速，功率大于0；⑤功率大于额定功率的1.2倍。过滤掉不合机理的点后，12台风电机组的风功率曲线如图9-20所示，与图9-16在视觉上没有太大区别。

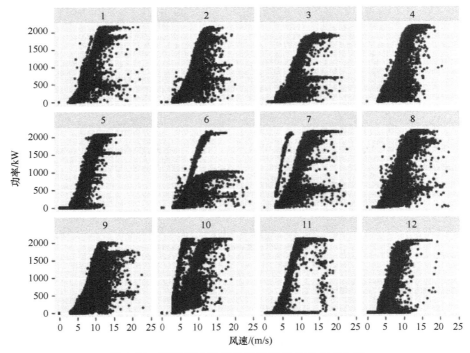

图 9-20 滤除不合设计参数范围后的风功率曲线

9.6 风功率曲线异常点识别——算法探索

在进行正式的建模之前,数据分析师经常会首先探索一下常用的算法的效果,以制定更有针对的算法路线。

9.6.1 局部异常点滤除

风功率曲线点图中,正常点占绝大多数,且分布相对集中,因而可采用密度聚类的方法进行正常点的筛选。本节展示 LOF(Local Outlier Factor)算法滤除局部异常点。

LOF 是基于密度的异常点检测算法,其最核心的部分是关于数据点密度的刻画,不需要做数据分布。计算每个点的局部可达密度(local reachablity density),数据点 p 的局部可达密度为它与邻近的数据点的平均可达距离的倒数。根据局部可达密度的定义,如果一个数据点与其他点比较疏远的话,那么显然它的局部可达密度就小。LOF 算法衡量一个数据点的异常程度,并不是看绝对局部密度,而是它看跟周围邻近的数据点的相对密度。这样做的好处是可以允许数据分布不均匀的情况。局部异常因子即是用局部相对密度来定义的。数据点 p 的局部相对密度(局部异常因子)为点 p 的近邻点的平均局部可达密度跟数据点 p 的局部可达密度的比值。

以 7 号风电机组为例,LOF 的计算结果如图 9-21 所示,可以看出算法基本可以把正常的点保留下来,但 500kW 分支(限功率运行)仍无法滤除,因为这个分支的点分布较密集,单纯基于密度算法很难将其过滤掉。

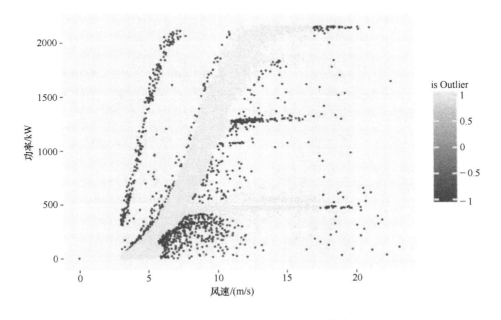

图 9-21 LOF 算法计算出来的异常点

9.6.2 降采样与聚类算法

每台风机原始样本量在 3 万条左右,对于很多基于两两距离的算法来说,距离矩阵的内存占有量过大。一种变通方法就是降采样,降低数据点的数量。对 7 号风电机组采用 20% 不重复随机采样,采样后数据的 LOF 算法结果如图 9-22 所示,和降采样前结果基本一致,因此可以用降采样后的样本做聚类探索。

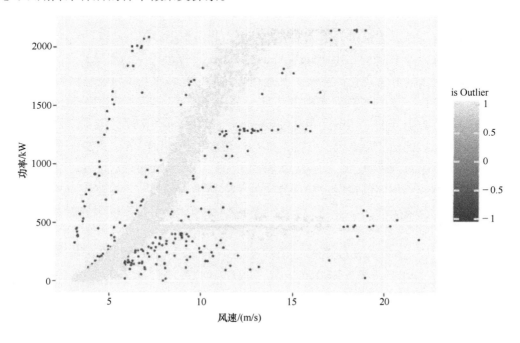

图 9-22 降采样后的 LOF 计算结果

测试谱聚类(Spectral Clustering)、OPTICS、近邻传播(Affinity Propagation)等算法,可以发现降采样后的计算速度会有很大提高。谱聚类将样本聚为 3 簇,如图 9-23a 所示,第 0、2 簇比较集中,但第 1 簇中仍掺杂不少离群点。

```
model = cluster.SpectralClustering(n_clusters=3,eigen_solver="arpack",af-
finity="nearest_neighbors")
# model = cluster.OPTICS(min_samples=7, xi=0.05, min_cluster_size=0.1)
# model = cluster.AffinityPropagation(damping=0.9, preference=-200, random_
state=0)

X2 = X[index_resample,:]
algorithm = model.fit(X2)

if hasattr(algorithm, "labels_"):
    y_pred = algorithm.labels_.astype(int)
else:
```

```
    y_pred = algorithm.predict(X2)

df_tmp2 = pd.DataFrame(X2)
df_tmp2.columns = ['风速','功率']
df_tmp2['Category'] = y_pred

g = ggplot(df_tmp2, aes(x = '风速', y = '功率', color = 'Category')) + geom_point
(size = 0.25) + theme(text = element_text(family = ['SimSong', 'Arial Unicode MS
'])) + xlab('风速(m/s)') + ylab('功率(kW)')
print(g)
```

针对 LOF 识别出来的离群点（考虑样本量不大，没有降采样）进行谱聚类，结果如图 9-23b 所示。

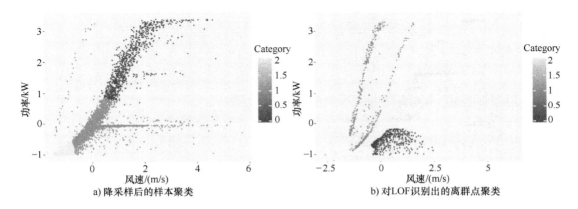

a) 降采样后的样本聚类　　　　　　b) 对LOF识别出的离群点聚类

图 9-23　谱聚类结果

循环尝试混合高斯、层次聚类、DBSCAN、K-means、Mean Shift、Birch、Ward 等聚类算法，就会发现：①如果不做后处理，任何一个算法都无法给出满意的结果；②在大数据集上，很多算法的计算时间很长，需要降采样。

9.6.3　基于图像识别的做法

对风速离散化，构成图像矩阵，分仓数目越大，图像越精细。然后利用 Canny 边缘检测、霍夫变换（Hough Lines）线段识别，结果如图 9-24 所示，可以识别出一些曲线形状，但并不是特别稳定，需要精心设计，才可能有较好的效果。

9.6.4　拟合算法

相对于 8.4 节的回归模型，本节风功率曲线存在较多的离群点，需要拟合算法具有一定的鲁棒性，可以采用鲁棒线性回归、Loess 回归等鲁棒

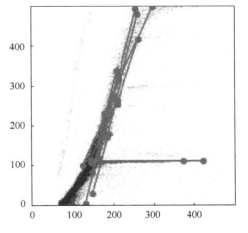

图 9-24　基于霍夫变换线段识别的结果

算法进行拟合。三次多项式 Huber 回归结果如图 9-25a 所示，但其仍受限功率样本的影响。Loess 回归是一个鲁棒性很好的非参数拟合函数，对于分散度比较大的散点图有稳定的表现。但如图 9-25b 中显示：在没有足够正常样本"对抗"其他分支时，在高风速度段也会表现"异常"。因此，拟合算法前需要采用聚类，以应对不同的分支或"孤立"的簇。

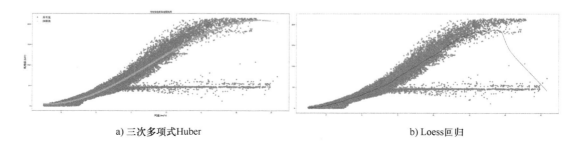

a) 三次多项式Huber　　　　　　　　b) Loess回归

图 9-25　风功率曲线的拟合结果（未做异常点过滤）

9.7　风功率曲线异常点识别的一种实现方法

因为电网限电等原因，风电机组有时处于限功率运行状态，即实际发电功率不随风速变化，并且大部分时候远远低于理论发电功率。对于恒功率运行的点，首先将其识别出来，避免了对风功率曲线拟合的影响。然后采用 LOF 滤除大的离群点，最后采用拟合算法将正常点筛选出来，其余的点为异常点。

9.7.1　识别限功率运行点

算法思路为：①对功率进行分仓，计算每个功率分仓的风速分布宽度，这里采用 IQR 指标，对于功率低于 100kW，或高于 2400kW 的点，将它们合并到一个分仓。②识别风速分布过宽的分仓，它们通常就是恒功率运行区域。这里"风速分布过宽"基于全部分仓 IQR 研判。③针对过宽的分仓，识别疑似处于限功率运行的点（尽量保留正常的点，这样有利于函数拟合），这里也采用统计的方法。12 台机组的限功率运行点如图 9-26 所示。

9.7.2　滤除局部离群点

采用 LOF 滤除大的离群点，结果如图 9-27 所示。大部分风机结果都比较好，6 号风电机组明显被限功率运行点带偏，4、9、10 号风电机组存在 2 个分支。可以采用业务规则的方式消除掉，这里暂时不做处理（为让第 3 步算法更强壮）。

9.7.3　风功率曲线拟合

将 9.6 节的聚类和拟合算法组合起来，先对进行聚类，选择最大的簇进行拟合，拟合后将误差比较大的样本合并到剩余簇，直到样本量小于 1000。核心代码如下所示。

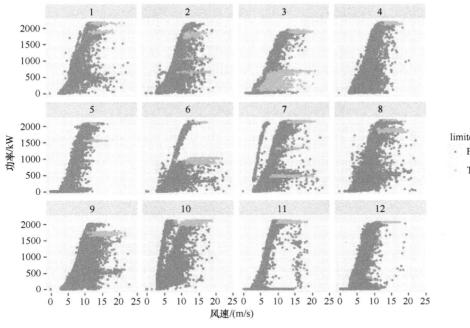

图 9-26 限功率运行点识别

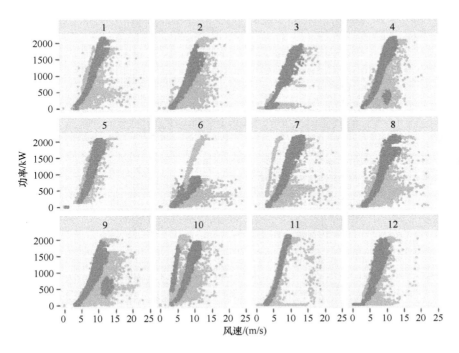

图 9-27 LOF 离群点过滤

```python
from sklearn.preprocessing import PolynomialFeatures, SplineTransformer
from sklearn.neural_network import MLPRegressor
from sklearn import linear_model
from sklearn.cluster import OPTICS

modelList = []

for turbineId in np.arange(1,13):
    print(turbineId)
    selExp = ((df['风机编号']==turbineId) & (df['limitedPowerFlg']==False) & (df["outlierFlg"]==False))
    df_tmp=df.loc[selExp]

    i=0
    modelTurbine=[]

    while(df_tmp.shape[0]>1000):
        print(i)
        i=i+1

        X=StandardScaler().fit_transform(df_tmp[["风速","功率"]])
        algorithm=OPTICS(min_samples=max(20,int(df_tmp.shape[0]/100)))
        algorithm=algorithm.fit(X)

        result=algorithm.labels_
        df_tmp["clusterID"]=result

        g=ggplot(df_tmp,aes(x='风速',y='功率',color='clusterID'))+geom_point(size=0.1)+theme(text=element_text(family=['SimSong','Arial Unicode MS']))+xlab('风速(m/s)')+ylab('功率(kW)')
        print(g)

        values, counts = np.unique(result, return_counts=True)
        ind = np.argmax(counts[values>=0])
        df_tmp2=df_tmp.loc[result==values[values>=0][ind]]
        print("Selected cluster ID ="+str(ind))
        print(df_tmp2.shape)

        X = df_tmp2['风速'].values.reshape(-1,1)
        y = df_tmp2['功率'].values
        print(X.shape)
```

```python
spdMin = X.min()
spdMax = X.max()

if(spdMin > 8 and ((spdMax - spdMin) < 2.5)):
    print("i = " + str(i))
    df_tmp = df_tmp.loc[result! = values[values > = 0][ind]]
    continue

X_f = PolynomialFeatures(degree = 3).fit_transform(X)
model = linear_model.HuberRegressor()
X, y_total, y, model = Models(model, X_f, y)
mad = np.median(np.absolute(y_total - y))
threshold = max(1.4826 * mad, np.std(y_total - y))

#only apply in the spd range
selCond = ((df_tmp['风速'] < = spdMax) & (df_tmp['风速'] > = spdMin))
df_tmp2 = df_tmp.loc[selCond]

X = df_tmp2['风速'].values.reshape(-1, 1)
y_pred = model.predict(PolynomialFeatures(degree = 3).fit_transform(X))
y_actual = df_tmp2['功率'].values
Graph_prediction(X, y_actual, y_pred)

indexNext = (np.abs(y_actual - y_pred) > 3 * threshold)
df_tmp = pd.concat([df_tmp2.loc[indexNext], df_tmp.loc[selCond = = False]])
modelTurbine.append({"spdMin":spdMin, "spdMax":spdMax, "model":model})
modelList.append({"turbineID":turbineId, "numModel":len(modelTurbine), "turbineModel":modelTurbine})
```

12台风电机组的结果如图9-28所示。可以看到,在同一个风速区间,可能存在多个拟合曲线。

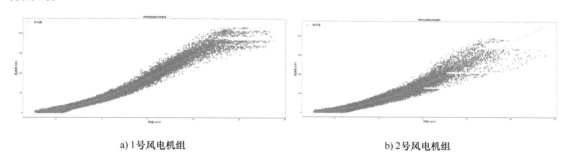

a) 1号风电机组　　　　　　　　b) 2号风电机组

图9-28　所有风电机组的拟合结果

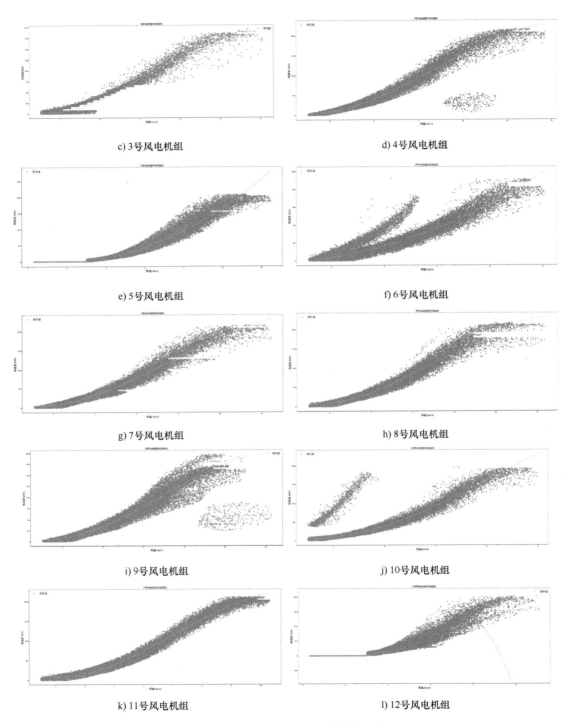

c) 3号风电机组 d) 4号风电机组

e) 5号风电机组 f) 6号风电机组

g) 7号风电机组 h) 8号风电机组

i) 9号风电机组 j) 10号风电机组

k) 11号风电机组 l) 12号风电机组

图9-28　所有风电机组的拟合结果（续）

9.7.4 改进方向

本节算法还有较大改进空间：①可以采用后合并的方式，例如，按照可达距离将相邻曲线的样本点合并在一起，拟合出一条曲线。②在聚类后，可以采用人工规则修正方式，就聚类修正得更好一些。③在分支的划分上，除了密度聚类方法，计算图形学也有很多不错的方法，特别是散点图重构曲线[7]。④在离群点识别上，可以先用风轮转速—功率关系图。这些练习留给读者。

9.8 本章小结

除了在原始时序进行平滑滤波外，对于特别显著的差异，可通过与参考曲线作比较（绝对或相对），根据统计分布过滤掉大的偏离点。对于离群点，可以利用 DBSCAN 等基于密度的算法消除离群点，也可以根据分仓后的概率分布区过滤，通常选择分布相对集中的变量作为目标变量，例如，在上面的风功率曲线中，选择功率分仓，根据风速的分布进行过滤。基于分区与 Loess 等非参数化拟合获取相对鲁棒曲线，也可以采用分段多项式拟合等参数化模型获取曲线。另外，这些异常点常常反映了控制规律和部件运行异常。异常点类别识别和归因也是待探索的题目。

风电机理清晰，要素相对完备，适合工业大数据分析的通识讨论。风电中的分析场景在参考文献[8]中有详细介绍。另外，也有很多开源分析软件包可以参考，例如，R 语言有 WindCurves 包和 windpw 包，Python 里面有 windpowerlib、美国可再生能源国家实验室（NREL）的 OpenOA 包。

对于行业数据分析时是否应该了解机理这个问题，一直存在争论。从行业推广的角度，最好是不需要了解机理，这样分析技能才更容易复制。但我们一直坚持在分析前，尽量整理出问题的系统动力学图（在当前认知水平下）。通过本章可以看出，很多要素（例如，瞬态空气动力学、安装瑕疵等）并不是"数据分析"技术可以解决的（也不应该由数据分析技术解决），但至少知道问题的全貌，避免管中窥豹和过度自嗨。古人有云，"未知全貌，不予置评"，大概是针对那些仅考虑局部信息而过度解读的数据分析工作吧。

另外，也应避免对机理模型过度迷信。像图 9-3 那样能够把影响因素和影响机制梳理清楚，在工业应用场景中也算是比较稀缺的。即使有这样清晰的机理梳理，仅靠机理也很难做出明确和高可信的剖析。长期数据的统计规律的稳定性和可信度更高，这也是很多时候统计分析手段存在的必要。

参 考 文 献

[1] 孙伟. 风力发电机组功率曲线及可利用率[R]. 金风科技客服系统工程技术部，2013.
[2] BAILEY B H, MCDONALD S L, BERNADETT D W, et al. Wind resource assessment handbook: Fundamentals for conducting a successful monitoring program [R]. National Renewable Energy Lab., Golden, CO (US);

AWS Scientific, Inc., Albany, NY (US), 1997.

[3] PELLETIER F. Power performance evaluation and improvement of operational wind power plants [D]. École de technologie supérieure, 2014.

[4] 黄秋娟. 基于数据驱动的风电机组功率曲线异常识别方法研究 [D]. 沈阳：沈阳工业大学, 2019.

[5] SHOKRZADEH S, JOZANI M J, BIBEAU E. Wind turbine power curve modeling using advanced parametric and nonparametric methods [J]. IEEE Transactions on Sustainable Energy, 2014, 5 (4): 1262-1269.

[6] WANG Y, DUAN X, ZOU R, et al. A novel data-driven deep learning approach for wind turbine power curve modeling [J]. Energy, 2023, 270: 126908.

[7] OHRHALLINGER S, PEETHAMBARAN J, PARAKKAT A D, et al. 2d points curve reconstruction survey and benchmark [C] //Computer Graphics Forum. 2021, 40 (2): 611-632.

[8] DING Y. Data science for wind energy [M]. CRC Press, 2019.

第10章

冷轧机设备健康分析

本章以冷轧机设备健康分析场景为例,展示工业数据分析中的业务理解、数据理解、分析建模和开发部署过程,在实际数据分析场景建设过程中,模型的构建都需要业务机理规则与数据算法相互结合来完成。

基于轧机的工况识别结果,对不同工况下轧机的设备运行状态的关键参数进行监测分析,目前分析的参数为PLC内采集到的相关参数测点,如电流、转矩、轧制力、弯辊力等,建立不同工况下轧机正常运行状态的健康基准模型。根据轧机历史运行故障时和正常运行时的关键参数表现,形成轧机在不同工况下的健康评估模型,并基于实时运行的关键参数表现,加工得到轧机的设备健康指标。

通过监测轧机设备健康指标的波动,根据健康指标的异常变化趋势,能够提前发现设备异常,提前预警并通知相关人员进行相应的维修维护工作,对目前具备条件进行分析的关键故障,实现基于设备健康的轧机预测性维修。

10.1 业务理解

冷轧机由于生产计划和需求,基本处于满负荷的生产节拍,运行负担较重。在这种长时间的运行工况下,轧机的设备部件伴随性能衰退和老化,容易产生设备故障。案例中轧机平均故障时间在每月约数小时,采用的维修策略是定期检修和事后维修,每月末根据经验和本月的维修记录制定下个月的检修计划。结合目前的生产现状和轧机数据条件,期望通过在线状态检测的手段对轧机设备进行健康分析和预警,以期实现预测性维修上点的突破。

该案例场景的核心价值是实现轧机关键部件的健康预警和预测性维修,主要包括经济性和安全性两个方面。

从经济性上来说,实现轧机的健康评估和预警有益于实现成本控制,减少损耗:

1)显著降低轧机维修成本,提升维修效率。具体而言,针对直流电机、减速箱、液压系统和测厚仪等关键设备故障,通过提前发现设备故障征兆,可以预先规划维修计划和方案,不仅为维修人员提供了充足的准备和响应时间,而且确保了备件和辅助设施的完备性,从而大幅提高了维修效率。与传统的事后维修和定期维修相比,预测性维修以其精准性和计划性,不仅提高了维修效率,还适当减少了维修频率,进而节约了维修成本[1]。

2) 可以降低和减少轧机设备的非计划停机。根据轧机的健康异常预警,可以提前调整生产计划,保证整体生产节拍,避免不必要的生产损失。

3) 可以避免和降低因设备原因导致的批量质量缺陷。轧机出现关键故障但未完全丧失机能的情况下仍能继续运行,如测厚仪故障时,无法保证轧制质量,可能造成出货钢卷的整卷缺陷。而预测性维修可以一定程度上减少和避免因轧机故障导致的钢卷质量劣化或报废,减少不必要的经济损失。

4) 可以节能降耗。轧机设备不良或故障运行,往往不在最佳效率点运行,会额外增加相应的能耗。预测性维修保障轧机设备以平稳流程运行,可以有效降低能耗,保证轧机设备的节能效果。

从安全性上来说,基于轧机设备健康的预测性维修主要作用是降低安全事故的风险。提前发现轧机设备的劣化趋势,可以从轧机的局部部件或者轻微的故障进行维修,防止恶化演变成为严重故障,防止现场出现着火、爆炸等严重安全事故。通过在线监测提高数据的准确性,比现有人工点检数据更加可靠,有利于事后故障判断和问题定位。

10.1.1 轧机设备结构

案例中轧机的主要结构示意图如图 10-1 所示。每台冷轧机共有 9 台电机,开卷机 1 台,机前卷曲机 2 台,机后卷曲机 2 台,上工作辊 2 台,下工作辊 2 台。

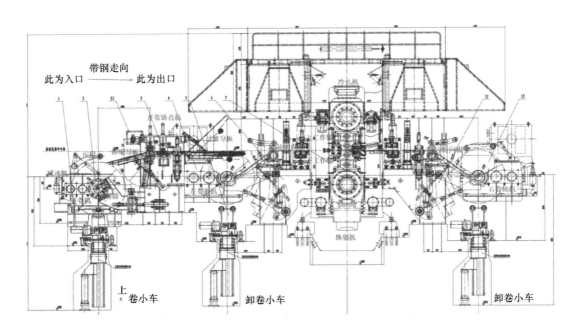

图 10-1 轧机设备结构图

按照功能,轧机部件可分为 3 类:①传动部件,主要包括开卷机、机前卷曲机、机后卷曲机;②压力部件,主要包括冷轧机的支撑辊、中间辊、工作辊各 2 对;③辅助部件,主要包括上下卷小车、开卷矫直机、过渡导板、机前转向辊、机后转向辊。

10.1.2 轧机工况定义

冷轧机的轧制过程分为开卷、轧制、换辊、压靠、停机等 5 个主要运行工况。开卷工况为上到开卷机的钢卷的带头到达开卷矫直机后的阶段，目的是将钢卷由开卷小车上精准地插入轧辊辊缝间，以保证轧机可以进行高速轧制。轧制工况即冷轧生产过程中钢卷在轧辊间反复轧制不断拉伸变薄的过程，案例中的轧机轧制工况共六个道次，其中一、三、五道次为机前卷曲机向机后卷曲机方向，二、四、六道次为反方向。第一道次和第二道次前后须有操作员进行穿带和反穿带，因此轧辊会在该时段停止转动，类似地由人为操作导致轧机高速轧制过程中间进行短时暂停的过程，被称为中间准备过程。换辊工况是定期进行更换轧辊的过程，包括支撑辊、中间辊和工作辊，不同类型的轧辊更换周期不同。换辊时，轧机停止运行，由换辊小车、液压缸等部件配合完成换辊。压靠工况是在换辊结束后，对轧机辊缝零位进行标定的过程，以消除机械间隙。停机工况是由于计划性检修停机或非计划停机导致的轧机非工作状态。

各个工况所对应的数据特征见表 10-1。

表 10-1 轧机工况定义及数据特征

序号	工况名称	业务描述	数据特征	可能出现的异常
1	开卷	轧卷上卷后到达开卷矫直器后的阶段，在第一道次前	板带速度在开卷时较小，且存在波动	开卷穿带由操作员完成，时长可能较长
2	第一道次	穿带后，板材从上料处开始向右卷曲机方向前进完成的第一次轧制的阶段	板带速度依次上升、平稳、下降，轧辊电机转速大于 0，平稳速度约 5m/s，时长约 5min，穿带完成以机后卷曲圈数大于 3 为标识	第一道次轧制时人工调整可能性较大
3	第二道次	与第一道次轧制方向相反，从反穿带后开始，到轧卷料尾经过右卷曲机后的转向辊结束	板带速度依次上升、平稳、下降，轧辊电机转速大于 0，平稳速度约 8m/s，时长约 5min，反穿带完成以机前卷曲圈数大于 3 为标识	反穿带过程由操作员手动完成，时长可能较长
4	第三道次	与第一道次轧制方向相同，轧卷从机前卷曲机向机后卷曲机轧制，从第三道次开始，没有穿带过程	板带速度依次上升、平稳、下降，平稳速度约 12m/s，时长约 5min	考虑异常停机前后轧制属于同一道次
5	第四道次	与第一道次轧制方向相反，轧卷从机后卷曲机向机前卷曲机轧制	板带速度依次上升、平稳、下降，平稳速度约 15m/s，时长约 8min	考虑异常停机前后轧制属于同一道次
6	第五道次	与第一道次轧制方向相同，轧卷从机前卷曲机向机后卷曲机轧制	板带速度依次上升、平稳、下降，平稳速度约 15m/s，时长约 10min	考虑异常停机前后轧制属于同一道次
7	第六道次	与第一道次轧制方向相反，轧卷从机后卷曲机向机前卷曲机轧制	板带速度依次上升、平稳、下降，平稳速度约 15m/s，时长约 15min	考虑异常停机前后轧制属于同一道次

(续)

序号	工况名称	业务描述	数据特征	可能出现的异常
8	换辊	更换工作辊、中间辊和支承辊的时间段	换辊信号为1,处于未轧制状态,一般处于第六道次和下一卷第一道次之间	在中间道次间可能发生换辊
9	压靠	在换辊结束后,进行轧辊 APC 相关标定的过程	压靠步骤1-15,处于未轧制状态,在换辊信号由1变0后	存在换辊后无压靠
10	停机	由于生产计划、维修计划或突发故障导致的轧机停机状态	轧机各电机电流为0,转速为0	

10.1.3 设备故障现状

由于冷轧机处于长时间高负荷运转,轧机的设备部件伴随性能衰退和老化,容易产生设备故障。当前设备故障的维修策略以定期维修和事后维修为主,定期维修体现为设备管理部门月末会进行总结和分享分析,并制定下月的检维修计划。事后维修体现为轧机因故障导致非计划停机时,由生产人员发起维修请求,进行相应的维修和备件更换。对于冷轧机这类高负荷的生产设备而言,非计划停机对于工厂的影响是十分恶劣的,无论经济损失还是安全效应,设备管理部门都是问题责任的主要承担方。因此,设备管理部门迫切地希望将故障导致的非计划停机转为预测性的计划性维修,依靠轧机设备健康评估场景,提早及时发现设备异常,安排人员进行检修,以降低轧机非计划停机的风险。

该例中冷轧机故障出现频率较高的故障包括:直流电机故障、位移传感器故障、测厚仪故障、液压系统故障、减速箱故障,其中直流电机故障出现的频次占总故障的2/3。轧机故障的相关点检记录,由点检人员或者维修人员进行手动的填写,当班班长进行电脑录入系统。

轧机各类故障的表现梳理如下:

1. 直流电机故障

直流电机故障的主要表现为转子端部被击穿燃烧。经分析,这是由于换向器端存在一个焊接点作为薄弱点,当换向时电流过大,导致线圈烧毁。目前,尽管已经联系多个维修厂商,但仍未能从根源上解决问题,推测可能与电机设计有关。值得注意的是,直流电机故障发生时,实时电流、温度、速度等参数表现正常,故障呈突发性,无明显征兆。未来研究可考虑利用 PLC 高频采集数据特征,监控电流异常,以及电机整体负荷、压下力、电流等参数,以提前预警和防范故障。

2. 位移传感器故障

位移传感器故障时,其数值会突然异常,如跳至传感器采集上限后保持不变,或突然跳至最小值后不变。在故障前期,数值会出现以 0.1s 为周期的偶然跳动,频次逐渐上升,这为异常监控提供了空间。

3. 测厚仪故障

测厚仪故障时,厚度测量值会直接显示为 0 或 5mm 不变。大约有一半的测厚仪故障在发生前会有变化征兆，表现为异常的跳动。考虑到厚度是一个缓慢变化的值，当发生异常波动时，若波动值在 10μm 以内，可忽略不计；若波动剧烈，则应立即进行监控。此外，轧机内设有两个测厚仪，机前与机后各一个。当机后测厚仪故障而机前测厚仪正常时，对最终轧制质量的影响不大，但仍需进行监控，以确保生产稳定。

4. 液压系统故障

液压系统的故障主要包括漏油、内部结构弯管压力不稳、AGC 压力不稳、压力传感器异常以及位移传感器测量问题等。这些故障大多由液压系统的压力不稳引起。目前，液压系统的检测频率为 3 个月和 6 个月一次，但这样的频率很难提供准确的信息来判断故障。

5. 减速箱故障

减速箱的故障主要集中在轴承上。由于当前的稀油指标、酸值、颗粒度以及氧化程度等不明确，使得难以准确判断减速箱故障的原因。在现场维修中，轴承的更换时间因结构复杂程度而异，简单情况下可能只需 1~2h，而复杂情况下可能需要 6~8h 甚至更长时间。

本节对轧机中关键部件的故障表现及原因进行了详细梳理。通过深入分析各类故障的特点和可能的原因，为轧机的故障预测与维护提供了重要的理论依据。下一步需要关注如何利用先进的数据分析技术来实时监测轧机的运行状态，以及如何根据故障特点和原因制定更为有效的维护策略，从而提高轧机的运行效率和产品质量。

10.2 数据理解：轧机运行过程数据对照

根据业务理解的相关结论，取少量样例数据验证实际数据对于轧机设备运行过程表现是否一致，也是业务和数据的第一次碰撞，决定了能否将物理世界的设备表现充分地映射到数据逻辑世界中。轧机运行过程数据对照是判断设备健康的业务分析可行性的重要一环。本案例中所采集的轧机运行数据为 PLC 数据，共 195 个数据点位，包括板带入口速度、板带出口速度、实际轧制力、开卷机张力、机前卷曲张力、机后卷曲张力等轧机运行关键参数。轧机运行过程数据对照所需相关的测点见表 10-2。

表 10-2 轧机运行过程数据对照相关的测点

序号	测点	测点名称
1	strip_exit_speed	板带出口速度
2	strip_entry_speed	板带入口速度
3	wr_length	工作辊里程
4	changeroll	换辊信号
5	rearcoiler_windings_actual	机后卷曲圈数
6	rearcoiler_tension_actual	机后卷曲张力
7	rearcoiler_mainmotor_rpm_actual	机后卷曲主电机实际转速
8	frontcoiler_windings_actual	机前卷曲圈数

(续)

序号	测点	测点名称
9	frontcoiler_tension_actual	机前卷曲张力
10	uncoiler_motor_rpm_actual	开卷机电机实际转速
11	uncoiler_diameter	开卷机卷直径
12	uncoiler_tension_actual	开卷机实际张力
13	uncoiler_motor_run	开卷机运行信号
14	roll_force_actual	实际轧制力
15	bottom_wr_diameter	下工作辊直径
16	bottom_bur_diameter	下支承辊直径
17	bottom_ir_diameter	下中间辊直径
18	calibratiion_step_number	压靠
19	passno	轧制道次
20	bur_length	支承辊里程
21	ir_length	中间辊里程
22	toproll_slavemotor_run	主轧机上辊从电机运行信号
23	toproll_mainmotor_rpm_actual	主轧机上辊主电机实际转速
24	toproll_mainmotor_run	主轧机上辊主电机运行信号
25	bottomroll_slavemotor_run	主轧机下辊从电机运行信号
26	bottomroll_mainmotor_rpm_actual	主轧机下辊主电机实际转速
27	bottomroll_mainmotor_run	主轧机下辊主电机运行信号

具体的运行数据表现如图 10-2 所示。具体表现如下：

1) 第一道次：道次序号为 1，穿带机后卷曲圈数大于 3，开卷机转速大于 0，轧辊电机转速大于 0；

2) 第二道次至第五道次：道次序号依次为 2 至 5，轧辊电机转速大于 0；

3) 第六道次：道次序号为 6，机后卷曲机转速大于 0，轧辊电机转速大于 0；

4) 换辊：换辊信号为 1，轧机电机速度为 0；

5) 压靠：压靠步骤大于 0，换辊信号为 0，轧机电机速度为 0。

工况定义与实际表现一致，在不同的道次，各关键参数如电流、板带速度、电机转速、换辊压靠信号等，业务理解的结论描述一致。因此可以依据数据特征描述对轧机进行相应的工况切分，得到轧机的各类工作工况。

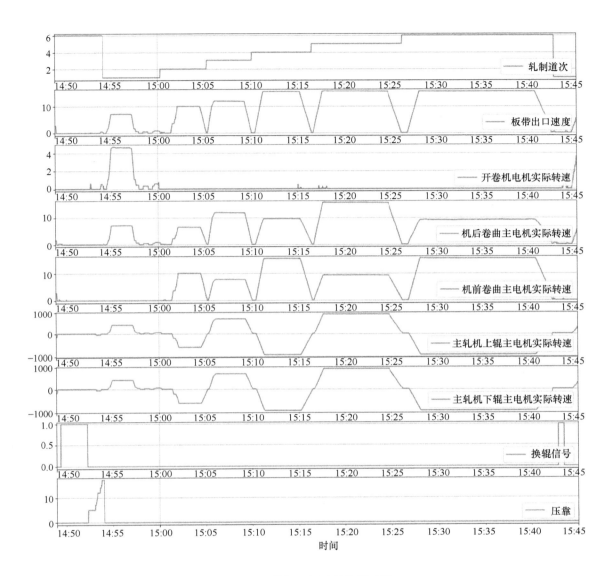

图 10-2 轧机运行过程数据对照

10.3 基于业务规则的工况识别模型

根据轧机工况定义和数据特征的梳理,基于业务规则进行轧机工况识别模型的算法探索,探索的工况识别路径如图 10-3 所示。

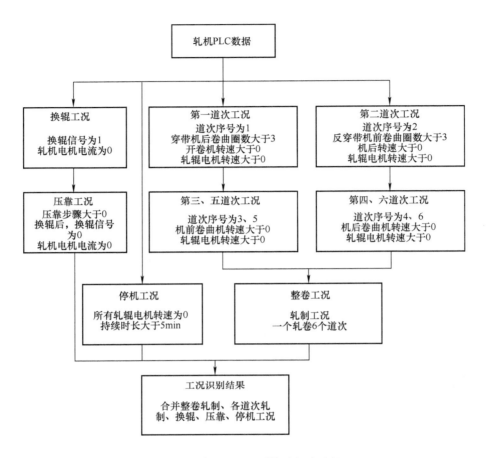

图 10-3 轧机工况识别算法探索路径

10.3.1 工况识别探索过程

1. 轧制工况

轧制工况包括第一道次至第六道次,下面以第一道次为例,简述轧制工况的识别过程。

第一道次轧制时以道次为1,且上辊主轧机运行信号为1表示为基准工况;补充判定条件为第一道次轧制过程中,轧制力均值大于3×10^6N。第一道次的中间准备时间包括开卷工况,开卷工况以开卷机运行信号作为基础工况,以开卷机转速为判定条件。

由于开卷机在第一道次轧制过程也会运行,增加几个开卷工况的判别条件:

1)开卷工况前后,开卷机直径基本不变(变化率低于0.1);
2)开卷时为人工操作,此时未穿带,机后卷曲轧机运行信号为零;
3)开卷仅出现在第一道次开始或末道次结束。

第一道次的工况识别结果如图10-4所示,图中红色区间色块为识别的第一道次工况时段。

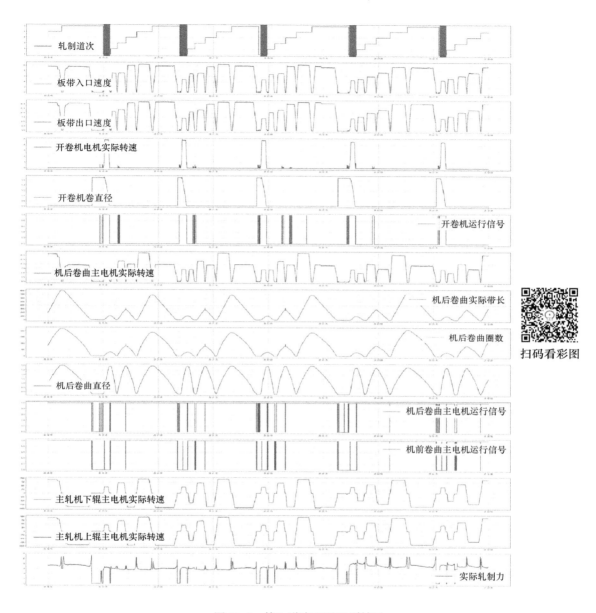

图 10-4 第 1 道次工况识别结果

2. 换辊工况

换辊工况根据换辊信号作为换辊工况的识别基准。在数据中发现在两次换辊中存在假换辊信号，猜测可能是现场可能有其他操作；

根据换辊信号前后的支承辊、中间辊、工作辊直径是否变化，作为真实换辊信号的判定；同时，换辊时，上下辊成对更换，也可以通过下工作辊直径的变化确定是哪对辊进行了更换。

换辊工况识别结果如图 10-5 所示，图中红色区间色块为识别的换辊工况时段。

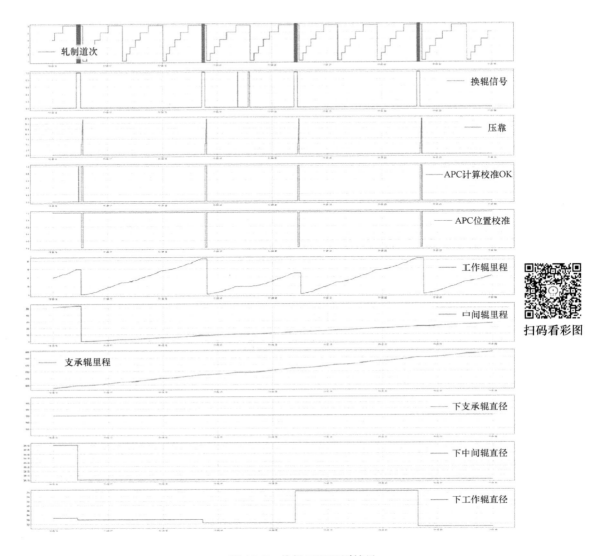

图 10-5 换辊工况识别结果

3. 压靠工况

压靠工况根据压靠信号作为压靠工况的识别基准；根据业务理解，压靠过程中会有约 $4 \times 10^6 N$ 左右的轧制力，因此采用在压靠过程中，最大轧制力超过 $3 \times 10^6 N$ 作为辅助判别标准。

压靠工况识别结果如图 10-6 所示，图中红色区间色块为识别的压靠工况时段。

10.3.2 轧机工况识别汇总

整卷工况将道次递增序列进行分组识别，如连续第一道次到第六道次为同一轧卷（或连续的第二道次到第五道次，二道次前为六道次，五道次后为一道次）。对整卷工况识别时，以轧制工况、换辊工况、压靠工况、停机工况为识别粒度。

第 10 章 冷轧机设备健康分析

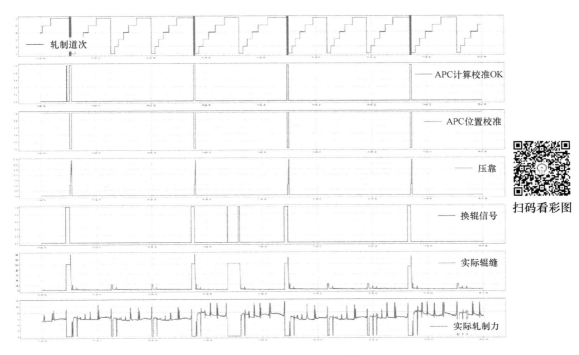

图 10-6 压靠工况识别结果

具体整卷工况识别结果如图 10-7 所示。

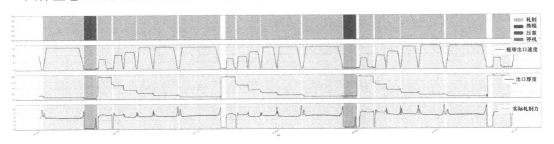

图 10-7 整卷工况识别结果

对应的道次工况识别结果汇总如图 10-8 所示。

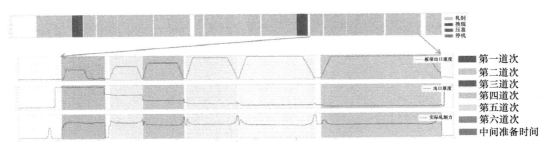

图 10-8 道次工况识别结果

对应的道次子工况识别结果如图 10-9 所示。每个道次包含多个道次子工况，包括升速、平稳、降速，特别地，第一道次包含穿带子工况，第二道次包含反穿带子工况。

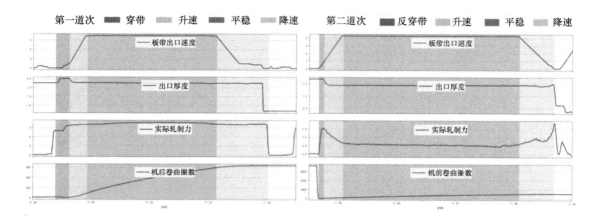

图 10-9　道次子工况识别结果

10.4　设备健康评价模型

本节是案例中的算法核心部分，基于轧机 PLC 在线监测数据，建立轧机稳定运行状态的健康基准模型和不同工况下的健康评估模型，实现轧机的设备健康评估和预警。

10.4.1　轧机设备健康分析建模原理

设备健康评估预警主要分为两个步骤，首先是对健康基准进行设定和数据建模，然后是对实时设备健康状态的评估，评估的本质是对比设备的实时状态与健康基准状态之间的差异。

1. 设备健康基准模型

设备状态健康评估方法的总体思想是以设备状态为分析目标，以设备在不同工况下的正常运行状态为基准而进行的识别实时状态的偏差分析。通过对设备状态的偏差分析，模型给出设备当前状态的估计，并输出给业务系统得以应用。

设备健康基准模型是实施设备健康评估的关键所在。与传统固定阈值不同，健康基准模型提供的是与设备运行相关的动态自适应阈值，甚至是从设备运行的不同维度提供了一个基准模型的集合，综合不同角度可以更有效识别设备"正常"与"异常"状态，有利于发现早期故障征兆。

设备健康基准模型的集合可包括如下多个维度：①设计标准值，例如，不同工况下各关键参数的设定值；②故障阈值，例如，电流异常区间、转矩异常区间等；③模型估计和预测值，例如，基于大数据建模得到的对设备当下的估计值和对未来的预测值。

2. 健康评估模型

健康评估模型就是对设备实时状态和健康基准模型下设备应有的健康状态之间的差异进行评估的模型。简单说，就是基于设备当下时刻的目标参数和环境参数，与已建立的设备健康基准模型集合及其估计值进行"比较"和综合评价的过程，以确认设备是否发生了"异常"，以及对"异常"的程度进行评价。

一般来说，有如下两大类健康评估模型。①单时刻的点评价：通过当下实时状态值与标准模型所给出的"值"进行多种维度的比较，包括数值比较、指标计算、相似度比较等；②时间窗的统计评价：基于过去一段时间内的全体数据，基于概率统计类的评价方法对"数据集"进行评价，避免了实时差异的突变、噪声影响等因素的干扰而带来的误报，解决了趋势性提示的可能性，具有更好的"预见可能性"的能力。

10.4.2 部件健康模型——机前卷曲机

本节主要简述机前卷曲机健康模型的探索过程。轧机的基本运行过程包括 6 道次，道次间有升速、平稳、降速过程。其中，平稳段时间持续最长，认为是轧机运行状态的代表时间段。通过工况识别场景可以获取每个工况的平稳段进行设备健康评估分析。

对于机前卷曲机而言，其主要输出为机前卷曲张力，因此机前卷曲张力作为机前卷曲机的表征量，其他参数作为影响因子，如板带出口速度、机前卷曲张力、机前卷曲主电机实际线速度、机前卷曲主电机实际转速、机前卷曲主电机励磁电流、机前卷曲主电机电流、机前卷曲主电机电压、机前卷曲主电机实际转矩、机前卷曲从电机实际线速度、机前卷曲从电机实际转速、机前卷曲从电机励磁电流、机前卷曲从电机电流、机前卷曲从电机电压、机前卷曲从电机实际转矩。

首先探索确定与机前卷曲张力这个表征量相关的影响因子。相关性分析结果如图 10-10 所示。机前卷曲张力与机前卷曲主从电机电流、速度负相关，与机前卷曲机主从电机电压正相关，与机前卷曲主从电机实际转矩、机后卷曲主从电机励磁电流具备一定的相关性。因此，最终筛选确定与机前卷曲张力相关的影响因子为机前卷曲主从电机电流、机前卷曲主从电机实际转矩、机前卷曲主从电机电压、板带入口速度、板带出口速度、机前卷曲主电机实际速度。

进一步地，建立轧机正常运行工况下，机前卷曲张力与相关影响因子的关系表达，机前卷曲机正常运行时，这个关系很稳定，模型计算张力值和实际张力值接近吻合。所要构建的关系表达如下：

机前卷曲张力 = F（机前卷曲主从电机电流、机前卷曲主从电机实际转矩、机前卷曲主从电机电压、板带入口速度、板带出口速度、机前卷曲主电机实际速度）

基于样例数据探索的建模如图 10-11 所示。所构建的模型的预测值与实际张力值基本一致，$R2 = 0.89$，认为模型可以较好地表达机前卷曲机正常运行时，机前卷曲张力与其影响因子之间的关系。

将模型的预测值与实际张力值的差值作为残差，残差的分布结果如图 10-12 所示。设备正常运行时，残差几乎为 0。一般地，以残差的 3-sigma 分布区间作为残差的正常区间[2]，认为超出该区间时，模型预测值与实际张力值偏差较大，机前卷曲张力与影响因子的关系被

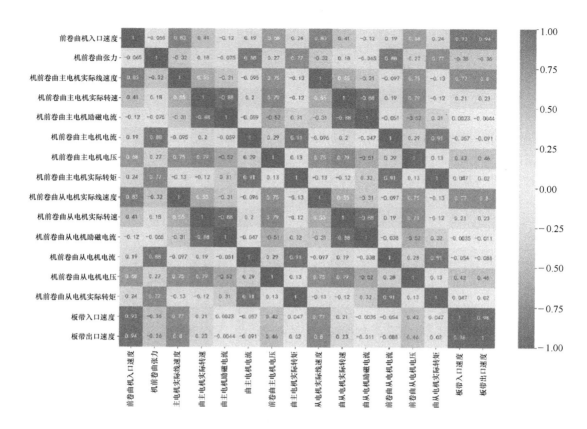

图 10-10 机前卷曲机参数相关性分析结果

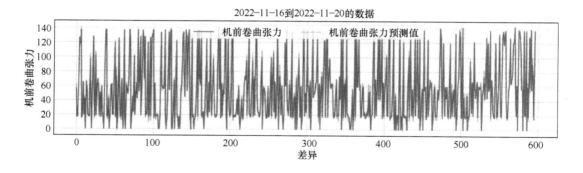

图 10-11 机前卷曲张力与影响因子的关系建模结果

破坏，机前卷曲机的运行状态有偏离下降。

最后，以残差分布惩罚的方式来量化机前卷曲机的健康指标。按区间统计异常数据占比，比如每小时统计 3600 个点中有 36 个异常点，异常值占比为 0.01。以健康度定义劣化指标，异常值占比越高，健康度越低。

健康度的定义为

$$HI = 1 - x$$

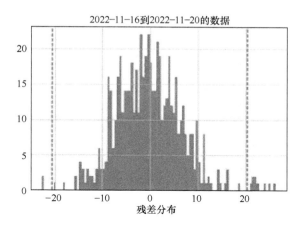

图 10-12 残差分布结果

其中，x 为单位时间区间的异常值占比。

机前卷曲机的健康度指标量化结果如图 10-13 所示。在 12 月 3 日与 12 月 7 日分别有两次严重的健康度下降。

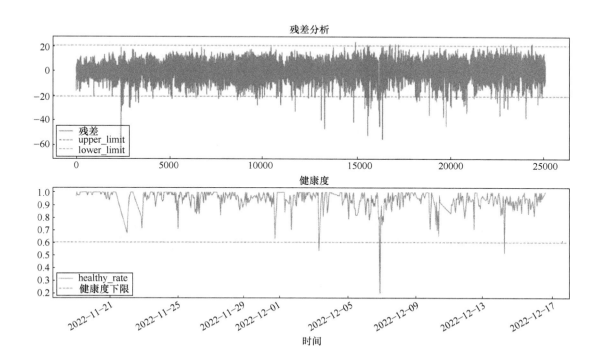

图 10-13 机前卷曲机健康度指标量化结果

10.4.3 设备健康模型

根据轧机的实际构造，轧机分为各个部件，每个部件对应该部件的关键参数。如图 10-14 所示。轧机设备健康可拆分为部件健康，部件健康体现为参数表现是否正常。对每个部件建立健康评估模型，评估每个部件的健康度，最终以业务权重加权计算的方式形成轧机整体的健康度。

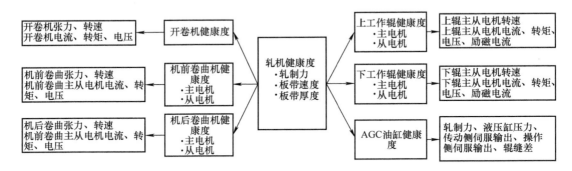

图 10-14 轧机设备健康结构分解

结合实际业务情况，梳理轧机的各个部件的主要表征量及对应的可能影响因子。轧机的各个部件的主要表征量及对应的影响因子的对应关系见表 10-3。

表 10-3 轧机各部件主要表征量及影响因子对应关系表

轧机部件	表征量	影响因子
开卷机	开卷机实际张力	板带入口速度
		开卷机电机实际转速
		开卷机电机实际线速度
		开卷机励磁电流
		开卷机电机电流
		开卷机电机实际转矩
		开卷机电压
机后卷曲机	机后卷曲张力	板带出口速度
		机后卷曲张力
		机后卷曲主电机实际线速度
		机后卷曲主电机实际转速
		机后卷曲主电机励磁电流
		机后卷曲主电机电流
		机后卷曲主电机电压
		机后卷曲主电机实际转矩
		机后卷曲从电机实际线速度
		机后卷曲从电机实际转速

（续）

轧机部件	表征量	影响因子
机后卷曲机	机后卷曲张力	机后卷曲从电机励磁电流
		机后卷曲从电机电流
		机后卷曲从电机电压
		机后卷曲从电机实际转矩
机前卷曲机	机前卷曲张力	板带出口速度
		机前卷曲张力
		机前卷曲主电机实际线速度
		机前卷曲主电机实际转速
		机前卷曲主电机励磁电流
		机前卷曲主电机电流
		机前卷曲主电机电压
		机前卷曲主电机实际转矩
		机前卷曲从电机实际线速度
		机前卷曲从电机实际转速
		机前卷曲从电机励磁电流
		机前卷曲从电机电流
		机前卷曲从电机电压
		机前卷曲从电机实际转矩
主轧机上辊主电机	主轧机上辊主电机实际转矩	主轧机上辊主电机实际线速度
		主轧机上辊主电机实际转速
		主轧机上辊主电机励磁电流
		主轧机上辊主电机电流
		主轧机上辊主电机电压
主轧机上辊从电机	主轧机上辊从电机实际转矩	主轧机上辊从电机实际线速度
		主轧机上辊从电机实际转速
		主轧机上辊从电机励磁电流
		主轧机上辊从电机电流
		主轧机上辊从电机电压
主轧机下辊主电机	主轧机下辊主电机实际转矩	主轧机下辊主电机实际线速度
		主轧机下辊主电机实际转速
		主轧机下辊主电机励磁电流
		主轧机下辊主电机电流
		主轧机下辊主电机电压
主轧机下辊从电机	主轧机下辊从电机实际转矩	主轧机下辊从电机实际线速度
		主轧机下辊从电机实际转速

(续)

轧机部件	表征量	影响因子
主轧机下辊从电机	主轧机下辊从电机实际转矩	主轧机下辊从电机励磁电流
		主轧机下辊从电机电流
		主轧机下辊从电机电压
AGC 油缸	实际轧制力	入口厚度设定
		出口厚度设定
		实际辊缝
		传动侧液压缸压力
		参考辊缝
		操作侧液压缸压力
		传动侧轧制力
		操作侧轧制力
		传动侧励磁电流
		操作侧励磁电流

将所构建的轧机设备健康模型在实际轧机的数据上进行验证。选取 3#轧机进行建模分析，其设备健康度结果如图 10-15 所示。轧机的健康度在 12 月 3 日 07：00 下降至 0.6 以下，查看轧机部件的健康度，机前卷曲机、机后卷曲机和工作辊健康度较低。查看设备故障维修记录，3#轧机在 12 月 4 日 03：57 发生弯辊油缸泄漏，验证了所构建的健康度模型能够监测轧机运行异常并有效地预测轧机潜在故障风险。

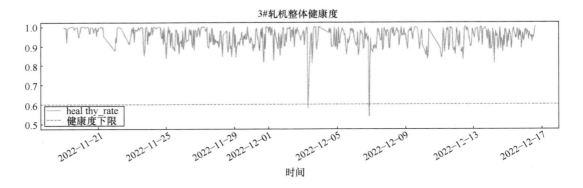

图 10-15　轧机设备健康模型结果

10.5　模型设计

模型设计需要考虑轧机设备健康相关的数据资源化设计和数据流设计，根据场景和可拓展性考虑，按需资源化，做好数据表结构的设计，并确定好模型计算的过程和模型间的依赖性关系[3]。

本案例中模型设计如图 10-16 所示，整体模型设计共分为 6 个子模型，且模型间存在计算先后依赖顺序。各模型的详细信息如下：

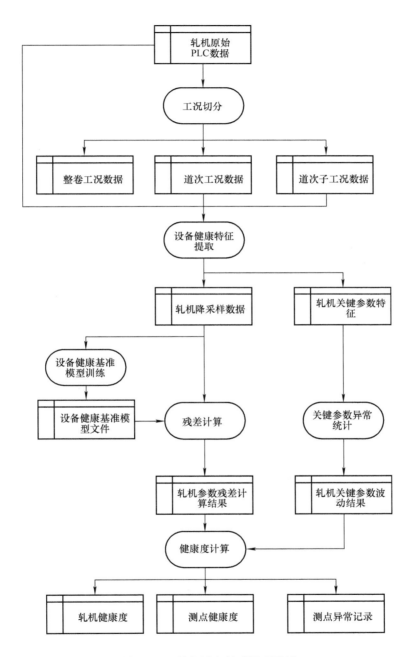

图 10-16　轧机设备健康模型设计

1) 工况切分：根据对采集的轧机原始 PLC 数据进行数据处理，根据业务规则进行轧机工况切分，形成整卷工况、道次工况和道次子工况的计算结果。

2) 设备健康特征提取：根据工况切分的结果，从轧机 PLC 数据中对轧机设备健康的关键参数进行特征加工和提取，计算的特征包括降采样值、最大值、最小值、标准差等数据特征和料头料尾长度、卷芯特征等业务特征，形成轧机降采样数据和轧机关键参数特征的计算结果。

3）设备健康基准模型训练：提取轧机降采样数据中的稳定轧制工况的历史数据，根据表 10-3 中各部件的表征量和影响因子，建立各个部件的健康基准模型，并形成设备健康基准模型文件。

4）残差计算：从设备健康基准模型文件中提取已训练好的各部件健康基准模型，对轧机降采样数据中的稳定轧制工况的实时数据，计算各部件的表征量预测值与实际值之间残差的计算结果。

5）关键参数异常统计：对轧机关键参数特征中的特征波动性，提取异常参数表现，并得到轧机关键参数波动结果。

6）健康度计算：根据轧机参数残差计算结果和轧机关键参数波动结果，按照健康度计算的公式，计算得到轧机健康度、测点健康度和对应的测点异常记录。

10.6 模型开发与部署应用

基于已接入的实时数据，开发分析模型和应用并实现上线部署，制定合理的模型部署策略（例如，模型运行周期、数据获取区间、模型间的依赖关系等），并进行完整的在线测试和联调，并对数据质量进行持续的在线监控，根据实际数据情况对数据预处理、分析模型环节进行适当的调整。最终保证分析模型跑在实时数据上，达成预期的业务目标。

10.6.1 模型开发与部署

根据 10.5 节中轧机设备健康模型设计，开发各个数据处理和分析的模型，所采用的编译环境为 python 3.8.3。

以设备健康基准模型训练为例，所构建的用于表达表征量和影响因子关系的模型选取线性回归模型，核心的模型构建代码如下：

```
def create_model(X, y):
    """
    function:构建线性回归模型
    params:
        X:模型输入数据；
        y:模型标签数据；
    returns:
        df_sta_total:训练好的线性回归模型、得分、上限、下限；
    """
    model_degree = 1
    pipe_model = Pipeline([('poly',PolynomialFeatures(degree = model_degree)),
                ('linear', LinearRegression())])
```

```python
        pipe_model.fit(X, y)
        model_score = pipe_model.score(X, y)
        ytrain_hat = pipe_model.predict(X)
        df = pd.DataFrame()
        df['ytrain'] = y
        df['ytrain_hat'] = ytrain_hat
        df['rs'] = df['ytrain'] - df['ytrain_hat']
        up_limit = df['rs'].mean() + 3 * df['rs'].std()
        low_limit = df['rs'].mean() - 3 * df['rs'].std()
        return pipe_model, model_score, up_limit, low_limit

    def model_train(data, model_map, output_dir):
        """
        function:线性回归模型训练
        params:
            data:训练数据;
            model_map:模型输入数据字段;
            output_dir:文件输出路径;
        """
        k_device = data['k_device'].unique()[0]
        timestr = str(int(round(time.time() * 1000)))
        file_dir = '%s/%s/%s' % (output_dir[0], k_device, timestr)
        if not os.path.exists(file_dir):
            os.makedirs(file_dir)
        health_rate_res = pd.DataFrame()
        for component in model_map.keys():
            COL_X = model_map[component][:len(model_map[component]) - 1]
            COL_Y = model_map[component][-1]
            COL_TTL = model_map[component]
            df = data[COL_TTL].dropna()
            X = df[COL_X]
            y = df[COL_Y]
            Xtrain, Xtest, Ytrain, Ytest = train_test_split(X, y, test_size=0.3, random_state=420)
            #模型训练
            model, score, up_limit, low_limit = create_model(Xtrain, Ytrain)
            #健康度计算
            health_rate = cal_health_rate(X, y, model, low_limit, up_limit)
            health_rate['component'] = component
            health_rate_res = pd.concat([health_rate_res, health_rate])
            #模型保存
            model_info = {'model': model,
```

```
            'up_limit':up_limit,
            'low_limit':low_limit
            }
    s = pickle.dumps(model_info)
    outputname_1 = os.path.join(file_dir, component + '.pkl')
    with open(outputname_1,'wb+') as f:
        f.write(s)
health_rate_res['k_device'] = k_device
```

基于轧机设备健康模型设计开发的模型共 6 个，包括工况切分、设备健康特征提取、设备健康基准模型训练、残差计算、关键参数异常统计、健康度计算，根据模型设计中各模型的依赖关系，将模型进行定时部署。详细的模型部署策略如表 10-4 所示。

表 10-4　模型部署策略

序号	模型名称	运行频率	定时表达式
1	工况切分	10min	0 0/10 * * * ? *
2	设备健康特征提取	10min	0 2/10 * * * ? *
3	设备健康基准模型训练	1 月	0 0 0 1 * ? *
4	残差计算	10min	0 5/10 * * * ? *
5	关键参数异常统计	10min	0 5/10 * * * ? *
6	健康度计算	1h	0 0 * * * ? *

部署完成后的模型作业运行计划如图 10-17 所示，可以从中看到各个模型的运行频率与先后执行顺序。

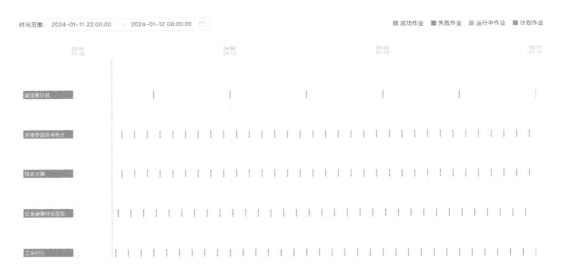

图 10-17　模型作业运行计划

10.6.2 业务应用

本案例构建的轧机设备健康评估模型应用页面如图 10-18 所示，向业务关键用户提供轧机设备和部件的实时健康度及历史健康度趋势查询功能，并输出轧机健康分析的异常结论及描述，包括异常事件时间、异常部件、异常事件描述，并提供异常事件相关参数的趋势详情查看，方便用户进行异常分析。

图 10-18 轧机设备健康评估模型应用页面

本案例的轧机健康评估应用根据轧机 PLC 参数监控轧机各个部件的健康情况，及时发现设备部件异常，关注设备的运行状态。通过监控关键参数的波动，减少设备发展到严重故障，降低停机风险，减少停机损失。

在实际业务应用过程中，将设备健康度下降的异常与实际故障单进行关联，关注设备故障数据分析，并生成推送工单，维修人员来进行异常判定。通过设备健康趋势的下降，可以提前进行维护保养，降低设备发展到严重故障的风险，减少维修成本。

10.7 本章小结

在轧机设备的运行和维护过程中，如何有效地评估其健康状况，及时发现潜在的问题，对轧机的运行管理具备重要的意义。本案例中构建的轧机健康评估模型，为该问题提供了有效的解决方案。该案例中的模型不仅对轧机 PLC 监测数据进行分析，还结合了实际的业务机理，实现了从数据到业务、从理论到实践的完美结合。

本案例中模型的实施严格按照既定方法论进行，确保了过程的规范性和结果的可靠性。这种从数据出发的方法，不仅沉淀了行业内的宝贵经验，更为重要的是，它深入挖掘了数据背后的价值，使得数据的利用达到了一个新的高度。

本案例的应用场景以轧机的健康评估为例进行介绍，而实际应用过程中，场景建设包括轧机运行效率管理、质量分析、能耗分析等多个领域[4]，均可进行相应的分析建模和场景应用建设。最终形成的轧机智能运维分析应用为冷轧生产提质增效提供了一个全新的管理视角，对于提升轧机运营效率和降低故障风险具有重要的指导意义。

参 考 文 献

[1] 吕金，徐莉，隋大伟，等. 远程监控及故障诊断技术在大型轧机系统中的应用［J］. 电气传动，2023，53（11）：84－89.

[2] 唐光波. 精轧机异常工况检测系统设计与实现［D］. 重庆：重庆大学，2020.

[3] 董媛蓉. 基于多源异构数据的高速机电设备运行监测系统设计［J］. 今日制造与升级，2023，（11）：78－80＋84.

[4] 赵代超. 基于精益六西格玛提升JT公司1420轧机产能研究［D］. 唐山：华北理工大学，2023.